예수님의 오리지널 숨결을 느끼며

그의 제자된
중역자, 이동원

쉽게 풀어 쓴
누가의 예수 이야기
2

쉽게 풀어 쓴 누가의 예수 이야기 2

지은이 | 이동원
초판 발행 | 2022. 11. 23
등록번호 | 제1988-000080호
등록된 곳 | 서울특별시 용산구 서빙고로 65길 38
발행처 | 사단법인 두란노서원
영업부 | 2078-3352 FAX | 080-749-3705
출판부 | 2078-3331

책값은 뒤표지에 있습니다.
ISBN 978-89-531-4330-2 03230

독자의 의견을 기다립니다.
tpress@duranno.com www.duranno.com

두란노서원은 바울 사도가 3차 전도여행 때 에베소에서 성령 받은 제자들을 따로 세워 하나님의
말씀으로 양육하던 장소입니다. 사도행전 19장 8-20절의 정신에 따라 첫째 목회자를 돕는 사역과
평신도를 훈련시키는 사역, 둘째 세계선교(TIM)와 문서선교(단행본·잡지) 사역, 셋째 예수문화 및 경배
와 찬양 사역, 그리고 가정·상담 사역 등을 감당하고 있습니다. 1980년 12월 22일에 창립된 두란
노서원은 주님 오실 때까지 이 사역들을 계속할 것입니다.

쉽게 풀어 쓴

누가의 예수 이야기

2

이동원 지음

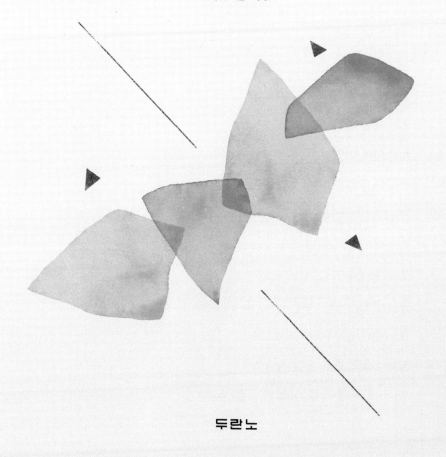

두란노

목차

서문   6

1 ◆ 다섯 손가락 기도 눅 11:1-4   9

2 ◆ 간청 기도 눅 11:5-13   21

3 ◆ 지혜로운 사람, 지혜로운 민족 눅 12:16-21   33

4 ◆ 염려하지 말라 눅 12:22-31   45

5 ◆ 깨어 준비하라 눅 12:35-40   57

6 ◆ 화해하기를 힘쓰라 눅 12:54-59   69

7 ◆ 열매가 있습니까 눅 13:6-9   81

8 ◆ 구원의 문이 닫히기 전에 눅 13:22-30   93

9 ◆ 내 집을 채우라 눅 14:15-24   105

10 ◆ 예수 제자의 길 눅 14:25-35   117

11 ◆ 목자의 기쁨, 하늘의 기쁨 눅 15:3-7   129

12 ✦ 어떤 여자의 기쁨, 천사의 기쁨 눅 15:8-10   141

13 ✦ 어떤 아버지의 기쁨, 부활의 기쁨 눅 15:11-24   153

14 ✦ '집탕'도 돌아와야 한다 눅 15:25-32   165

15 ✦ 천국과 지옥 사이에서 눅 16:19-31   177

16 ✦ 제자들의 작지만 큰 책임 눅 17:1-10   189

17 ✦ 그 아홉은 어디 있느냐 눅 17:11-19   199

18 ✦ 하나님의 나라는 어느 때에 눅 17:20-30   211

19 ✦ 기도로 낙심을 극복하라 눅 18:1-8   223

20 ✦ 운명 전환의 순간 눅 18:35-43   235

21 ✦ 그가 사람의 아들로 오신 이유 눅 19:1-10   247

22 ✦ 왕이 다시 돌아오시는 날 눅 19:15-27   259

23 ✦ 예수의 역설적 리더십 눅 19:28-41   269

24 ✦ 예수의 권위를 붙들고 살라 눅 20:1-8, 41-44   281

25 ✦ 예수께서 주목하는 헌신 눅 21:1-4   293

26 ✦ 사탄의 공작을 경계하라 눅 22:1-6, 31-34   305

27 ✦ 빌라도에게 고난을 받으사 눅 23:1-7, 20-25   317

28 ✦ 십자가로 가는 길 눅 23:26-33   329

29 ✦ 예수 부활을 증거한 여인들 눅 24:1-10   341

30 ✦ 두려움을 평화로 바꾼 사람들 눅 24:36-49   353

31 ✦ 축복이 있으라 눅 24:50-53   365

사복음서의 기자 중 누가는 얼굴이 다양합니다. 그는 의사요, 전도자이며, 역사가요, 신학자입니다. 무엇보다 사도 바울의 가장 신뢰하는 동역자입니다. 많은 사람이 바울의 곁을 떠날 때도 "누가만 나와 함께 있느니라"(딤후 4:11)라고 증언된 사람입니다.

이런 누가에 의해 전해진 '예수 이야기!' 너무 기대되고 궁금하지 않습니까? 이방인인 데오빌로에게 예수 이야기를 전달하고자 근원부터 미루어 리서치(research)를 했다고 말합니다. 이방인들에게 그분의 이야기를 역사로 전달하고자 한 것입니다.

누가복음은 이런 선교적 목적으로 역사의식을 갖고 쓴 글입니다. 그래서 정교하고 아름답고 디테일합니다. 저는 사복음서 중 누가복음 설교를 미루어 두었습니다. 부피도 많고 내용도 지나치게 감동적이었기 때문입니다. 비로소 공식 사역 기간을 지나 이 책에 도전했습니다.

이제 사복음서의 완성판으로 누가복음 강해를 내놓습니다. 이 책이 오리지널의 감동을 훼손하지 않을까 두렵습니다. 그러나 누가가 전달한 예수님 이야기가 너무 좋습니다. 그래서 좋아하는 독자들에게 그 이야기를 나누고 싶습니다. 부디 이 책이 누가복음의 아름다운 소식 전파에 일조하기만을 기대합니다.

누가복음을 좋아하는 이들에게 이 책을 헌정합니다. 1, 2권을 차례로 읽고 가능하면 누가복음의 후속편인 '사도행전 이야기'도 읽어 주었으면 합니다.《하나님 나라 비전 매핑》(두란노)이라는 제목으로 출간되었습니다.

누가복음의 주인이신 예수님의 이름을 함께 찬양합시다.

누가복음 강해를 마무리하며,
목동 이동원 드림

"예수께서 한곳에서 기도하시고 마치시매 제자 중 하나가 여짜오되 주여 요한이 자기 제자들에게 기도를 가르친 것과 같이 우리에게도 가르쳐 주옵소서 예수께서 이르시되 너희는 기도할 때에 이렇게 하라 아버지여 이름이 거룩히 여김을 받으시오며 나라가 임하시오며 우리에게 날마다 일용할 양식을 주시옵고 우리가 우리에게 죄지은 모든 사람을 용서하오니 우리 죄도 사하여 주시옵고 우리를 시험에 들게 하지 마시옵소서 하라"(눅 11:1-4).

1. 다섯 손가락 기도

예수님은 우리에게 하나님을
아버지라는 한마디로 부르라고 하십니다.
그것이 우리 기도의 시작이고, 예배의 시작입니다.

세계 전쟁사에서 제2차 세계대전 당시의 노르망디 상륙 작전 이
래로 가장 위대한 군사 전략적 의미를 남긴 사건이 맥아더(Douglas
MacArthur) 장군에 의한 인천 상륙 작전이었습니다. 수많은 사람의 반
대에도 불구하고 '아무도 예측할 수 없는 불가능한 시도이기에 오히
려 성공할 수 있다'는 믿음으로 전쟁 개시 90여 일의 시간이 다가오는
1950년 9월 15일, 낙동강 이남을 제외한 전 국토를 상실한 상태에서
인천 상륙 작전이 수행되었습니다. 그리고 전쟁이 시작된 지 꼭 3개월
이 되는 날, 유엔군은 한강을 건너 9월 25일 남산을 탈환합니다. 그리
고 마침내 9월 28일, 서울 중앙청에 도달한 유엔군과 국군에 의해 인
공기가 내려지고 다시 태극기와 성조기, 유엔기가 휘날리게 됩니다.
그리고 다음 날인 1950년 9월 29일 정오 12시, 서울 환도식에서 맥아
더 사령관은 이승만 대통령과 함께 나란히 입장해서 그의 역사적 연설

을 시작합니다.

대통령 각하, 인류 최대의 기대와 열망을 바탕으로 싸워 온 우리 유엔
군은 자비로운 하나님의 가호로 대한민국의 수도 서울을 회복했습니
다. 유엔군을 대표하여 오늘 이승만 대통령에게 원래의 자리를 되돌려
드릴 수 있게 된 것을 기쁘게 생각합니다. 자비로우신 하나님께서 이
대통령과 모든 공직자들에게 관용과 정의로 만난을 헤쳐 나갈 지혜와
힘을 주시기를 기원하며, 오늘 예수께서 가르쳐 주신 기도로 저의 연설
을 맺고자 합니다. "하늘에 계신 우리 아버지여…?"

한때 어둠의 세력에 의해 잃었던 이 땅의 수도, 서울의 회복은 주기
도문과 함께 시작되었습니다.

예수님께서 가르치신 기도는 본래 기도를 가르쳐 달라는 제자들의
열망에 대한 응답으로 주신 것이었습니다.

"예수께서 한곳에서 기도하시고 마치시매 제자 중 하나가 여짜오되
주여 요한이 자기 제자들에게 기도를 가르친 것과 같이 우리에게도
가르쳐 주옵소서"(눅 11:1).

주의 기도는 주님이 하신 기도가 아니라, 주님이 제자들에게 가르
치신 기도입니다. 그래서 종종 '제자들의 기도'라고도 일컬어집니다.

이 기도는 암송의 유익도 있지만, 암송 이상으로 우리 모든 기도의 샘플이 되는 기도라고 할 수 있습니다. 본문 2절은 "너희는 기도할 때에 이렇게 하라"라고 말씀합니다. 예수님은 이 기도를 통해 기도의 우선순위와 기도의 패턴을 가르치신 것입니다.

이 기도에는 다섯 가지 중요한 항목이 있습니다. 1) 경배의 기도, 2) 사역의 기도, 3) 필요의 기도, 4) 용서의 기도, 5) 보호의 기도가 그것입니다. 다섯 손가락을 생각하며 기억하면 좋을 것입니다.

경배의 기도

주님이 가르치신 기도의 우선순위는 주님을 높이는 경배로 시작됩니다.

"아버지여 이름이 거룩히 여김을 받으시오며"(눅 11:2).

누가가 전하는 주기도의 첫머리는 단순하게 자녀가 아버지를 부르며 그 아버지의 이름이 거룩히 여김을 받게 해 달라는 기도로 시작합니다. 마태복음의 주기도문은 '하늘에 계신 아버지'라고 부름으로 그분의 초월적이고 엄위하신 존재성을 강조하지만, 누가복음에서는 제자들이 하나님을 그냥 '아버지'라고 부름으로 보다 친근하게 인격적인 품안으로 다가올 것을 강조합니다. 무엇보다 당시 예수님이 사용하신 아람어로 표기하면 본문의 '아버지'는 '아빠'라는 보다 단순한 애칭으로 표기됩니다. 갈라디아서 4장 6절의 말씀을 기억하십시오.

"너희가 아들이므로 하나님이 그 아들의 영을 우리 마음 가운데 보내사 아빠 아버지라 부르게 하셨느니라."

본문의 주기도가 가르치는 기도의 윤리는, 아빠를 사랑하는 자녀라면 그 아빠를 자랑스럽고 거룩하게 할 수 있어야 한다는 것입니다. 무엇으로 그렇게 할 수 있을까요? 무엇보다 우리의 존재와 삶으로 우리 아버지를 아버지답게 높일 수 있어야 합니다. 마태복음 5장 16절의 말씀을 기억합시다.

"너희 빛이 사람 앞에 비치게 하여 그들로 너희 착한 행실을 보고 하늘에 계신 너희 아버지께 영광을 돌리게 하라."

그렇습니다. 그리스도의 제자인 우리의 착한 존재, 착한 행실로 우리 아버지 또한 착하신 분임을 드러내야 합니다. 어둠으로 가득 차 있는 세상에서 우리의 구별된 존재와 삶이 우리 아버지가 세상의 신들과는 다른 구별되고 거룩한 존재이심을 드러낼 수 있어야 합니다. 거룩함의 의미는 구별된다는 의미이기도 합니다.

하나님의 이름은 성경에 수없이 다양하게 등장합니다. 한 이름으로는 그분의 영광을 다 표기할 수 없기 때문입니다. 그러나 예수님은 우리에게 하나님을 아버지라는 한마디로 부르라고 하십니다. 그것이 우리 기도의 시작이고, 예배의 시작입니다. 우리 아버지는 자녀들의 소리에 귀를 기울이고 그들의 찬미를 기쁨으로 받고자 하십니다. 자랑스러운 아버지, 거룩하신 아버지를 부르는 순간, 우리는 그분의 거룩한 존전에 서서 그분의 성호를 높이는 것입니다. 그러므로 이 기도의 첫 순서는 경배의 기도라고 할 수 있습니다. 첫 번째 손가락인 엄지를 붙들고 아버지를 부르며 그분을 어떻게 우리의 언어와 삶으로 높이고 경배할 것인가를 묵상해야 합니다.

사역의 기도
||||||||||||||||||||||||

두 번째 기도는 "나라가 임하시오며"(눅 11:2)입니다. 아버지의 나라, 아버지의 통치가 이 세상에 임하도록 기도하라는 것입니다. 이런 아버지의 통치는 우리 가정에도 임하고, 우리 사회에도 임해야 합니다. 우리는 로마서 14장 17절에서 그분이 통치하시는 나라의 성격을 알 수 있습니다.

> "하나님의 나라는 먹는 것과 마시는 것이 아니요 오직 성령 안에 있는 의와 평강과 희락이라."

그래서 그분이 통치하시는 곳에는 의와 평강과 희락이 임합니다. 교회는 이런 아버지의 나라, 아버지의 통치가 우리가 사는 모든 곳에 임하도록 주께서 이 땅에 허락하신 사역의 주체인 것입니다. 따라서 이 두 번째 기도는 사역의 기도라고 할 수 있습니다. 주님은 "너희는 먼저 그의 나라와 그의 의를 구하라"(마 6:33)라고 가르치셨습니다. 그래서 이 기도는 우리의 우선순위에 있어야 합니다. 그런데 마태복음의 주기도문과 비교하면, 마태복음에는 이 기도 다음에 "뜻이 하늘에서 이루어진 것같이 땅에서도 이루어지이다"(마 6:10)라는 내용이 따라오는데, 누가복음에는 이 부분이 생략되어 있습니다. 왜 그랬을까요?

누가복음은, 하나님 나라가 임하기 위해서는 그 핵심인 하나님의 뜻이 이 땅에서 이루어져야 하는 것을 당연하게 생각한 까닭입니다. 하나님의 통치의 핵심은 하나님의 뜻의 실현입니다. 예수님은 끊임없이 '아버지의 뜻을 행하러 왔나이다'라고 말씀하십니다. '내 뜻대로 마옵시고 아버지의 뜻대로 하옵소서'라고 기도하십니다. 십자가는 궁극적으로 하나님의 뜻이 실현되는 역사의 정점이었습니다. 그래서 주님은 제자들에게 "자기를 부인하고 자기 십자가를 지고 나를 따를 것이니라"(막 8:34)라고 명하십니다. 우리가 복음을 전하고 선교하는 것도, 가난하고 상처받은 이웃들을 섬기는 것도, 한 나라에 정의가 실현되도록 기도하는 것도 다 아버지의 나라가 임하도록 하기 위한 우리의 책임에 대한 순종이요, 하나님 나라의 사역을 이루어 가는 일입니다. 두 번째 손가락(검지)을 붙들고 사역의 기도를 드리십시오.

필요의 기도
||||||||||||||||||

주기도문의 세 번째 화두는 '필요의 기도', 혹은 일용할 양식을 위한 기도입니다. 그러나 이것은 개인의 필요를 위한 기도가 아니라, 우리의 필요를 위한 기도입니다.

흔히 인간의 생존을 위한 기본적 필요를 가리켜 '의식주'라고 합니다. 입을 것, 먹을 것 그리고 살 공간입니다. 마태복음 6장 32절에서 주님은 "아버지께서 이 모든 것이 너희에게 있어야 할 줄을 아시느니라"라고 말씀하십니다. 그러므로 염려하지 말고 기도하라는 것입니다. 또한 마태복음 6장 25-26절에서는 "내가 너희에게 이르노니 목숨을 위하여 무엇을 먹을까 무엇을 마실까 몸을 위하여 무엇을 입을까 염려하지 말라"라고 하면서 "공중의 새를 보라 심지도 않고 거두지도 않고 창고에 모아들이지도 아니하되 너희 하늘 아버지께서 기르시나니 너희는 이것들보다 귀하지 아니하냐"라고 말씀하십니다. 이것을 우리가 아무 일도 안 하고 아무 행동도 할 필요가 없다는 말로 오해해서는 안 됩니다. 공중의 새들은 얼마나 부지런하게 움직이며 먹을 것을 찾고 있습니까? 그 새들에게도 먹을 것, 먹을 환경을 공급하시는 하나님께서 당신의 자녀들이 기도하고 움직일 때 그들의 필요를 공급해 주시지 않겠느냐는 말씀입니다.

바울 사도는 "누구든지 일하기 싫어하거든 먹지도 말게 하라"(살후 3:10)라고 이야기합니다. 건강한 노동은 우리 삶의 생존의 방식입니다.

그러나 주기도문은 나의 양식뿐 아니라 우리의 양식, 더불어 살아가는 이웃들의 양식에도 관심을 가져야 한다고 가르칩니다. 함께, 더불어 살아가는 세상이 되기 위해서입니다. 초대 그리스도인들은 필요 이상으로 주시는 것에 대해서는 이웃들의 부족함을 보충하고 살아가게 하기 위함이라고 가르칩니다(고후 8:14). 그러므로 우리의 필요를 위한 기도는 나의 필요를 넘어서는, 문자 그대로 우리의 필요를 위한 기도가 되어야 합니다. 세 번째 손가락인 중지를 붙들고 필요의 기도를 드리십시오.

용서의 기도
||||||||||||||||||||

네 번째는 용서의 기도입니다.

> "우리가 우리에게 죄지은 모든 사람을 용서하오니 우리 죄도 사하여 주시옵고"(눅 11:4).

일용할 양식 못지않게 필요한 것이 일용할 용서입니다. 우리는 우리를 둘러싼 인간관계 안에서 하루하루 삶을 만들어 갑니다. 우리의 가정과 직장, 사업체를 비롯한 모든 삶의 현장 속에서 서로가 서로에게 상처를 주면서 관계의 훼손을 경험합니다. 우리 시대의 한 설교가는 "우리는 다 고슴도치와 같다"고 말합니다. 고슴도치는 혼자 다니는 것을 좋아합니다. 그러나 고슴도치도 사랑에 목말라 이웃을 찾는 순간이 있습니다. 그때 그는 자기 등에 가지고 다니는 수많은 바늘로 상대를 찌르고 자신도 찔림을 당합니다. 상처를 주고받습니다.

상처가 발생하는 순간 우리는 가장 중요한 성경적 숙제 앞에 서게 됩니다. 이 숙제가 '용서'입니다. 예수님은 당신을 십자가에 못 박은 사람들을 친히 용서하는 모범을 보이시고, 이제 우리에게 '내가 너희를 용서한 것처럼 너희도 서로 용서하라'고 명하십니다. 여기 '죄지은 모든 사람'이라 할 때 죄는 희랍어로 '오페일로'(opeilo)라 하는데, 이는 '부채'를 뜻하는 말입니다. 용서하지 않고 사는 것은 빚을 지고 사는 것이라는 말입니다. 용서는 나와 우리를 함께 부채에서 자유하게 합니다. 용서가 있는 곳에 건강한 가정, 건강한 공동체가 이루어집니다. 네 번째 손가락인 약지를 붙들고 용서의 기도를 드리십시오.

보호의 기도
||||||||||||||||||||

주기도문의 마지막 기도 제목은 보호입니다.

"우리를 시험에 들게 하지 마시옵소서"(눅 11:4).

마태복음의 주기도문에는 "다만 악[악한 자]에서 구하시옵소서"(마 6:13)가 붙어 있습니다. 우리가 경험하는 온갖 시험의 배후에 악한 자인 악마의 공작이 있는 것을 경고하시는 것입니다. 시험을 당하지 않는 사람은 아무도 없습니다. 문제는 시험 속에서 빠져나오지 못하는 것입니다. 여기 악의 깊은 심연을 경계할 필요가 있습니다. 한때 시험에 빠진바 있었던 베드로의 경고를 기억하십시오.

"근신하라 깨어라 너희 대적 마귀가 우는 사자같이 두루 다니며 삼킬 자를 찾나니"(벧전 5:8).

우리는 악마의 치열한 공격을 예상하고 바울 사도의 권면처럼 하나님의 전신갑주로 무장해야 합니다. 그리고 서로가 서로를 기도로 돕는 자리에 서야 합니다. 에베소서 6장 18절의 말씀을 기억하십시오.

"모든 기도와 간구를 하되 항상 성령 안에서 기도하고 이를 위하여 깨어 구하기를 항상 힘쓰며 여러 성도를 위하여 구하라."

이 싸움은 혼자 이길 수 없는 영적 전쟁입니다. 우리는 서로를 위해 중보하며, 무엇보다 성령의 도우심이 함께하기를 날마다 구해야 합니다. 성령의 충만이 없이는 비록 성도일지라도 안 믿는 사람과 다를 것이 없습니다. 마귀에게 틈을 주지 않고 성령의 도우심을 일용할 양식처럼 구할 때, 우리는 오늘도 무사히 보호받는 인생을 살 것입니다.

다섯 번째 손가락(소지)이 가장 연약한 손가락이듯, 이 손가락을 붙들고 성령의 보호를 구하십시오. '우리를 시험에 들게 하지 마시옵고, 악에서 구하시옵소서'라고 말입니다.

"또 이르시되 너희 중에 누가 벗이 있는데 밤중에 그에게 가서 말하기를 벗이여 떡 세 덩이를 내게 꾸어 달라 내 벗이 여행 중에 내게 왔으나 내가 먹일 것이 없노라 하면 그가 안에서 대답하여 이르되 나를 괴롭게 하지 말라 문이 이미 닫혔고 아이들이 나와 함께 침실에 누웠으니 일어나 네게 줄 수가 없노라 하겠느냐 내가 너희에게 말하노니 비록 벗 됨으로 인하여서는 일어나서 주지 아니할지라도 그 간청함을 인하여 일어나 그 요구대로 주리라 내가 또 너희에게 이르노니 구하라 그러면 너희에게 주실 것이요 찾으라 그러면 찾아낼 것이요 문을 두드리라 그러면 너희에게 열릴 것이니 구하는 이마다 받을 것이요 찾는 이는 찾아낼 것이요 두드리는 이에게는 열릴 것이니라 너희 중에 아버지 된 자로서 누가 아들이 생선을 달라 하는데 생선 대신에 뱀을 주며 알을 달라 하는데 전갈을 주겠느냐 너희가 악할지라도 좋은 것을 자식에게 줄 줄 알거든 하물며 너희 하늘 아버지께서 구하는 자에게 성령을 주시지 않겠느냐 하시니라"(눅 11:5-13).

=== 2. 간청 기도

간청 기도는 주의 자녀들이 간절하게,
부끄러워하지 않고 담대히 자신과 이웃들을 위해서
하늘 아버지에게 드리는 기도입니다.

누가는 예수께서 가르치신 기도를 우리에게 소개하며 그분의 신학적 편집의 전망에서 우리에게 간청 기도를 덧붙이고 있습니다. 물론 주 기도를 통해 알 수 있는 것처럼, 우리 기도의 우선순위는 하나님 나라입니다. 하나님 아버지의 이름이 거룩해지도록 기도하고, 하나님 아버지의 나라가 임하도록 기도하는 것이 무엇보다 중요합니다. 그리고 그 하나님을 우리의 아버지로 인식하고 그분을 부르며, 그분 앞에 나아와 대화하고 그분을 높여 드리는 것이야말로 기도의 본질이라는 가르침을 이미 묵상했습니다. 그러나 우리는 절박한 생존의 필요들을 안고 이 땅을 살아가는 인간으로 또한 그 응답을 위해 기도하지 않을 수 없습니다. 여기 간청 기도, 혹은 강청 기도의 필요성이 등장합니다. 예수님은 우리가 이런 삶의 절실한 필요 앞에서 어떤 태도로 어떻게 기도해야 할 것인가를 가르치신 것입니다. 이 기도는 본문 8절의 말씀에서 유래합니다.

> "내가 너희에게 말하노니 비록 벗 됨으로 인하여서는 일어나서 주지
> 아니할지라도 그 간청함을 인하여 일어나 그 요구대로 주리라."

여기 '그 간청함을 인하여'라는 표현에서 간청 기도 혹은 강청 기
도라는 말이 유래한 것입니다. 오늘날 한국 교회에서는 이 간청 기도
를 둘러싸고 두 가지 대조적 견해가 대립하고 있는 것으로 보입니다.
한 견해는, 우리가 기도할 때 무례하게, 억지로 떼를 써야만 마지못해
응답하시는 유치한 하나님으로 그분을 격하시키지 말라는 입장입니
다. 그래서 이런 사람들은 간청 기도나 강청 기도라는 단어 자체가 합
당하지 못하다고 말합니다. 또 한 견해는, 인간이 직면하는 삶의 절박
함으로 주께 나아와 매달리는 기도를 폄하하는 이들은 아직 인간 고난
의 심연이나 기도의 다이내믹을 경험하지 못한 사람이기 때문이라며
간청 기도, 혹은 강청 기도의 중요성을 여전히 옹호하는 입장입니다.
그렇다면 본문에서 예수께서 가르치시는 간청 기도의 본질은 무엇일
까요?

부끄러움을 무릅쓰는 기도

||||||||||||||||||||||||||||||||||||||||

본문 8절에서 '그 간청함을 인하여'라는 말은 원어로 '아나이데이아'(anaideia)라고 하는데, 일반적으로는 '부끄러움을 모르는'(shameless)으로 번역되는 반면 NIV 성경은 '담대함'(boldness)으로 번역합니다. 한마디로 '부끄러움을 무릅쓰는 담대함'(shameless boldness)입니다. 그렇다면 본문에 등장하는 사람은 어떻게 그렇게 할 수 있었습니까? 친구를위해서였습니다.

"내 벗이 여행 중에 내게 왔으나 내가 먹일 것이 없노라"(눅 11:6).

아마 자신을 위한 필요라면 얼마든지 다음 날 아침까지 참고 견딜수 있었을 것입니다. 그러나 여행 중에 자기 집에 도착한 친구는 아마도 굶주림으로 사경을 헤매다 온 듯합니다. 과거 중동 지방에서는 사경을 헤매는 나그네를 돌보는 것이 인간의 필수적 도리로 인식되고 있었습니다. 그래서 떡 세 덩이를 꾸고자 한밤중에 이웃집 문을 두드리게 된 것입니다. 그랬더니 예상했던 응답이 돌아왔습니다.

"그가 안에서 대답하여 이르되 나를 괴롭게 하지 말라 문이 이미 닫혔고 아이들이 나와 함께 침실에 누웠으니 일어나 네게 줄 수가 없노라"(눅 11:7).

그러나 이 한 번의 거절로 포기할 수 없어 그는 문을 두드리고 또 두드렸을 것입니다. 마침내 문이 열립니다. 그리고 이 비유에 대한 해설을 주님이 친히 우리에게 전달하십니다.

"내가 너희에게 말하노니 비록 벗 됨으로 인하여서는 일어나서 주지 아니할지라도 그 간청함을 인하여 일어나 그 요구대로 주리라"(눅 11:8).

주님은 우리의 기도에 이런 끈질긴 담대함, 혹은 어떤 부끄러움도 무릅쓰는 간절함이 필요함을 가르치신 것입니다. 더욱 그것이 나 자신의 필요가 아닌 나의 친구들을 돕기 위한 것이라면 말입니다. 요한복음 15장 13절에서 예수님이 가르치신 말씀을 기억하십시오.

"사람이 친구를 위하여 자기 목숨을 버리면 이보다 더 큰 사랑이 없나니."

중보 기도는 이런 큰 사랑의 실천입니다. 오늘날 우리 주변에 떡 세 덩이가 없어 죽어 가는 이웃이 얼마나 많은지 모릅니다. 자신을 위해서는 몰라도 이제 이웃들을 위해서 부끄러움을 무릅쓰고 담대히, 간절하게 기도할 필요가 있지 않겠습니까?

본문 11-12절에 보면 예수님은 "너희 중에 아버지 된 자로서 누가 아들이 생선을 달라 하는데 생선 대신에 뱀을 주며 알을 달라 하는데 전갈을 주겠느냐"라고 하십니다. 기도는 잠든 이웃집 사람을 찾아가 깨워 도움을 구하는 이상의 사건이라는 것입니다. 기도는 하나님의 자녀들이 하나님 아버지에게 나아가 도움을 구하는 것입니다. 이웃집 사람은 잠들어 있었지만, 성경은 이스라엘의 하나님은 "졸지도 아니하시고 주무시지도 아니하시리로다"(시 121:4)라고 말씀합니다. 또한 예수님이 친히 말씀하신 바를 기억하십시오.

"그러므로 그들[이방인]을 본받지 말라 구하기 전에 너희에게 있어야 할 것을 하나님 너희 아버지께서 아시느니라"(마 6:8).

그러니 담대히 구합시다. 간절하게 구합시다. 부끄러워하지 말고 구합시다. 간청 기도는 주의 자녀들이 간절하게, 부끄러워하지 않고 담대히 자신과 이웃들을 위해서 하늘 아버지에게 드리는 기도입니다.

지속적으로 드리는 기도
||||||||||||||||||||||||||||||||||||||||||

밤중에 이웃 친구 집에 떡 세 덩이를 빌리러 간 이야기에 이어서 예수님이 가르치신 말씀이 그 유명한 '구하라-찾으라-문을 두드리라'는 말씀입니다.

"내가 또 너희에게 이르노니 구하라 그러면 너희에게 주실 것이요 찾
으라 그러면 찾아낼 것이요 문을 두드리라 그러면 너희에게 열릴 것
이니 구하는 이마다 받을 것이요 찾는 이는 찾아낼 것이요 두드리는
이에게는 열릴 것이니라"(눅 11:9-10).

앞에서도 말한 바 있지만, 원문의 뜻은 본래 한 번만 구하고, 한 번
만 찾아보고, 한 번만 문을 두드리라는 것이 아닙니다. 원문의 뜻을 살
려 영어로 번역한다면 'Keep on asking', 'Keep on seeking', 'Keep on
knocking'이 됩니다. 계속해서 구하고, 계속해서 찾고, 계속해서 문을
두드리라는 것입니다. 이는 지속적인 기도를 강조하는 말입니다. 간청
기도는 지속적인 구함의 기도라고 할 수 있습니다.

그러면 질문이 생깁니다. 딱 한 번 구하고 즉각적으로 응답하시면
하나님도 편하고 우리도 편할 텐데, 하나님은 왜 이렇게 지속적으로
기도하게 하시는 것일까요? 물론 단 한 번으로 우리의 기도가 응답되
는 사례도 있습니다. 그러나 많은 경우 하나님은 상당한 기간을 기도
하게 하신 후에야 응답하십니다. 왜 그렇게 하실까요? 그 대답은, 하나
님은 우리와 상거래적 관계, 혹은 주고받는(give and take) 관계가 아니
라, 인격적 신뢰의 관계를 맺기 원하시기 때문입니다. 동전을 넣으면
원하는 상품이 나오는 자동 응답기에서는 인격적 교제를 기대할 수 없
습니다. 하나님은 자동 응답기의 대상이 아니라, 우리에게 인격적인
친구 또는 인격적인 아버지가 되기를 원하십니다.

5만 번이나 기도 응답을 받은 것으로 유명한 조지 뮬러(George Müller)도 모든 기도를 즉각적인 방법으로 응답받은 것은 아니었습니다. 그의 전기에 보면 1844년 11월에 그는 다섯 명의 영혼을 구원하기 위해 기도를 시작합니다. 그가 기도를 시작한 지 18개월 만에 첫 사람이 예수를 믿고 구원을 받게 됩니다. 그로부터 5년이 지난 후 두 번째 사람이 주께 돌아왔습니다. 그로부터 다시 6년이 지나갑니다. 마침내 세 번째 사람이 구원받고 주께 돌아왔습니다. 이제 두 사람이 남았습니다. 뮬러는 더욱 열심히 중보하고 기도했지만 그들에게는 도무지 변화의 조짐이 없었습니다. 이 남은 두 사람은 뮬러가 좋아하고 사랑한 친구의 아들들이었습니다.

뮬러는 1898년에 세상을 떠나기까지 이 두 사람에 대한 기도의 제목을 빼지 않고 지속적으로 기도했습니다. 무려 52년을 기도한 것입니다. 그런데 한 사람이 뮬러가 세상을 떠나기 전 아픈 몸으로 마지막 설교를 할 때 그 말씀을 듣고 주께 돌아옵니다. 그리고 마지막 남은 한 사람은 뮬러의 장례식에 왔다가 뮬러가 자신을 위해 그 오랜 시간 중보하고 기도한 것을 알게 된 후 예수를 믿습니다. 그는 여러 곳에 다니며 자신이 뮬러의 최후의 기도 응답이라고 간증을 했다고 합니다. 이것이 바로 간청 기도의 좋은 사례가 될 것입니다. 간청 기도는 지속적으로 드리는 기도입니다.

최선의 응답을 믿고 드리는 기도

주님은 아버지로서 자녀인 우리에게 좋은 것으로 응답하겠다고 말씀하십니다. 어떤 아버지가 자녀가 생선을 달라 하는데 생선 대신에 뱀을 주겠으며, 알을 달라 하는데 전갈을 주겠느냐고 하십니다. 이어서 주신 말씀이 본문 13절입니다.

> "너희가 악할지라도 좋은 것을 자식에게 줄 줄 알거든 하물며 너희 하늘 아버지께서 구하는 자에게 성령을 주시지 않겠느냐."

먼저 우리가 이 말씀에서 확인할 것은, 하나님은 좋은 것으로 주시는 분이라는 사실입니다. 야고보서 1장 17절의 말씀을 기억하십시오.

> "온갖 좋은 은사와 온전한 선물이 다 위로부터 빛들의 아버지께로부터 내려오나니 그는 변함도 없으시고 회전하는 그림자도 없으시니라."

바울 사도가 준 로마서 8장 32절의 말씀도 기억합시다.

> "자기 아들을 아끼지 아니하시고 우리 모든 사람을 위하여 내주신 이가 어찌 그 아들과 함께 모든 것을 우리에게 주시지 아니하겠느냐."

그렇습니다. 하나님은 최선으로 응답하는 분이십니다.

그런데 본문 13절에서 주님은 좋은 것을 준다고 말하며 성령을 언급하십니다. 왜 그렇게 하실까요? 성령이 그분이 주실 수 있는 최선의 선물이기 때문입니다. 사실 우리가 하는 기도의 딜레마는, 우리는 좋은 것을 달라고 기도하면서도 좋은 것이 무엇인지 모른다는 것입니다. 로마서 8장 26절을 보십시오.

> "이와 같이 성령도 우리의 연약함을 도우시나니 우리는 마땅히 기도할 바를 알지 못하나 오직 성령이 말할 수 없는 탄식으로 우리를 위하여 친히 간구하시느니라."

우리가 무엇이 최선인지를 몰라 방황하고 있을 때, 주님은 성령을 보내시어 우리를 대신해서 기도하게 하신다는 것입니다. 이것을 '성령의 대도(代禱)'라고 합니다. 그러면 무슨 일이 일어납니까?

> "마음을 살피시는 이가 성령의 생각을 아시나니 이는 성령이 하나님의 뜻대로 성도를 위하여 간구하심이니라"(롬 8:27).

우리가 무엇을 위해 기도해야 할지 몰라 방황할 때, 그래도 엎드려 주님의 도우심을 구하면 주님이 성령을 보내시어 하나님의 뜻이 우리의 삶 가운데 이루어지도록 대신 간구해 주신다는 것입니다. 그다음

절이 우리가 잘 아는 로마서 8장 28절입니다.

"우리가 알거니와 하나님을 사랑하는 자 곧 그의 뜻대로 부르심을 입은 자들에게는 모든 것이 합력하여 선을 이루느니라."

할렐루야! 마침내 성령의 대도를 통해 하나님의 최선이 우리에게 이루어지게 하신다는 것입니다.

우리의 간청 기도가 그리 간절하게 주께 드려졌음에도 원하는 대로 상황이 전개되지 않을 때, 진실로 기도했다면 실망하지 마십시오. 나보다 나를 더 잘 아시는 하나님, 우리보다 우리를 더 잘 아시는 하나님이 우리가 생각하는 최선이 아니라, 전능하고 전지하신 하나님, 사랑이고 선하신 하나님이 판단하신 선을 합력해서 이루게 하십니다. 그리고 그 선은 궁극적으로 우리의 인격을 빚어 하나님의 아들을 닮아 영화로운 존재가 되게 하는 선입니다. 이제 로마서 8장 29-30절의 약속을 묵상합시다.

"하나님이 미리 아신 자들을 또한 그 아들의 형상을 본받게 하기 위하여 미리 정하셨으니 이는 그로 많은 형제 중에서 맏아들이 되게 하려 하심이니라 또 미리 정하신 그들을 또한 부르시고 부르신 그들을 또한 의롭다 하시고 의롭다 하신 그들을 또한 영화롭게 하셨느니라."

아멘! 그러면 된 것 아닙니까? 우리가 마침내 영화로운 존재로 주님 앞에 서게 된다면 말입니다. 간청 기도를 하는 자들에게 최선의 성령을 주시는 하늘 아버지를 찬양하십시오. 간청 기도는 최선의 응답을 믿고 드리는 기도입니다. 이제 그 최선의 응답을 믿고 엎드려 우리의 간구를 시작합시다.

"또 비유로 그들에게 말하여 이르시되 한 부자가 그 밭에 소출이 풍성하매 심중에 생각하여 이르되 내가 곡식 쌓아 둘 곳이 없으니 어찌할까 하고 또 이르되 내가 이렇게 하리라 내 곳간을 헐고 더 크게 짓고 내 모든 곡식과 물건을 거기 쌓아 두리라 또 내가 내 영혼에게 이르되 영혼아 여러 해 쓸 물건을 많이 쌓아 두었으니 평안히 쉬고 먹고 마시고 즐거워하자 하리라 하되 하나님은 이르시되 어리석은 자여 오늘 밤에 네 영혼을 도로 찾으리니 그러면 네 준비한 것이 누구의 것이 되겠느냐 하셨으니 자기를 위하여 재물을 쌓아 두고 하나님께 대하여 부요하지 못한 자가 이와 같으니라"(눅 12:16-21).

3. 지혜로운 사람, 지혜로운 민족

> 진정한 성공은 물질이나 건강이나 지위를 누리는 것이 아니라,
> 물질이나 건강, 혹은 우리에게 주어진 목숨을
> 그분의 영광을 위해 사용하고 가는 것입니다.

수년 전, 〈뉴스위크〉(Newsweek)에서 '우리 시대의 우상'(Idols in our time)
이라는 글을 읽은 적이 있습니다. 우리 시대에 성공적인 인생을 산 사
람들에게는 공통적인 네 가지 특성이 있다는 것입니다. 1) 기대하는
결과를 상상할 수 있는 능력, 2) 그 기대하는 일에 집중할 수 있는 능
력, 3) 일을 추진하는 중에 난관을 돌파할 수 있는 능력, 4) 성취한 결
과를 즐길 수 있는 능력이 그것입니다.

본문에서 예수님이 말씀하신 비유 속 주인공 부자가 바로 그런 사
람이 아니었나 싶습니다. 그는 자기 농사가 그해 풍성한 소출을 가져
올 것을 예상해서 곳간을 넓히고, 땀 흘려 농사에 열중했으며, 마침내
모든 난관을 돌파하고 넉넉히 수확해 미리 준비한 곳간마다 곡식을 가
득 쌓아 놓고 자신에게 이렇게 속삭이며 독백합니다.

"영혼아 여러 해 쓸 물건을 많이 쌓아 두었으니 평안히 쉬고 먹고 마시고 즐거워하자"(눅 12:19).

전형적인 시대의 우상, 성공한 사람의 표본이 아닙니까? 그런데 본문 20절에서 하나님은 이 사람을 향해 이렇게 말씀하셨다고 예수님이 말씀하십니다.

"하나님은 이르시되 어리석은 자여 오늘 밤에 네 영혼을 도로 찾으리니 그러면 네 준비한 것이 누구의 것이 되겠느냐."

누구보다 성공한 사람에게 '어리석은 사람'이라고 말씀하신 것입니다. 저는 본문에 나타난 주인공 못지않게 지난 6.25전쟁 이후 이 한반도 남쪽에 살아온 우리가 바로 이런 라이프스타일을 추구한 민족이 아니었나 싶습니다. 우리는 '잘 살아 보세'라는 구호를 제창하며 선진국의 꿈을 향해 달려왔습니다. 휴일도, 휴가도 반납하며 건강도 불사하고 성공하기 위해, 부자가 되기 위한 집념 하나로 달려왔습니다. 분단된 민족의 대립 구도, 우리를 둘러싼 중국, 구소련, 일본, 미국 등 강대국의 압력을 견디면서 여기까지 왔습니다. 그래서 국가 GNP 세계 10위에 달하는 선진국의 대열에 도달할 수 있었고, 이제는 여름철이 되면 국민의 절반 이상이 바캉스를 즐기기 위해 해외로 떠나는 민족이 되었습니다. 심지어 이 팬데믹 시대, 코로나의 위험에도 불구하고 제

주나 동해안 호텔은 방을 구하기 어려울 정도로 자신과 가족의 안락함을 추구하는 민족이 되었습니다. 이만하면 대한민국은 성공한 민족이 아닙니까? 그런데 이 질문을 역사의 주인 되신 하나님께 드린다면 그분은 무엇이라 하실까요? "하나님, 대한민국이 성공한 민족입니까?" 여쭌다면 혹시 그분이 '어리석은 자들이여' 하지는 않으실까요? 그렇다면 중요한 과제는 우리가 하나님 보시기에 어리석지 않고 지혜로운 사람, 지혜로운 민족이 되어야 한다는 것입니다. 그렇다면 다시 본문을 통해 물어야 할 질문은 누가 정말 지혜로운 사람이고 지혜로운 민족일까라는 것입니다.

물질을 목적이 아닌 수단으로 삼는 사람

본문의 비유 이야기는 '소출'로 시작됩니다.

> "또 비유로 그들에게 말하여 이르시되 한 부자가 그 밭에 소출이 풍성하매"(눅 12:16).

이어지는 말씀에서 이 부자의 독백에 등장하는 유일한 관심을 보십시오. "곡식 쌓아 둘 곳이 없으니 어찌할까"(17절), "내 곳간을 헐고 … 내 모든 곡식과 물건을 거기 쌓아 두리라"(18절), "여러 해 쓸 물건을 많이 쌓아 두었으니"(19절) 그리고 예수님의 결론에서 "자기를 위하여 재물을 쌓아 두고"(21절)라는 표현에서 이 부자의 관심의 초점이 무엇입니까? 소출, 곡식, 곳간, 물건, 재물…. 결국 그는 물질을 위해 사는 사람이었고, 이 물질이 그를 행복하게 할 것으로 생각한 것입니다. 하지만 착각이었습니다. 물론 이것들은 없어서는 안 될 생존과 섬김의 수단입니다. 예수님은 산상 수훈에서 이런 수단들이 우리에게 있어야 할 것들임을 그분도 아신다고 말씀하십니다.

> "그러므로 염려하여 이르기를 무엇을 먹을까 무엇을 마실까 무엇을 입을까 하지 말라 이는 다 이방인들이 구하는 것이라 너희 하늘 아버지께서 이 모든 것[물질]이 너희에게 있어야 할 줄을 아시느니라"
> (마 6:31-32).

이어지는 말씀이 무엇입니까? "그런즉 너희는 먼저 그의 나라와 그의 의를 구하라"(마 6:33)입니다. 우리에게 주어진 물질을 그 나라를 위해 쓸 때, 그것은 생존의 수단에서 더 나아가 위대한 섬김의 수단이 되는 것입니다.

돈을 생각해 보십시오. 돈은 필요합니다. 그러나 돈이 삶의 목적이 될 수 있을까요? 제일 불행한 사람은 돈을 모으기 위해서 몸부림하다가 '돈을 쓰지 못하고 가는 사람'(보물을 땅에 쌓는 사람)입니다. 그럼에도 한평생 돈만 묵상하다가 떠나는 사람은, 돈 사람입니다. 그러나 그 돈을 주님의 뜻을 따라 쓰면 우리는 보물을 하늘에 쌓는 자가 되는 것입니다.

어떤 사람은 사회적 지위를 위해 살아갑니다. 그런데 지위를 얻는 것이 목적이 될 수 있을까요? 지위도 섬김의 수단에 불과합니다. 그런데 우리는 종종 조상을 자랑할 때 그가 차지했던 지위를 말합니다(군수, 시장, 교장, 장관 등). 그 지위에서 사람들을 어떻게 섬겼는지에 대해서는 말하지 않습니다. 지위만 얻은 것이 과연 자랑이 될 수 있을까요?

건강도 생각해 보십시오. 잘 살기 위해 건강은 필요합니다. 그러나 그 건강한 몸으로 오래오래 살면서 민폐만 끼친다면, 그것이 자랑이 될까요? 오죽하면 '수즉다욕'(壽卽多辱)이라는 말이 생겼을까요? 예수님은 오래 사셨습니까? 불과 30대 초반까지밖에 살지 못하셨습니다. 그러나 아무도 그분의 삶을 불행하다고 말하지 않습니다. 그 이유는, 그분은 삶의 목적을 이루는 인생을 사셨기 때문입니다. 요한복음 17장 4절에 그분의 죽음을 앞에 둔 고백을 기억하십시오.

"아버지께서 내게 하라고 주신 일을 내가 이루어 아버지를 이 세상에서 영화롭게 하였사오니."

진정한 성공은 물질이나 건강이나 지위를 누리는 것이 아니라, 물질이나 건강, 혹은 우리에게 주어진 목숨을 그분의 영광을 위해 사용하고 가는 것입니다. 지혜로운 사람은 물질도, 건강도, 지위도 섬김의 수단으로만 사용하는 인생입니다. 지혜로운 민족은 물질이나 건강, 지위도 모두 공공의 수단으로만 사용하는 사람들이 다수를 차지하는 나라입니다. 그런 민족, 그런 나라가 되기를 기도하십시오.

나를 넘어선 당신과 우리를 배려하는 사람

> "심중에 생각하여 이르되 내가 곡식 쌓아 둘 곳이 없으니 어찌할까 하고 또 이르되 내가 이렇게 하리라 내 곳간을 헐고 더 크게 짓고 내 모든 곡식과 물건을 거기 쌓아 두리라 또 내가 내 영혼에게 이르되"(눅 12:17-19).

위의 말씀에서 반복되는 단어가 무엇입니까? '내가'입니다. 그리고 모든 생각의 중심이 '내 것'입니다. 내 물건, 내 곡식, 내 곳간, 심지어 내 영혼이라고 말합니다. 그의 생각의 영역에는 '당신'도 '우리'도 존재하지 않습니다. 하나님도 존재하지 않습니다. 그런데 하나님이 그를 마지막으로 만나 주시던 밤, 하나님은 모든 것이 자신의 것이라고 주장하는 그에게 "그래, 네 영혼도 네 것이라고? 그런 네 영혼을 내가 도로 가져가리니, 그러면 네 것이 누구 것이 되겠느냐?"라고 물으십니다. 오직 나만을 위해, 내 것만을 위해 살던 어리석은 인생에 대한 하나님의 질문입니다. 오늘 우리는 점점 더 이런 이기주의 혹은 'me-ism', 혹은 'me-generation'의 시대를 살아가고 있습니다.

우리 시대에 적지 않은 영향을 끼친 유대인 철학자 중에 마르틴 부버(Martin Buber)라는 사람이 있습니다. 그의 대표작이 《나와 너》(대한기독교서회 역간)라는 책입니다. 이 책에서 그는, '나란 존재는 너 없이는 존재할 수 없고, 너 역시 나 없이는 존재할 수 없다'고 말합니다. '내가 참 인격인 너를 만날 때에만 나는 참된 내가 될 수 있다'고 말합니다. 이런 인격적 관계가 무너지면 세상은 '나와 너'의 세상이 아닌 '나와 그것'의 세상이 된다고 말합니다. '나는 너를 이용하고 너도 나를 이용하고 버리는 인격이 아닌 비 인격, 혹은 물격의 세상이 된다'고 경고합니다. '내가 의식해야 할 너는 비단 한계 내 존재인 너만 아니라, 영원자 너(Eternal Thou, 하나님을 지칭하는 말)'라고 말합니다. '하나님 없이, 당신과 우리 없이 세상은 결코 참되고 아름다워질 수 없다'고 말합니다.

마르틴 부버는 본래 유대인도 고유의 영토를 가져야 한다는 시온주의(Zionism) 운동에 동참한 사람이었지만, 시온의 땅에 돌아와 히브리 대학교 교수로 일하며 팔레스타인 이웃과 아랍인과 유대인의 평화로운 공존을 주장하게 됩니다. 그의 신앙, 그의 양심이 그로 하여금 이웃과 더불어 사는 세상을 갈망하게 한 것입니다. 그는 히브리 대학교 교수였지만, 죽을 때 자기의 모든 유산을 아랍 학생들을 위한 장학금으로 남기고 떠납니다. 하나님이 기뻐하실 만한 지혜로운 삶이 아닙니까?

우리 민족의 가장 큰 미래 과제는 평화로운 통일 한국입니다. 우리는 자유와 인격을 말살하는 현재 북한의 리더십을 인정할 수 없습니다. 그럼에도 불구하고 자유와 인격을 말살당하고 사는 북한의 동포들을 살려 내기 위해 그들과 대화를 포기하지 않고 전쟁이 아닌 평화의 방법으로 통일의 내일을 만들어 갈 미래 리더십이 일어나야 합니다. 그러므로 우리는 이 한반도를 영원한 분이신 하나님의 가슴으로 품고, 남과 북이 하나가 되어 자유와 평화의 나라를 일으킬 지혜로운 리더십이 일어나도록 기도하는 그리스도인이 되어야 할 것입니다.

하나님과의 관계에서 영적으로 부요한 사람

지혜로운 사람의 결론을 본문 21절에서 확인해 보십시오.

> "자기를 위하여 재물을 쌓아 두고 하나님께 대하여 부요하지 못한 자가 이와 같으니라."

예수님은, 한 사람의 인생이 정말 지혜롭게 되려면 물질적 부요보다 하나님과의 관계에서의 영적 부요를 추구해야 한다고 말씀하십니다. 한 나라, 한 민족이 건강한 사회가 되려면 먼저 영적 부흥이 일어나야 합니다. 18세기의 영국은 산업 혁명의 부작용으로 인한 극심한 빈부 격차로 몸살을 앓고 있었고, 부패와 혼란이 사회를 어둡게 만들고 있었습니다. 그럼에도 왜 이웃 나라인 프랑스 같은 유혈 혁명을 영국 사회가 거치지 않았는가를 연구하던 학자들(E. 할레비[Halevy], W. E. H. 레키[Lecky])이 있었습니다. 이들의 결론은, 마침 당시 영국에서 일어난 존 웨슬리의 복음 운동의 영향 때문이었다고 지적합니다. 웨슬리는 먼저 복음 증거를 통해 사람들이 구원의 확신을 갖도록 인도했고, 동시에 사회적 약자들을 구제하고 품으며 사회 개혁에 기여함으로 한 시대와 영국 사회를 구원으로 이끌 수 있었다고 말합니다.

오늘날 팬데믹 시대에 사람들은 이 시대를 뚫고 지나가는 코로나 19 변이 바이러스를 걱정하고 있지만, 우리는 진실로 이 시대를 뚫고 나갈 영적 부흥을 위해 기도해야 합니다. 최근 영국에서 사역하는 선교사 친구가 카톡으로 만화를 보내왔습니다. 이 만화에는 두 컷의 그림이 있는데, 먼저 한 컷에는 "코로나 바이러스가 오고 있다"(Corona Virus is coming)라는 팻말과 함께 그 아래 "어떻게 안전하게 살 수 있는가"(How to be safe)라는 구호가 쓰여 있습니다. 그 아래 방역 위생 테이블에는 수많은 사람이 줄지어 서 있습니다. 그리고 또 한 컷에는 "예수님이 오시고 있다"(Jesus is coming)라는 팻말과 함께 그 아래 "어떻게 구원받을 수 있는가"(How to be saved)라고 쓰여 있습니다. 그런데 거기에 줄 서 있는 사람은 아무도 없습니다. 이것이 정확히 오늘 우리의 상황이 아닙니까? 방역, 물론 잘해야 합니다. 자신의 안전을 도모하는 것, 당연히 해야 할 일입니다. 그러나 당신의 영혼은 안전합니까? 당신의 영혼은 구원의 기쁨 가운데 살고 있습니까? 히브리서 2장 3절의 말씀을 주목하십시오.

"우리가 이같이 큰 구원을 등한히 여기면 어찌 그 보응을 피하리요."

존 웨슬리는 영국성공회 목회자의 자녀로 태어났습니다. 어려서부터 그리스어로 성경을 읽으며 공부했고, 옥스퍼드대학에 진학해서는 신학과 인문학을 공부한 후 거기서 가르쳤고, 뜻있는 사람들과 '홀리클럽'(Holy Club)을 조직해서 경건을 추구했습니다. 이후 미국에 건너가 조지아 주에서 선교 사역을 감당하고자 배를 타고 떠나게 되는데, 그가 탔던 배가 심한 풍랑으로 흔들리고 있을 때, 그는 이렇게 죽을 수도 있겠다고 생각합니다. 그때 뱃전에서 찬송 소리가 들립니다. 독일 모라비안 교도들이 그 배에 타고 있었습니다. 그들은 죽음을 두려워하지 않았고, 언제든 주님을 만날 준비가 되어 있다고 간증합니다. 여인과 아이들까지도 말입니다. 그때 처음으로 웨슬리는 구원의 확신이 없는 자신을 발견했습니다. 2년 후 영국으로 돌아온 그는 어느 수요일 저녁에 한 모라비안 교회 모임에 출석하게 되는데, 거기서 읽고 있던 루터의 로마서 서문에서 구원을 위해 믿을 것은 자기의 신앙 전력도 아니고, 지식도 아니며, 오직 그리스도라는 것을 확신하는 순간 그는 마음이 뜨거워지며 참으로 그리스도를 믿게 됩니다. 그가 구원받고, 그를 통해 영국이 새로워지는 순간이었습니다. 당신에게는 이런 고백이 있었습니까? 주님은 오늘 우리에게 물으십니다.

"어리석은 자여 오늘 밤에 네 영혼을 도로 찾으리니 그러면 네 준비한 것이 누구의 것이 되겠느냐"(눅 12:20).

"또 제자들에게 이르시되 그러므로 내가 너희에게 이르노
니 너희 목숨을 위하여 무엇을 먹을까 몸을 위하여 무엇을
입을까 염려하지 말라 목숨이 음식보다 중하고 몸이 의복
보다 중하니라 까마귀를 생각하라 심지도 아니하고 거두
지도 아니하며 골방도 없고 창고도 없으되 하나님이 기르
시나니 너희는 새보다 얼마나 더 귀하냐 또 너희 중에 누가
염려함으로 그 키를 한 자라도 더할 수 있느냐 그런즉 가장
작은 일도 하지 못하면서 어찌 다른 일들을 염려하느냐 백
합화를 생각하여 보라 실도 만들지 않고 짜지도 아니하느
니라 그러나 내가 너희에게 말하노니 솔로몬의 모든 영광
으로도 입은 것이 이 꽃 하나만큼 훌륭하지 못하였느니라
오늘 있다가 내일 아궁이에 던져지는 들풀도 하나님이 이
렇게 입히시거든 하물며 너희일까 보냐 믿음이 작은 자들
아 너희는 무엇을 먹을까 무엇을 마실까 하여 구하지 말며
근심하지도 말라 이 모든 것은 세상 백성들이 구하는 것이
라 너희 아버지께서는 이런 것이 너희에게 있어야 할 것을
아시느니라 다만 너희는 그의 나라를 구하라 그리하면 이
런 것들을 너희에게 더하시리라"(눅 12:22-31).

═══ 4. 염려하지 말라

염려와 근심은 믿음이 없거나 작은 데서
비롯된 것입니다.

이런 유머가 있습니다. 집에 도둑이 들 것을 염려하며 잠을 이루지 못하던 한 부인이 있었다고 합니다. 어느 날, 밤에 현관에서 이상한 소리가 들리자 남편이 나가더니 도둑을 보자마자 반색을 하며 작은 소리로 이렇게 말했다고 합니다.

"잘 오셨습니다, 도둑님. 제 아내가 지난 10년간 당신을 기다려 왔습니다."

웃기는 소리지만 이 유머에는 삶의 진실이 녹아 있습니다. 우리는 염려하지 않아도 좋을 것을 미리 염려하며 인생의 날들을 낭비하고 있습니다. 유머 속의 부인은 10년간 염려의 노예가 되어 살아왔던 것입니다.

한 통계에 의하면, 이 시대에 우리가 염려하는 40퍼센트는 결코 미래에 일어나지 않을 일들이고, 30퍼센트는 염려해도 소용없는 이미 과거에 일어난 일들이고, 12퍼센트는 의사도 진단 불가능한 건강과 연관된 의학적 증상들이며(따라서 염려해도 소용없는 일들), 10퍼센트는 살아 있는 인생이라면 누구나 경험하는 일상적인 선택 사항들이고, 오직 8퍼센트의 일들만 염려할 가치가 있다고 합니다. 그런데 문제는, 우리가 8퍼센트가 아닌 마치 100퍼센트의 염려의 짐을 짊어진 것처럼 인생을 살고 있다는 것입니다.

예수님이 제자들에게 말씀하신 염려는 주로 일상적 선택 사항에 대한 일들로 보입니다.

> "또 제자들에게 이르시되 그러므로 내가 너희에게 이르노니 너희 목숨을 위하여 무엇을 먹을까 몸을 위하여 무엇을 입을까 염려하지 말라"(눅 12:22).

물론 예수님 당시의 팔레스타인 민중들의 삶은 날마다의 생존을 걱정해야 하는 인생의 바닥에 처한 상황이었을 것으로 생각됩니다. 여기 '목숨을 위하여'라는 단어가 그런 상황을 연상시키고 있습니다. 따라서 당시의 사람들에게 무엇을 먹을까, 무엇을 입을까 하는 것은 선택이 아닌 삶의 실존이었을 것입니다. 그러나 본문을 작금의 한국적 상황에 적용해 교훈을 얻기 위해서는, 이제 생존까지는 걱정하지 않아도 되는 오늘의 우리에게 소위 염려 거리란 선택과 관련된 문화적 문제들이 대부분이라고 할 수 있을 것입니다. 실제로 우리는 아침에 일어나 이런 팬데믹 상황에서 친구와 만나 어디를 가고 무엇을 먹을 것인지 걱정하기도 하고, 어떤 옷을 입고 교회에 갈 것인가를 고민하며 마땅한 옷이 없다고 걱정하기도 합니다. 1세기의 예수님의 제자들 못지않게 여전히 21세기의 우리도 염려하고 걱정하며 살아간다는 말입니다. 특별히 자영업이 여의치 않고 직장이 내일의 불안을 덜어 주지 못하는 불확실성의 시대, 소위 코로나 시대를 살아가며 한층 무거운 삶의 염려가 일상이 된 시대를 직면합니다. 이런 시대에 염려를 극복하고 성도답게 사는 비밀은 무엇일까요?

염려는 비생산적인 일임을 기억해야 한다

"또 너희 중에 누가 염려함으로 그 키를 한 자라도 더할 수 있느냐"
(눅 12:25).

《메시지》는 이 대목을 이렇게 번역합니다.

거울 앞에서 설친다고 해서 키가 1센티미터라도 커진 사람이 있더냐?
그래 봐야 소용없는 일인데 왜 야단법석을 떠느냐?

그런데 본문의 '키'라는 단어는 '생명'으로도 번역될 수 있습니다.

그러면 "염려한다고 생명의 시간을 한 시간이라도 더 연장할 수 있겠느냐"가 됩니다. 그런 의미에서 염려는 비생산적이라는 것입니다. 염려 자체로 염려하는 문제가 해결되지 못하기 때문입니다. 본문에 사용된 '염려'라는 단어의 원어는 '메림나오'(merimnao)인데, 이는 메리조(merizo)와 누스(nous)의 합성어로서 '마음(누스)이 찢긴다(메리조)'는 뜻입니다. 사람의 마음이 여러 가지로 찢겨 통일되지 않고 방황하는 상태를 의미하는 것입니다. 이런 마음은 결과적으로 감정이 불안해지고 스트레스의 지배를 받아 건강한 결정을 내리지 못합니다. 그런 상태가 염려하는 마음의 실체입니다.

미국에 하워드 휴스(Howard Hughes)라는 부자가 있었습니다. 그는 영화 제작, 항공업, 방위 산업, 제조업에 성공해서 큰돈을 벌었습니다. 그는 재능이 많았고, 창조적인 사람이었고, 모험심도 많았습니다. 스스로 비행기 운전을 하며 자신이 만들 비행기의 장단점을 찾아내기도 했습니다. 여러 번 죽을 고비를 넘기기도 했습니다. 영화를 만들며 여러 번 연인을 바꾸어 영화처럼 살아 보기도 했습니다. 그는 자신이 벌어들인 돈으로 부동산에 투자해서 재벌이 되었습니다. 그런데 어느 날부터인가 그는 매사에 사람을 믿지 못하고 모든 일을 의심하는 불안 강박증의 지배를 받기 시작합니다. 그리고 결국에는 매사에 염려하고 의심하는 증세가 심해져 마침내 라스베이거스 호텔 꼭대기 층에 살면서 사람들을 만나지 않고 업무를 처리하기 시작합니다. 필요한 결재 서류나 사업 보고서는 바구니를 달아 창문으로 올려 보내게 해 결재를 진행했습니다. 또한 세균이 무서워 물건을 손으로 만지지 않고 소독한 티슈와 수건만을 사용했다고 합니다. 그러다가 건강이 악화되어 휴스턴 병원으로 급송되었을 때 그의 몸무게는 41킬로그램(제대로 먹지 못한 까닭)으로 영양실조였다고 합니다. 그는 이런 영양실조, 신부전증으로 70세에 세상을 떠났습니다. 염려라는 강박증의 지배를 받은 불쌍한 부자의 최후였습니다. 그래서 예수님은 본문 26절에서 말씀하십니다.

"가장 작은 일도 하지 못하면서 어찌 다른 일들을 염려하느냐."

한순간의 목숨의 길이도 연장하지 못하면서 무엇을 그리 염려하고 사느냐는 말씀입니다. 주님은 오늘도 우리에게 "염려하지 말라!"고 말씀하십니다.

하나님의 절대적 주권을 믿어야 한다
||||||||||||||||||||||||||||||||||||||||||||||||||||||||||||||||

"까마귀를 생각하라 심지도 아니하고 거두지도 아니하며 골방도 없고 창고도 없으되 하나님이 기르시나니 너희는 새보다 얼마나 더 귀하냐"(눅 12:24).

성경에서 까마귀는 부정한 새로 분류되어 있습니다. 레위기 11장에 보면 "새 중에 너희가 가증히 여길 것은 … 까마귀 종류와"(레 11:13, 15)라고 기록되어 있습니다. 그래서 유대인들은 참새는 먹어도 까마귀는 절대로 가까이하지도 않고, 먹지도 않습니다. 그런데 하나님은 그런 까마귀조차 버려두지 않고 기르며 먹이신다는 것입니다. 그도 창조주 하나님의 피조물이기 때문입니다. 그런데 하나님의 형상을 따라 지음 받은 인간은 까마귀보다 얼마나 더 존귀한 피조물입니까? 하나님이 그대로 버려두시겠습니까? 문제는 하나님이 그런 우리를 존귀하게 여기고 돌보고 계심을 믿느냐는 것입니다. 이것이 바로 하나님의 절대 주권에 대한 믿음입니다.

> "백합화를 생각하여 보라 실도 만들지 않고 짜지도 아니하느니라 그러나 내가 너희에게 말하노니 솔로몬의 모든 영광으로도 입은 것이 이 꽃 하나만큼 훌륭하지 못하였느니라"(눅 12:27).

국토의 대부분이 사막인 이스라엘은 예쁜 꽃들이 자랄 만한 환경을 갖고 있지 못합니다. 그러나 이스라엘을 여행하다 보면 들에 아름다운 꽃이 지천으로 피어 있는 모습을 보게 됩니다. 그런데 우리말 성경에 기록된 문자 그대로의 백합을 찾다 보면 실패할 것입니다. 여기서 백합은 들에 핀 여러 유형의 꽃을 대표하는 명칭에 불과합니다. 이스라엘의 들에서 만날 수 있는 꽃은, 정확하게 말하면 아네모네 혹은 개양귀비 같은 것들로 붉은 옷을 입고 미소 짓는 황홀한 야생의 꽃들입니다. 그 꽃들이 입고 있는 황홀한 드레스를 솔로몬의 궁전에서 발견할 수 있겠습니까? 이런 야생의 꽃들의 치장이야말로 창조주 하나님의 주권적 섭리의 결과가 아니겠습니까? 그렇다면 야생의 꽃들도 돌보시는 하나님께서 당신의 주권으로 당신의 자녀들의 삶을 돌보시지 않겠습니까?

그럼에도 불구하고 끊임없이 먹을 것, 입을 것, 살 곳을 염려하고 산다는 것은 하나님의 백성답지 못한 일입니다. 주님은 그것이 바로 하나님을 모르고 사는 믿음 없는 이 세상 사람들의 삶의 모습이라고 하십니다. 본문 28절을 보십시오.

"오늘 있다가 내일 아궁이에 던져지는 들풀도 하나님이 이렇게 입히시거든 하물며 너희일까 보냐 믿음이 작은 자들아."

결국 염려와 근심은 믿음이 없거나 작은 데서 비롯되는 것입니다. 이어지는 말씀을 보십시오.

"너희는 무엇을 먹을까 무엇을 마실까 하여 구하지 말며 근심하지도 말라 이 모든 것은 세상 백성들이 구하는 것이라 너희 아버지께서는 이런 것이 너희에게 있어야 할 것을 아시느니라"(눅 12:29-30).

그렇습니다. 우리의 모든 필요를 알고 돌보시는 전능자요, 전지하신 하나님의 절대적 주권을 믿음으로 우리의 염려를 극복하고 하루하루를 살아갈 수 있겠느냐고 묻고 계십니다. 어떻게 오늘 같은 코로나의 위기가 지배하는 시대에도 주의 백성답게 의연히 살 수 있습니까? 그것은 하나님의 절대 주권을 우리가 참으로 믿고 살 수 있느냐에 달려 있는 것입니다.

하나님의 우선순위에 헌신해야 한다
||||||||||||||||||||||||||||||||||||||||||||||||||

인생의 절박함에 떠밀리게 되면 자연스럽게 우리는 무엇을 먼저 할 것인가의 질문 앞에 서게 됩니다. 우선순위의 선택 앞에 서게 되는 것입니다. 이런 선택 앞에서 우리에게 주시는 말씀이 본문 31절입니다.

> "다만 너희는 그의 나라를 구하라 그리하면 이런 것들을 너희에게 더하시리라."

우리 삶에 하나님의 우선순위가 반영된다면 나머지 것, 곧 의식주의 문제들은 하나님이 책임져 주신다는 것입니다.

초등학교를 졸업할 무렵 처음으로 저는 먹을 것, 입을 것, 살 곳의 문제의 심각성 앞에 직면했습니다. 이 문제는 중학교 시절부터 결혼할 무렵까지 저의 인생을 위협하며 저를 따라다녔습니다. 그런데 결혼 상대자로 아내를 만나면서 처음으로 이 문제를 주께 위탁하는 것을 배우게 되었습니다. 제 아내가 아무것도 없고, 있다면 빚밖에 없는 전도사인 저에게 시집와도 좋을까를 고민하며 특별히 기도하던 끝에 얻은 대답이 "아무것도 걱정 말라, 내가 책임진다"였다고 합니다. 그렇게 저에게 시집온 아내는 아무것도 걱정하지 않았습니다. 걱정하지 않는 아내를 보면 오히려 제가 더 걱정이 되었습니다. 그때마다 아내는 "하나님이 걱정 말라고, 책임져 주신다고 했어요"라고 말했습니다. 이런 아내를 보며 저는 염려와 걱정을 하나님께 맡기는 것을 비로소 배울 수 있었습니다.

시빌라(Civilla Durfee Holden)라는 캐나다 여인이 음악을 전공하고 학생들을 가르치다가 하버드대학 출신인 월터 마틴(Walter Martin) 목사를 만나 결혼하게 되었습니다. 이 부부는 함께 찬송을 만들고, 전도하며, 함께 선교 목적의 여행을 떠나곤 했다고 합니다. 한번은 이 부부가 뉴욕 주의 한 성경학교를 방문하게 되었습니다. 그 학교 교장이 마침 찬송가집을 만들고 있어서, 그들은 그와 학교를 돕고자 그곳에 몇 주간 머물게 되었습니다. 그때 그 뉴욕 주 시골의 한 교회에서 월터 마틴 목사가 주일 저녁 설교를 요청받게 되었다고 합니다. 그런데 설교 몇 시간을 앞두고 아내 시빌라가 아프게 되어 할 수 없이 설교 약속을 취소하고자 전화를 집어 드는데, 아홉 살 된 어린 아들이 "아빠, 잠깐만" 하더니 이렇게 말을 하더랍니다.

"아빠가 오늘 밤 설교하는 것이 하나님의 뜻이고 하나님이 기뻐하시는 일이라면 하나님이 엄마를 지켜 주실 것이라고 믿지 못하시나요?”

그 말에 감동이 된 월터 마틴 목사는 아들과 함께 아내를 하나님께 위탁하는 기도를 드린 후 집회를 위해 집을 나섰고, 그날 밤 모임에는 특별한 하나님의 은혜가 있었다고 합니다.

그날 밤, 설교를 마치고 집으로 돌아왔을 때 아내는 미소와 함께 남편을 맞이하면서 그녀가 병상에서 지은 찬송가 가사를 보여 주었습니다. 남편 월터 마틴은 오르간 앞에 앉아 즉각적으로 떠오르는 영감으로 작곡을 했는데, 그 찬송이 〈너 근심 걱정 말아라〉(새찬송가 382장)입니다.

너 근심 걱정 말아라 주 너를 지키리
주 날개 밑에 거하라 주 너를 지키리
주 너를 지키리 아무 때나 어디서나
주 너를 지키리 늘 지켜 주시리

이 찬양은 아들의 믿음, 엄마의 가사, 아빠의 작곡으로 태어난 가정 찬송이라고 할 만합니다. 코로나 시대를 지나는 우리에게 필요한 믿음의 찬양이 아닐까 생각합니다. 문제는 우리가 하나님의 우선순위를 따라 살고 있느냐는 것입니다.

주님은 오늘도 우리에게
"염려하지 말라!"고 말씀하십니다.

"허리에 띠를 띠고 등불을 켜고 서 있으라 너희는 마치 그 주인이 혼인집에서 돌아와 문을 두드리면 곧 열어 주려고 기다리는 사람과 같이 되라 주인이 와서 깨어 있는 것을 보면 그 종들은 복이 있으리로다 내가 진실로 너희에게 이르노니 주인이 띠를 띠고 그 종들을 자리에 앉히고 나아와 수종들리라 주인이 혹 이경에나 혹 삼경에 이르러서도 종들이 그같이 하고 있는 것을 보면 그 종들은 복이 있으리로다 너희도 아는 바니 집주인이 만일 도둑이 어느 때에 이를 줄 알았더라면 그 집을 뚫지 못하게 하였으리라 그러므로 너희도 준비하고 있으라 생각하지 않은 때에 인자가 오리라 하시니라"(눅 12:35-40).

5. 깨어 준비하라

주님은 당신의 제자들의 인생 결산에서
'네가 나의 제자라면, 나를 따라 얼마나 이웃들을
섬기다가 왔느냐'고 물으실 것입니다.

성경에 증언된 기독교 교리를 연구할 때 가장 어려운 주제가 종말론입니다. 교리 자체가 난해해서가 아니라, 교회 내에도 신학적 입장에 따라 다양한 교리적 입장들이 존재하기 때문입니다. 종말론의 핵심은 2천 년 전 이 땅에 오셨던 예수님께서 역사의 종말에 다시 오신다는 것입니다. 이것을 '예수 그리스도의 재림'(Second coming of Christ)이라고 합니다. 그런데 예수께서 다시 오실 때, 그분은 이 땅에서 천 년 동안 왕 노릇 하신다고 말합니다. 이렇게 그가 다시 오셔서 천 년간 다스릴 나라를 '천년왕국'(Millennium)이라고 말합니다.

이 천년왕국을 둘러싸고 예수 재림에 대한 세 가지 대표적인 신학적 입장이 존재합니다. 첫째는, '전천년주의'(Premillennialism) 입장입니다. 이는 천년왕국 전에 예수께서 이 땅에 재림하신다는 것입니다. 예수께서 재림하시고 비로소 이 땅에는 그분이 다스리는 천년왕국이 있게 된다는 것입니다. 둘째는, '후천년주의'(Postmillennialism) 입장입니다. 이는 천년왕국 후에 예수께서 재림하신다는 것입니다. 세상이 점점 좋아져서 천 년 동안의 유토피아적 천국이 이루어진 후 예수께서 오신다는 것입니다. 오늘날 이 입장을 지지하는 사람은 거의 없습니다. 셋째는, '무천년주의'(Amillennialism) 입장입니다. 천 년이라는 말을 상징적으로 해석해서 실제로 천 년의 시대가 있는 것이 아니라, 예수님의 처음 오심과 재림 사이의 복음을 통한 통치 기간을 의미한다고 해석합니다. 오늘날 복음주의자들은 대부분 전천년주의나 무천년주의를 믿고 있습니다.

그런데 종말의 신학적 다양성은 또 하나, 예수께서 재림하실 때 그분을 믿는 자들이 공중으로 끌어올림을 받는 '휴거'(Rapture)를 둘러싸고 다시 세 가지 상이한 신학적 입장이 존재합니다. 첫째는, '환난 전 휴거설'(Pre-tribulation Rapture)입니다. 예수께서 지상에 재림하기 전 7년간의 대환난이 있는데, 그 환난이 있기 전 구원받은 그리스도인들은 다 휴거된다는 것입니다. 둘째는, '환난 중 휴거설'(Mid-tribulation Rapture)입니다. 비교적 고통이 덜한 3년 반을 지난 후 문자 그대로 3년 반의 대환난이 오기 전 중간에 휴거가 이루어진다는 것입니다. 셋째는, '환난 후 휴거설'(Post-tribulation Rapture)입니다. 그리스도인들도 7년 대환난을 통과한 후에 휴거가 일어난다는 것입니다.

왜 이런 다양한 견해들이 존재하게 되었을까요? 성경이 그리스도의 재림을 둘러싸고 두 가지 외에는 확실하게 말씀하지 않았기에 해석의 다양성이 존재하게 된 것입니다. 그러면 왜 확실하게 말씀하지 않은 것일까요? 다른 모든 것들은 본질적으로 중요한 상황이 아니기 때문이었을 것입니다. 그러면 중요한 두 가지는 무엇입니까? 이것은 성경을 믿는 모든 그리스도인이 일치하는 것입니다. 첫째는, 그리스도가 다시 오신다는 재림의 사건이고, 둘째는, 성도들은 이때를 준비하고 살아야 한다는 것입니다. 이 장의 본문도 이 두 가지를 강조하고 있습니다. 그러면 성경의 표현대로 도둑처럼 어느 날 갑자기 다시 오실 그분을 바라보며 우리는 무엇을 준비해야 할까요? 본문이 강조하는 준비는 두 가지입니다.

심판을 준비해야 한다
|||||||||||||||||||||||||||||||||||||

"그러므로 너희도 준비하고 있으라 생각하지 않은 때에 인자가 오리라 하시니라"(눅 12:40).

위의 말씀은 인자가 오실 때를 준비하라는 것입니다. 이어지는 말씀을 보면 베드로가 "주께서 이 비유를 우리에게 하심이니이까 모든 사람에게 하심이니이까"(눅 12:41)라고 묻습니다. 이 질문에 예수께서 대답하신 말씀을 보십시오.

"주인의 뜻을 알고도 준비하지 아니하고 그 뜻대로 행하지 아니한 종
은 많이 맞을 것이요 알지 못하고 맞을 일을 행한 종은 적게 맞으리라
무릇 많이 받은 자에게는 많이 요구할 것이요 많이 맡은 자에게는 많
이 달라 할 것이니라"(눅 12:47-48).

주님은 준비되지 않은 성도들의 심판에 대해 말씀하고 계십니다.
물론 그리스도를 주로 영접하고 성도가 된 사람들에게 정죄의 심판은
없습니다. 요한복음 5장 24절의 예수님의 말씀을 보십시오.

"내가 진실로 진실로 너희에게 이르노니 내 말을 듣고 또 나 보내신 이
를 믿는 자는 영생을 얻었고 심판에 이르지 아니하나니 사망에서 생
명으로 옮겼느니라."

주님은 구원받은 자들에게 정죄의 심판, 멸망에 이르는 심판이 면
제된 것을 말씀하십니다. 또한 바울 사도는 "그러므로 이제 그리스도
예수 안에 있는 자에게는 결코 정죄함이 없나니"(롬 8:1)라고 말합니다.
그리스도의 십자가 때문에 정죄의 심판, 멸망의 심판은 더 이상 그리
스도인들에게 적용되지 않습니다.

그럼에도 불구하고 구원받은 그리스도인들에게도 심판이 있습니
다. 그 심판을 가리켜 바울 사도는 '보상 심판', 혹은 '상급 심판'이라고
말합니다.

"이는 우리가 다 반드시 그리스도의 심판대 앞에 나타나게 되어 각각 선악 간에 그 몸으로 행한 것을 따라 받으려 함이라"(고후 5:10).

여기 등장하는 그리스도의 '심판대'는 원문에 '베마'(bema)로 되어 있는데, 이는 운동 경주를 마친 후 선수들이 서게 되는 그 심판석을 말합니다. 여기에는 등수를 가리는 판단은 있지만, 사람을 법적으로 처벌한다는 정죄의 의미는 없습니다. 고린도전서 3장 13절에서는 이날을 공적이 나타나는 심판의 날이라고 말합니다.

"각 사람의 공적이 나타날 터인데 그날이 공적을 밝히리니 이는 불로 나타내고 그 불이 각 사람의 공적이 어떠한 것을 시험할 것임이라."

이어지는 구절을 보십시오. "만일 누구든지 그 위에 세운 공적이 그대로 있으면 상을 받고"(고전 3:14)라고 말씀합니다. 그러나 다음 절에서는 아무 상도 받지 못하고 간신히 불에서 목숨을 건지듯 구원만 받는 사람도 있을 것이라고 말합니다. 우리의 선배들은 이런 상태를 '부끄러운 구원'이라고 말해 왔습니다. 예수님의 경고는 그런 준비되지 못한 성도들에 대한 말씀입니다. 다시 본문 35절을 보십시오.

"허리에 띠를 띠고 등불을 켜고 서 있으라."

허리띠를 띠지 못한 엉거주춤한 종들, 등에 기름이 없어 등불을 켜지 못한 부끄러운 종들도 있을 것이라는 경고가 아닙니까? 그러나 본문 37절을 보십시오.

"주인이 와서 깨어 있는 것을 보면 그 종들은 복이 있으리로다."

주님은 준비된 성도들이 복되다고 말씀하십니다.

"주인이 혹 이경에나 혹 삼경에 이르러서도 종들이 그같이 하고 있는
것을 보면 그 종들은 복이 있으리로다"(눅 12:38).

이경은 밤 9시, 삼경은 밤 12시입니다. 밤중에도 졸지 않고 주인이 다시 올 것을 깨어 준비한 성도들이 복이 있고, 그들이 상급을 받을 것이라는 말입니다. 당신은 이렇게 영적으로 준비된 깨어 있는 성도로서 다시 오실 주님을 기다리고 있는 그리스도인입니까? 당신은 심판의 그날을 준비하며 오늘을 살고 있습니까? 우리는 그날 심판대 앞에 선 자신이 부끄럽지 않도록 준비된 성도가 되어야 할 것입니다.

섬김을 준비해야 한다

|||||||||||||||||||||||||||||||

"주인이 와서 깨어 있는 것을 보면 그 종들은 복이 있으리로다 내가 진
실로 너희에게 이르노니 주인이 띠를 띠고 그 종들을 자리에 앉히고
나아와 수종들리라"(눅 12:37).

깨어 주인의 오심을 준비하던 종들에게 주어진 상급이 무엇이었습
니까? 돌아온 주인이 오히려 종들을 섬기겠다는 것입니다. 주님의 가
르침 그대로 섬김의 삶을 살아온 종들을 주인이 섬김으로 보상하겠다
는 것입니다. 이 섬김이 바로 주님이 이 땅에 오신 목적이었음을 우리
는 다시 상기하게 됩니다.

"인자가 온 것은 섬김을 받으려 함이 아니라 도리어 섬기려 하고 자기
목숨을 많은 사람의 대속물로 주려 함이니라"(막 10:45).

주님은 이것을 말씀으로만 선포하신 것이 아니라, 구체적인 실천
으로 보여 주시지 않았습니까? 그분은 세상을 떠나기 전 마가의 다락
방에서 당신이 사랑한 열두 제자 앞에 무릎을 꿇으셨습니다. 그 옆에
는 대야와 수건이 있었습니다. 그분은 베드로를 시작으로 제자들의 냄
새나는 발을 한 사람, 한 사람, 사랑과 정성을 다해서 씻기셨습니다.
제자들은 큰 충격과 함께 주님의 섬김을 받았습니다. 베드로는 말

도 안 된다고 항의해 보았지만 그분은, "내가 너를 씻어 주지 아니하면 네가 나와 상관이 없느니라"(요 13:8)라고 말씀하시며 당신을 배신하고 팔아넘길 제자 가룻 유다의 발도 씻기셨습니다. 제자들의 발을 다 씻기신 후 주님은 이렇게 말씀하셨습니다.

> "내가 주와 또는 선생이 되어 너희 발을 씻었으니 너희도 서로 발을 씻어 주는 것이 옳으니라 내가 너희에게 행한 것같이 너희도 행하게 하려 하여 본을 보였노라"(요 13:14-15).

저는 예수 사건에서 주님이 우리를 구원하기 위해 죽으셨다는 사실 다음으로 중요한 메시지가 이것이라고 믿습니다. 그분은 또한 우리를 섬기기 위해 죽으신 것이라고, 그 죽음의 절정이 그분의 목숨을 대속의 제물로 십자가에서 내어 주신 것이라고 믿습니다.

그렇다면 당신은 그런 섬김을 준비하고 있습니까? 몇 해 전, 캐나다 토론토에서 한국 교회 찬송가의 아버지로 불리는 박재훈 목사님이 돌아가셨습니다. 1천 곡이 넘는 동요와 찬송가를 지으신 그분은 인생 후반기에 캐나다 토론토에서 큰빛교회를 개척한 후 젊은 후배 목회자들을 섬기며 여전히 작곡 활동을 하다가 99세를 일기로 부름을 받으셨습니다. 수년 전, 큰빛교회에서 집회를 인도하던 중 박재훈 목사님 댁을 방문해서 사모님이 만드신 냉면을 먹으며 오후의 한때를 인상 깊게 보낸 적이 있었습니다. 그때 제가 목사님 평생에 목사님에게 은혜를 끼친 가장 잊을 수 없는 사람이 누구였는지를 물었습니다. 그분 곁에 훌륭한 목회자들, 정치가들, 예술가들이 수없이 지나갔을 것을 생각하며 물었던 질문입니다. 그때 박 목사님은 조용히 "내 친구 맹의순이지. 제일 예수님을 닮았던 친구였지. 난 그 친구 통해 예수님을 보았으니까"라고 대답하셨습니다. 맹의순 씨는 박 목사님의 소개로 작가 정연희 씨가 쓴 소설《내 잔이 넘치나이다》(신아출판사)의 주인공이고, 그 내용은 오페라로도 상영된 바 있습니다.

신학생 출신으로 6.25 전쟁 당시 피난길에서 북한 인민군에게 붙잡혀 고문을 당하다가 미군에 의해 북한군으로 오인되어 포로가 된 맹의순 전도사는 거제 포로수용소에 갇히게 됩니다. 얼마나 억울했을까요? 그런데 이 수용소에서 그는 자신의 처지를 비관하지 않고 광야교회를 세워 전도를 시작합니다. 새벽 기도로 시작해서 낮 예배 성경 공부를 인도하고, 밤에는 찬 대야에 물을 담아 들고 수용소 가운데서도 제일 버림받은 중공군 환자 병동을 찾아가 찬양하며 그들의 손과 발을 씻겨 주었습니다. 그리고 시편 23편을 읽어 주고 "내 잔이 넘치나이다. 내 잔이 넘치나이다" 하며 그들의 손과 발을 붙들고 기도하곤 했습니다. 그는 이런 기도를 드립니다.

주여, 지옥이 존재한다는 것을 알면서 제가 어떻게 천국을 즐기겠습니까. 주여, 저주받은 자를 불쌍히 여기시사 천국에 들여보내 주시든지, 아니면 저를 지옥으로 보내어 고통 받는 자들을 위로하게 하옵소서.

자신을 아끼는 친구들이 자신의 무죄 석방 운동을 벌인다는 소식을 듣고 그는 이렇게 답장을 합니다.

나를 필요로 하는 이곳에 있는 것이 얼마나 마음 편한지 모르겠네. 나는 저 철조망 밖의 삶이 더 두렵다네. 그러니 나를 그만 놔두게나. 여기서 내가 섬겨야 할 사람들을 섬길 수 있도록 해 주게나. 나는 기도하며 이들을 간호하고 있다네. 더러는 피고름이 흐르는 것을 닦아 내며 저리고 아픈 몸을 주무르고 있으면 성령의 기쁨이 넘친다네. 성령께서 하시는 일에 나는 순종하는 것뿐이지. 그리고 혼곤히 잠드는 이들의 평화로운 얼굴… 여기가 천국일세.

석방 명령이 떨어졌지만 거부하고 섬기다가 피로와 영양실조로 쓰려진 그는 27세에 세상을 떠납니다. 수용소 장례식장에 중공군 병사들이 찾아와 통곡하며 이렇게 말합니다. "선생은 하늘에서 보낸 천사였습니다. 선생은 마지막 환자까지 씻긴 후 눈물과 땀을 닦아 낼 생각도 않고 시편 23편을 읽어 주셨습니다. '내 잔이 넘치나이다.'"

이것이 예수께서 가르치신 섬김이 아닙니까? 이런 섬김을 준비하는 오늘의 성도들은 어디에 있을까요?

당신은 심판의 그날을 준비하며 오늘을 살고 있습니까?
우리는 그날 심판대 앞에 선 자신이 부끄럽지 않도록
준비된 성도가 되어야 할 것입니다.

"또 무리에게 이르시되 너희가 구름이 서쪽에서 이는 것을 보면 곧 말하기를 소나기가 오리라 하나니 과연 그러하고 남풍이 부는 것을 보면 말하기를 심히 더우리라 하나니 과연 그러하니라 외식하는 자여 너희가 천지의 기상은 분간할 줄 알면서 어찌 이 시대는 분간하지 못하느냐 또 어찌하여 옳은 것을 스스로 판단하지 아니하느냐 네가 너를 고발하는 자와 함께 법관에게 갈 때에 길에서 화해하기를 힘쓰라 그가 너를 재판장에게 끌어가고 재판장이 너를 옥졸에게 넘겨주어 옥졸이 옥에 가둘까 염려하라 네게 이르노니 한 푼이라도 남김이 없이 갚지 아니하고서는 결코 거기서 나오지 못하리라 하시니라"(눅 12:54-59).

═══ 6. 화해하기를 힘쓰라

> 죄인 된 인간의 가장 중요한 숙제는 이웃과의 화해
> 그리고 하나님과의 화해입니다.
> 그래서 주님은 우리에게 "화해하기를 힘쓰라"라고
> 말씀하십니다.

본문의 배경은 종말론적 위기를 직면한 성도들이 할 일을 가르칩니다. 종말론적 위기는 우주적 종말의 위기를 의미할 수도 있고, 개인적 종말의 위기를 의미할 수도 있습니다. 세계의 종말이 아니라도 이 땅에 사는 모든 개인에게 그의 인생을 결산하는 마지막 순간은 누구도 피할 수 없기 때문입니다. 예수님은 예루살렘으로 갈 마지막 준비를 하면서 당신의 제자들 또한 준비하기를 원하셨던 것 같습니다. 주님은 우리가 구름이 서쪽에서 이는 것으로 소나기가 올 것을 알고 남풍이 부는 것을 보고 더운 날씨의 도래를 준비하듯 시대의 징조를 분별하라고 말씀하십니다.

> "외식하는 자여 너희가 천지의 기상은 분간할 줄 알면서 어찌 이 시대는 분간하지 못하느냐"(눅 12:56).

그러면 이 시대의 위기를 분별한 성도들이 종말론적 인생을 정리하며 해야 할 가장 중요한 일은 무엇일까요? 예수님은 그것이 화해하는 일이라고 말씀하십니다.

> "네가 너를 고발하는 자와 함께 법관에게 갈 때에 길에서 화해하기를 힘쓰라 그가 너를 재판장에게 끌어가고 재판장이 너를 옥졸에게 넘겨주어 옥졸이 옥에 가둘까 염려하라"(눅 12:58).

무슨 말입니까? 재판의 날, 심판의 날이 오기 전에 화해하라는 것입니다. 여기 '화해'는 '아포'(apo)와 '알랏소'(allasso)라는 단어의 결합으로, '현재의 상황을 바꾸다, 변화시키다'라는 뜻입니다. 이대로 갈 수 없는 상황을 빨리 바꾸어 개선하라는 것입니다. 그것이 바로 화해입니다. NIV 성경은 'to be reconciled'라는 표현으로 번역했습니다. 여기 'reconcile'의 사전적 정의(웹스터 사전)는 "불쾌함을 수용하고 우정이나 하모니로의 회복"을 뜻합니다. 화해가 필요한 상황은 이미 두 사람 간에 불쾌한 일이 발생했음을 전제합니다. 그것 때문에 우정이 깨어지고 하모니가 깨어진 것입니다. 성경에서 가장 중요한 계명은 '하나님 사랑과 이웃 사랑'입니다. 그런데 죄는 하나님과의 관계, 이웃과의 관계를 파괴시킵니다. 이제 죄인 된 인간의 가장 중요한 숙제는 이웃과의 화해 그리고 하나님과의 화해입니다. 그래서 주님은 우리에게 "화해하기를 힘쓰라"라고 말씀하십니다. 그러면 다시 물어야 할 것이 있습니다. 왜 화해가 예수의 제자들에게 중요합니까?

이웃과의 화해는 풍성한 삶의 열쇠
||||||||||||||||||||||||||||||||||||||||||||||||||||||

우리는 예수께서 이 땅에 오신 목적이 그의 양 된 우리로 "생명을 얻게 하고 더 풍성히 얻게 하려는 것"(요 10:10)임을 잘 알고 있습니다. 그리고 이런 풍성한 삶은 언제나 하나님과 이웃과의 바른 관계를 전제로 합니다. 하나님과의 바른 관계가 가장 중요하지만, 우리가 이 땅에서 풍성한 삶을 영위하기 위해서는 이웃과의 바른 관계도 중요합니다. 예수님은 산상 수훈을 통해 이렇게 말씀하십니다.

> "그러므로 예물을 제단에 드리려다가 거기서 네 형제에게 원망 들을 만한 일이 있는 것이 생각나거든 예물을 제단 앞에 두고 먼저 가서 형제와 화목하고 그 후에 와서 예물을 드리라"(마 5:23-24).

이어지는 말씀은 본문인 누가복음과 동일한 내용입니다.

> "너를 고발하는 자와 함께 길에 있을 때에 급히 사화하라"(마 5:25).

따라서 하나님께 예물을 드리는 바른 예배 행위를 위해서도 이웃과의 화해는 무엇보다 시급한 과제라는 것입니다.

우리는 때로 신앙적인 문제로 가까운 이웃들과 화해하지 못하는 상황이 생길 수 있습니다. 그럴 때 주님은 우리의 신앙을 버리거나, 타협하거나, 평화하라고 말씀하시지 않습니다. 이미 본문에 선행하는 누가복음 12장 49-53절에서 가족과도 피할 수 없는 분쟁이 있을 수 있다고 말씀하십니다. 그것은 피할 분쟁이 아니라 거룩한 분쟁, 맞서야 할 분쟁입니다. 우리의 선배들은 이런 싸움을 '거룩한 싸움'(Just War)이라고 했습니다. 그러나 우리 신앙을 타협해야 하는 진리의 문제가 아닌 상황 인식에 따른 해석의 문제, 상대적 문제라면 어떤 경우에도 화해할 수 있어야 한다고 말씀하십니다. 바울 사도의 표현을 빌리자면, 로마서 12장 18절의 말씀처럼 "할 수 있거든 너희로서는 모든 사람과 더불어 화목하라"고 하십니다. 그래야 우리 내면에 하나님의 평화를 누리고, 하나님의 평화를 증거하는 자로 살아갈 수 있기 때문입니다. 풍성한 삶을 나눌 수 있기 때문입니다.

우리가 풍성한 삶의 의미를 느껴 보기 위해서는 이웃과의 관계에서 경험할 수 있는 온갖 부정적인 감정과 그 반대가 되는 긍정적인 감정들을 비교해 보면 될 것입니다. 우선 이웃과의 관계가 왜곡되고 상처받을 때 일어나는 감정들이 무엇입니까? 원망, 의심, 슬픔, 미움, 불평, 불안, 낙심, 저주, 복수와 같은 감정이 아니겠습니까? 반대로 이웃과의 관계가 긍정적일 때 우리는 어떤 감정들을 느낍니까? 감사, 기쁨, 희망, 격려, 칭찬, 위로, 평화, 축복, 사랑과 같은 감정이 아니겠습니까?

이런 긍정의 덕목들이 넘치는 삶, 그것이 바로 풍성한 삶의 모습이 아니겠습니까? 그래서 바울 사도는 빌립보서 4장 8절에서 성도들에게 권하기를 "형제들아 무엇에든지 참되며 무엇에든지 경건하며 무엇에든지 옳으며 무엇에든지 정결하며 무엇에든지 사랑받을 만하며 무엇에든지 칭찬받을 만하며 무슨 덕이 있든지 무슨 기림이 있든지 이것들을 생각하라"고 한 것입니다. 이웃과의 화해가 없이는 이런 풍성한 삶을 결코 기대할 수가 없기 때문입니다. 이웃과의 화해는 풍성한 삶의 열쇠입니다.

하나님과의 화해는 영원한 삶의 열쇠

인간이 하나님과 화해하지 못하는 이유는 인간의 죄 때문입니다. 죄는 낱낱이 심판된다고 성경은 증언합니다. 본문에서 예수님은 사람과 사람 사이의 죄도 결국은 하나라도 남김없이 결산된다고 하십니다.

"네게 이르노니 한 푼이라도 남김이 없이 갚지 아니하고서는 결코 거기서 나오지 못하리라"(눅 12:59).

모든 죄는 빚과 같고, 그 빚은 청산되어야 하며, 그런 의미에서 심판의 지옥은 필요한 것입니다. 그런데 하나님의 아들이요, 우리의 구세주이신 예수께서 십자가에서 마지막으로 남기신 말씀이 "다 이루었다"(요 19:30)입니다. 그 원래의 뜻은 '빚을 다 갚았다'(tetelestai)는 것입니다. 예수께서 우리의 죄를 대신 짊어지고 죽으심으로 우리의 죄의 빚을 청산하셨다는 것입니다. 이제 로마서 5장 1절을 보십시오.

"그러므로 우리가 믿음으로 의롭다 하심을 받았으니 우리 주 예수 그리스도로 말미암아 하나님과 화평을 누리자."

이런 예수 그리스도의 십자가의 속죄로 말미암아 우리가 누리게 된 것이 하나님과의 화해(화평)이며, 그 결과로 보증된 것이 영원한 삶입니다. 이제 다시 로마서 5장 11절의 말씀을 보십시오.

"그뿐 아니라 이제 우리로 화목하게 하신 우리 주 예수 그리스도로 말미암아 하나님 안에서 또한 즐거워하느니라."

영생의 상태가 무엇이겠습니까? 하나님 안에서 그분을 영원히 즐거워하는 것이 아니겠습니까? 예수 그리스도를 믿는 순간 우리는 이 영원한 생명을 누리는 은혜 속에 들어가는 것입니다. 다시 로마서 5장 2절의 말씀을 보십시오.

"또한 그로 말미암아 우리가 믿음으로 서 있는 이 은혜에 들어감을 얻었으며 하나님의 영광을 바라고 즐거워하느니라."

이것은 유명한 《웨스트민스터 소요리문답》 제1조의 고백과 일치합니다.

사람의 제일 되는 목적은 무엇인가?

→ 하나님을 영화롭게 하는 것과 영원토록 그를(하나님) 즐거워하는 것입니다.

그런데 이런 영원한 삶에 들어가기 위해서는 먼저 하나님과 화해해야 한다는 것입니다. 당신은 이 화해가 이루어졌습니까? 이제 하나님을 즐거워하며 그분을 즐기고 있습니까? 존 파이퍼는, '우리가 그분으로 인해 참으로 만족할 때 하나님은 또한 최고로 영광을 받으신다'고 말합니다. 그렇게 하나님을 갈망하는 삶(Desiring God)을 살며 기뻐하는 그리스도인의 삶을 가리켜 '기독교 희락주의'(Christian Hedonism)라고 말합니다. 하나님과의 화해가 가져다주는 선물인 것입니다. 하나님과 화해하십시오. 그리고 영원토록 즐거워하십시오!

예수를 따름이 화해의 길을 걷는 걸음

흥미로운 것은, 예수님이 이 교훈을 길에서 주셨다는 것입니다.

"길에서 화해하기를 힘쓰라"(눅 12:58).

우리는 길 가는 인생입니다. 우리는 아직 끝나지 않은 인생의 길, 믿음의 길을 가고 있는 것입니다. 예수님은 "내가 곧 길이요"(요 14:6)라고 선포하며 이 길을 우리에게 따라오라고 말씀하십니다. 우리의 길이 다하도록 우리는 이 말씀에 순종해야 한다는 말입니다. 화해의 교훈은 단회적인 것이 아닙니다. 한 번만 순종하고 끝나는 것이 아니라, 우리가 날마다 걷는 길에서 순종되어야 하는 것입니다. 날마다 일용할 양식을 구하고 받듯, 화해의 교훈을 날마다 실천해야 하는 것입니다. 그것이 그리스도를 따라간다는 의미입니다.

우리는 이미 누가복음 11장에서 예수님이 제자들에게 가르치신 기도를 배웠습니다. 그 기도의 한 대목이 "우리가 우리에게 죄지은 모든 사람을 용서하오니 우리 죄도 사하여 주시옵고"(눅 11:4)였습니다. 삶은 곧 관계입니다. 관계 속에 살아가는 우리에게 상처는 피할 수 없는 삶의 실존입니다. 우리에게 일용할 양식이 필요하듯 일용할 용서, 일용할 화해가 필요합니다.

화해하기 위해서는 결단이 필요합니다. 때로 화해는 오랜 시간을 필요로 할 수도 있습니다. 그러나 성령이 인도하신다면 우리는 반드시 화해의 길로 떠나야 합니다. 옳은 것을 알면서도 행하지 않는다면 자신을 속이는 것입니다. 본문 57절의 말씀을 기억하십시오.

"또 어찌하여 옳은 것을 스스로 판단하지 아니하느냐."

그리고 화해는 빠를수록 좋습니다. 이는 풍성한 삶을 놓치지 않기 위해서입니다. 영원한 삶을 즐기기 위해서입니다. 예수의 참된 제자로 살기 위해서입니다.

우리 시대에 주님이 가르치신 화해를 실천한 화해의 아이콘이 있다면, 지금은 고인이 된 남아프리카공화국의 넬슨 만델라(Nelson Mandela) 대통령일 것입니다. 이 만델라의 화해의 리더십을 그린 영화, 〈우리가 꿈꾸는 기적: 인빅터스〉의 감동을 기억하는 이들도 더러 있을 것입니다. '인빅터스'(Invictus)는 '정복되지 않는 사람'이라는 뜻입니다. 넬슨 만델라는 상황이나 감정이나 편견이나 복수의 본능에 정복되지 않은 믿음의 사람이었습니다. 인종 분리 정책인 '아파르트헤이트'(Apartheid)에 맞서 싸우다 27년간의 감옥 생활 끝에 출옥해 인종 통합 선거에서 흑인으로 대통령이 된 그를 백인들은 두려워했습니다. 그러나 72세에 리더가 된 그의 연설은 사람들의 예상과 달리 유연하고 부드러웠습니다. 그가 약해진 것이 아니냐는 비난에 대해 그는 "나는 대중을 선동하고 싶지 않다. 나는 대중이 함께 이제 우리가 무엇을 할 수 있는가를 이해하기를 바라고, 무엇보다 그들에게 화해의 영감을 나누고 싶다"고 말합니다.

그는 이 땅의 정치인들에게도 영향을 끼친 '진실과 화해 위원회'를 만들어 잘못을 인정하는 모든 이들을 사면합니다. 그동안 교회조차 흑백으로 나뉘었던 개혁교회에 출석해서 자신을 축복해 달라고 요청합니다. 그동안 백인들의 스포츠로만 인식되어 온 럭비 스프링복스 팀을 응원하기 위해 백인의 상징이었던 녹색 유니폼을 입고 경기장에 나가 백인 선수들을 응원해, 럭비 월드 리그에서 남아프리카공화국이 우승하는 축제에 온 국민과 함께합니다. 경기장에 가득한 군중들은 그날 "넬슨, 넬슨" 하고 외쳤습니다. 하지만 그 후 기회가 있을 때마다 자신은 영웅이 아니라 인간의 감성을 지닌, 실수의 가능성이 많은, 그래서 비판이 필요한 사람이라고 말하며 겸손히 자신을 낮추었습니다. 그는 임기 동안 자신의 취임 연설을 벽에 걸어 놓고 그 약속을 지키는 사람이 되고자 했습니다. 그의 취임 연설의 말미에서 몇 대목을 발췌해 봅니다.

자유에 이르는 지름길은 없습니다. 그래서 그 길은 혼자 갈 수 없습니다. 우리는 연합된 국민으로 국가적 화해를 위해, 새 국가를 위해 그리고 새로운 세상의 탄생을 위해 함께 행동해야 합니다 … 정의가 모든 이에게, 평화가 모든 이에게, 무엇보다 자유가 다스리는 나라가 되기를! 하나님이 아프리카를 축복하시기를!

우리나라에도 이렇게 국민을 분열시키지 않고 화해의 정신으로 국민을 하나 되게 하는 섬김의 리더십이 일어나도록 기도합시다.

"이에 비유로 말씀하시되 한 사람이 포도원에 무화과나무를 심은 것이 있더니 와서 그 열매를 구하였으나 얻지 못한 지라 포도원지기에게 이르되 내가 삼 년을 와서 이 무화과나무에서 열매를 구하되 얻지 못하니 찍어 버리라 어찌 땅만 버리게 하겠느냐 대답하여 이르되 주인이여 금년에도 그대로 두소서 내가 두루 파고 거름을 주리니 이후에 만일 열매가 열면 좋거니와 그렇지 않으면 찍어 버리소서 하였다 하시니라"(눅 13:6-9).

7. 열매가 있습니까

주님께서 제자들에게 가장 절실하게
기대하신 열매는 사랑입니다.
우리가 사랑의 사람이 될 때
열매 맺는 제자가 되는 것입니다.

가을이 되면 꼭 기억하고 싶은 믿음의 시인, 김현승의 〈가을의 기도〉
가 떠오릅니다.

가을에는

기도하게 하소서…….

낙엽들이 지는 때를 기다려 내게 주신

겸허한 모국어로 나를 채우소서.

가을에는

사랑하게 하소서…….

오직 한 사람을 택하게 하소서.

가장 아름다운 열매를 위하여 이 비옥한

시간을 가꾸게 하소서.

시인 김현승에게는 여러 별명이 따라붙습니다. '믿음의 시인', '영혼의 시인' 그리고 '고독의 시인' 등이 그것입니다. 그러나 그에게 가장 적합한 별명은 '가을의 시인'입니다. 가을의 고독감 속에서 겸허히 자신의 인생을 돌아보며, 이제 자신의 삶의 내면의 충실을 구하며 열매를 맺게 해 달라고 기도하고 있습니다. 낙엽이 상징하는 죽음의 실존 앞에서 엄숙하고 경건한 마음으로 주어진 마지막 시간을 비옥하게 가꿀 수 있게 해 달라고 기도하고 있습니다. 가장 아름다운 열매를 위해서 말입니다.

예수님도 마지막 죽음의 시간을 앞두고 다락방 설교를 통해 사랑하는 제자들에게 요한복음 15장에서 '나는 포도나무요 너희는 가지'라고 말씀하십니다. 5절을 보십시오.

"나는 포도나무요 너희는 가지라 그가 내 안에, 내가 그 안에 거하면 사람이 열매를 많이 맺나니 나를 떠나서는 너희가 아무것도 할 수 없음이라."

예수께서 제자들을 부르고 그들에게 마지막으로 기대하신 한 가지는 열매였습니다. 본문에서도 예수님의 최대의 실망은 '열매'였습니다. 본문에서 반복되는 말이 '열매를 구하였으나 얻지 못한 것'입니다.

"이에 비유로 말씀하시되 한 사람이 포도원에 무화과나무를 심은 것이 있더니 와서 그 열매를 구하였으나 얻지 못한지라"(눅 13:6).

본문을 통해 삶의 주인 되신 예수님은 우리에게 한 가지 질문을 던지고 계십니다. 그것은 "열매가 있느냐?"라는 물음입니다. 그렇다면 자연스럽게 우리는 다시 물어야 합니다. "열매 맺는 삶의 비밀은 무엇입니까?"

회개해야 한다

우리가 열매 맺지 못하는 인생을 사는 것은 그런 열매 맺지 못하는 일상에 대한 회개가 없기 때문입니다. 사람들은 회개란 특별히 부도덕하고 비극적 인생을 사는 사람들에게만 필요하다고 착각합니다. 그래서 어떤 사람이 비극적 사고를 만나면 그것은 회개하지 않았기 때문이라고 쉽게 판단합니다.

본문에 선행하는 누가복음 13장 1-5절에서는 당시에 일어난 두 개의 비극적 뉴스를 예수님이 예로 들고 계십니다. 먼저 갈릴리 사람들이 예루살렘에 왔다가 빌라도에 의해 죽임을 당한 사건입니다. 갈릴리에는 로마에 대항하고 반역하는 민족주의자들이 많았습니다. 아마 그들 중의 얼마가 예루살렘을 방문할 것이라는 첩보가 빌라도에게 보고 되어, 그들이 예루살렘에서 자신들의 피로 제물이 되는 사고가 발생한 것 같습니다. 로마 시대에 로마를 건드리지 않고 평화롭게 살기를 원하는 사람들은 갈릴리 민족주의자들의 죽음이 죄의 값이라고 생각했을지 모릅니다.

또 하나는, 예루살렘에서 실로암 망대가 무너져 18인이 죽은 사고가 발생한 것이었습니다. 아마도 실로암 근처 수로 공사에 자원해서 일하다가 사고를 당한 것 같습니다. 그들은 로마와 좋은 관계를 맺고 부역한 사람들이었습니다. 민족주의자들은 그들의 죽음을 로마에 부역한 것에 대한 신의 심판으로 여겼을 것입니다. 그러나 예수님은 이 두 사건에 대해 반 로마주의자들과 친 로마주의자들에게 동일한 물음을 던지십니다. 그들이 다른 사람들보다 죄가 더 많아서 그런 사고를 당한 줄 아느냐고 말입니다. 그러면서 13장 3절과 5절에서 동일한 경고를 내리십니다.

"너희도 만일 회개하지 아니하면 다 이와 같이 망하리라."

심판은 이런 비극적 사고를 당한 사람들만이 아니라, 모든 인간에게 예비된 사건이라는 것입니다. 로마에 대한 정치적 입장이 심판을 결정하는 것이 아니라, 일상의 죄가 심판을 초래하게 하는 것입니다.

우리는 끔찍한 비극이 일어나지 않아도 우리가 살아가는 매일의 일상을 하나님의 심판의 눈으로 바라보고 살아야 합니다. 어느 날 갑

자기 비극이 일어나지 않아도 우리 모두는 결국 다 죽게 되고, 하나님의 심판대에 서야 하기 때문입니다. 예수님은 그런 심판을 실존적으로 인식하고 사는 사람이라야 열매 맺는 인생을 산다고 말씀하십니다.

종교 개혁자들의 중요한 삶의 모토는 '코람데오'(coram Deo), 즉 '하나님 앞에서'였습니다. 코람데오는 Deo(하나님)와 coram(앞에서)이라는 두 단어의 결합으로 신전의식을 뜻하는 말입니다. 개혁자 루터는 하나님 앞에서 하나님의 눈으로 자신을 보았을 때 믿음으로 의롭다 함을 받았지만 여전히 죄인 된 자신을 동시에 발견할 수밖에 없었다고 고백합니다. 그래서 그리스도인은 지속적인 회개 속에 인생을 살 수밖에 없는 존재들입니다. 우리의 회개가 진지하고 철저한 것이라면, 우리의 회개의 열매를 세상 앞에도 보여야 합니다. 그래서 코람데오와 함께 가야 할 고백이 '코람 문도'(coram mundo), 곧 '세상 앞에서'입니다.

이제 당신은 회개에 합당한 열매를 세상에 보일 수 있겠습니까? 요한은 세례(침례) 받기를 원해서 나아오는 이들에게 "회개에 합당한 열매"(눅 3:8)를 맺으라고 외칩니다. 물속에 들어갔다 나온다고 회개가 이루어진 것이 아니라는 말입니다. 진정한 회개는 열매가 입증합니다. 진짜 열매를 맺고자 한다면, 진짜 회개하십시오!

시간에 민감해야 한다
||||||||||||||||||||||||||||||||||||||

> "포도원지기에게 이르되 내가 삼 년을 와서 이 무화과나무에서 열
> 매를 구하되 얻지 못하니 찍어 버리라 어찌 땅만 버리게 하겠느냐"
> (눅 13:7).

일반적으로 무화과나무는 3년이면 열매를 맺습니다. 열매를 맺지
못한다면 그 나무는 희망이 없다고 할 수 있습니다. 나무를 교체할 수
밖에 없습니다. 그런데 예수님에게도 3년은 의미 있는 기간이었습니
다. 그분의 공생애 기간인 3년 동안 예수님께서는 제자들을 부르고 양
육하셨습니다. 그리고 그 3년이라는 기간에 제자들이 하나님 나라 사
역의 열매를 맺을 것을 기대하셨습니다. 요한복음 15장을 다시 묵상해
보십시오. "나는 참포도나무요 내 아버지는 농부라"(요 15:1)라는 말씀
을 시작으로 다음 절에서는 이렇게 말씀하십니다.

> "무릇 내게 붙어 있어 열매를 맺지 아니하는 가지는 아버지께서 그것
> 을 제거해 버리시고 무릇 열매를 맺는 가지는 더 열매를 맺게 하려 하
> 여 그것을 깨끗하게 하시느니라"(요 15:2).

브루스 윌킨슨(Bruce Wilkinson)의 《포도나무의 비밀》(디모데 역간)이
라는 책에 보면 본문의 '제거해 버리다'라는 단어는 희랍어 원어로 '아

이로'(airo)라 하는데, 이는 '들어 올리다'라는 뜻입니다. 포도나무 가지들이 밑으로 처져 땅 위를 기다 보면 먼지가 뒤덮이고 진흙이 묻고 곰팡이가 피게 되어 열매를 맺지 못하게 됩니다. 그러면 농부는 이런 가지들을 들어 올려 씻고 위로 묶어 주어야 합니다. 또한 시시때때로 가지치기를 해 주어야 알차고 풍성한 포도 열매를 맺게 되는 것입니다.

가지치기는 포도나무에게 있어 고통스러운 경험이지만, 이런 고통이나 고난이 없으면 열매를 맺을 수 없습니다. 때로 이런 고통의 원인은 자신의 실수일 수도 있고, 자신의 실수와 상관없는 환경을 통한 역경일 수도 있습니다. 어떤 경우든 더 많은 열매를 맺기 위해 우리는 인생의 고난을 감수하고 그 고난 속에서 교훈을 얻어 믿음의 성숙을 가져와야 합니다. 그래야 하나님에게 쓰임 받고 더 풍성한 열매를 맺을 수 있습니다.

그런데 이런 고난의 시간 그리고 열매 맺음의 시간은 한정되어 있습니다. 아무리 힘들어도 지나가는 시간입니다. 중요한 것은, 이 시기를 학습의 시간으로 민감하게 받아들여 배울 것은 빨리 배우고 지나가야 합니다. 예수님이 제자들과 함께하시던 3년이 그런 시간이었을 것입니다. 이런 배움의 시간이 항상 있는 것은 아니었습니다. 3년간의 제자 훈련 시간에 배운 것들을 토대로 그들은 이제 땅끝까지 나아가 사도로서 사역을 감당해야 했습니다. 우리가 제자로서 배울 시간이 항상 있는 것이 아니라면, 우리는 시간에 민감해야 하고, 시간을 잘 사용할 줄 알아야 합니다.

바울 사도는 "세월을 아끼라"(엡 5:16)라고 말합니다. 본래 이 말은 '시간을 구속하라'(Redeem the time)입니다. 이 '구속'은 어떤 대가를 지불하고라도 가치 있게 해야 한다는 의미입니다. 인생의 시간은 우리를 기다려 주지 않습니다. 우리는 그리스도의 제자로서 배워야 할 시간에 치열하게 그리고 열심히 배워 쓰임 받을 준비를 해야 합니다.

구체적 응답이 있어야 한다
||||||||||||||||||||||||||||||||||||||||||||||

> "대답하여 이르되 주인이여 금년에도 그대로 두소서 내가 두루 파고
> 거름을 주리니"(눅 13:8).

포도원지기는 시간을 달라고 호소합니다. 주인을 향해 한 번만 더 기회를 달라고 합니다. 그리고 자신의 계획을 말합니다. 땅을 두루 파고 거름을 주겠다고 말입니다. 순종의 시작입니다. 열매 맺는 삶을 향한 응답의 시작입니다. 회개에 합당한 열매를 맺기 위해서는 이런 구체적인 응답이 있어야 합니다. 그렇지 않으면 회개는 '회'(悔, 뉘우칠 회)만으로 그칠 수도 있습니다. 행동할 때 상황이 바뀝니다. 순종의 행동, 응답의 행동이 있어야 합니다. 응답하고 순종할 때 '개'(改, 고칠 개)가 이루어지는 것입니다.

요한복음 15장에 보면, 주님께서 제자들에게 가장 절실하게 기대

하신 열매는 사랑입니다.

> "아버지께서 나를 사랑하신 것같이 나도 너희를 사랑하였으니 나의
> 사랑 안에 거하라"(요 15:9).

> "내 계명은 곧 내가 너희를 사랑한 것같이 너희도 서로 사랑하라 하는
> 이것이니라"(요 15:12).

우리가 사랑의 사람이 될 때 열매 맺는 제자가 되는 것입니다. 사랑은 성령의 열매에서도 첫째가 아닙니까? 서두에 소개한 시인 김현승이 "사랑하게 하소서 오직 한 사람을 택하게 하소서"라고 할 때 그런 결단이 반영된 것이라 할 수 있을 것입니다. 사랑은 한 사람에게서 시작되기 때문입니다. 그동안 사랑하지 못했던, 사랑하기 어려운 이웃을 택해서 사랑의 순종을 시작할 때, 우리의 회개는 열매를 맺는 것입니다.

요한복음 15장이 강조한 또 하나의 열매가 있습니다. 바로 전도의 열매입니다. 사랑이 인격의 열매라면, 전도는 사역의 열매라고 할 수 있을 것입니다.

> "내가 아버지께로부터 너희에게 보낼 보혜사 곧 아버지께로부터 나오
> 시는 진리의 성령이 오실 때에 그가 나를 증언하실 것이요"(요 15:26).

주님께 붙어 있는 주의 제자들이 성령으로 말미암아 반드시 맺어야 할 열매는 증언의 열매, 곧 전도의 열매입니다. 우리는 "콩 심은 데콩 나고, 팥 심은 데 팥 난다"고 말합니다. 그리스도를 영접하고 그분의 생명을 갖고 산다면, 우리에게서 또 다른 그리스도인이 탄생하는 열매가 있어야 할 것입니다. 그래서 그리스도를 증언하는 일은 그리스도인을 향한 마지막 명령인 동시에 가장 중요한 명령입니다. 우리가 그리스도인답지 않은 삶에서 돌이켜 회개했다면, 반드시 기대해야 할 열매는 전도의 열매입니다. 이제 인생의 가을이 오고 겨울이 멀지 않았는데, 당신을 통해 구원받은 사람이 얼마나 됩니까? 당신의 열매는 누구입니까?

앞서 소개했던 맹의순 전도사의 수용소에서 남긴 일기를 중심으로 한 《십자가의 길》(홍성사)이라는 책이 출간되었습니다. 포로수용소에 억울하게 수용된 그는 이런 일기를 남깁니다.

이 황야, 포로수용소에서 좀 더 바울의 아라비아 사막지대와 같이 진지한 죄 회개의 생활을 영위하자.

밤에 예배당에서 심종태 형에게 신앙으로 구원받는 도리를 설명하다. 밤 1시에 취침.

한밤에도 한 영혼을 붙들고 씨름하던 그의 치열한 인생을 보십시오. 이것이 바로 짧지만 아름다운 회개의 열매를 맺은 그의 인생의 비밀입니다.

"예수께서 각 성 각 마을로 다니사 가르치시며 예루살렘으로 여행하시더니 어떤 사람이 여짜오되 주여 구원을 받는 자가 적으니이까 그들에게 이르시되 좁은 문으로 들어가기를 힘쓰라 내가 너희에게 이르노니 들어가기를 구하여도 못하는 자가 많으리라 집주인이 일어나 문을 한 번 닫은 후에 너희가 밖에 서서 문을 두드리며 주여 열어 주소서 하면 그가 대답하여 이르되 나는 너희가 어디에서 온 자인지 알지 못하노라 하리니 그때에 너희가 말하되 우리는 주 앞에서 먹고 마셨으며 주는 또한 우리의 길거리에서 가르치셨나이다 하나 그가 너희에게 말하여 이르되 나는 너희가 어디에서 왔는지 알지 못하노라 행악하는 모든 자들아 나를 떠나가라 하리라 너희가 아브라함과 이삭과 야곱과 모든 선지자는 하나님 나라에 있고 오직 너희는 밖에 쫓겨난 것을 볼 때에 거기서 슬피 울며 이를 갈리라 사람들이 동서남북으로부터 와서 하나님의 나라 잔치에 참여하리니 보라 나중 된 자로서 먼저 될 자도 있고 먼저 된 자로서 나중 될 자도 있느니라 하시더라"(눅 13:22-30).

≡ 8. 구원의 문이 닫히기 전에

좁은 문을 두드리는 자들만이 그리스도를 만나게 됩니다.
그분이 바로 구원의 주가 되십니다.

기독교 신앙을 가리켜 종말론적 신앙이라고 합니다. 그 말은 날마다
말세를 외치고 말세를 강조하는 신앙이라는 뜻이 아닙니다. 종말은 끝
이면서 완성의 순간입니다. 그 완성을 기억하며 오늘 하루, 매 순간을
하나님의 심판 앞에서 부끄럽지 않도록 준비하고 살라는 말입니다.

본문은 예수님의 지상에서의 행보가 마지막을 향하고 있다는 것을
지적하는 것으로 시작됩니다.

"예수께서 각 성 각 마을로 다니사 가르치시며 예루살렘으로 여행하
시더니"(눅 13:22).

이때 한 구도자가 구원자, 메시아로 불리는 예수님을 만나 그분이
예루살렘을 향한 마지막 행보를 하시기 전에 마음에 담아 둔 중요한

질문을 던집니다.

"어떤 사람이 여짜오되 주여 구원을 받는 자가 적으니이까"(눅 13:23).

아마도 이런 질문의 밑바닥에 전제된 생각은, 구원받는 사람이 많다면 자신에게도 희망이 있을 것 같은데, 반대로 구원받는 사람이 적다면 자신에게는 구원의 희망이 없을 것 같았기 때문이었을 것입니다. 예수님은 이 사람에게 구원받는 사람이 많거나 적겠다는 직설적 대답을 하시지 않습니다. 대신 구원의 문이 지금은 열려 있지만 그 문은 곧 닫힐 수 있다는 암시를 하십니다. 그리고 그때에 구원의 대상이 될 수 있는지를 스스로 점검하라고 경고하십니다.

"집주인이 일어나 문을 한 번 닫은 후에 너희가 밖에 서서 문을 두드리며 주여 열어 주소서 하면 그가 대답하여 이르되 나는 너희가 어디에서 온 자인지 알지 못하노라 하리니"(눅 13:25).

바울 사도도 같은 맥락에서 이야기합니다.

"보라 지금은 은혜 받을 만한 때요 보라 지금은 구원의 날이로다"(고후 6:2).

지금은 은혜 받고 구원받을 기회가 열려 있는 시간이라는 것입니다. 그러나 더 이상 은혜를 받지 못할 시간이 그리고 구원을 받지 못할 때가 온다는 것입니다. 마치 노아 시대에 방주의 문이 닫힌 후에 그 문을 두드렸지만 기회가 지나간 사람들처럼 말입니다. 종종 예수님은 당신이 인류에게 베푸시는 구원의 마지막 찬스를 하나님 나라의 큰 잔치로 비유하십니다. 그리고 이 잔치에 사람들을 초청한다고 말씀하십니다. 이 잔치의 조건은, 예복을 입고 잔치의 문이 닫히기 전에 잔치 자리에 와야 한다는 것입니다.

노아 시대에 방주의 문도 닫힐 시각이 오고 있었습니다. 소돔과 고모라에도 심판의 마지막 때와 함께 그 도시에서 탈출할 구원의 시간이 다가오고 있었습니다. 바울 사도의 증언처럼, 우리는 아직 은혜의 문과 구원의 문이 열려 있는 때를 살고 있습니다. 구원의 문이 닫히기 전에 우리가 해야 할 일은 무엇입니까?

좁은 문으로 들어가는 결단을 해야 한다

"좁은 문으로 들어가기를 힘쓰라 내가 너희에게 이르노니 들어가기를 구하여도 못하는 자가 많으리라"(눅 13:24).

여기 '힘쓰라'라는 말은 희랍어 원어로 '아고니조마이'(agonizomai)라

하는데, 이는 '고민스런 갈등'을 뜻합니다. 영이의 'agony'(극도의 고통)가 여기에서 나온 말입니다. 왜 좁은 문으로 들어가는 것이 갈등이 될까요? 그것은 많은 사람의 보편적 사고와 다르기 때문입니다. 세상적으로 구원에 대한 가장 보편적 사고는 착한 일을 하면 구원을 받는다는 것입니다. 그런데 기독교의 복음은 다른 주장을 합니다. 예수를 믿으면 구원을 받는다는 것입니다. 그것은 소수의 사람들이 찾는 구도의 길입니다. 마태복음 7장 13-14절의 말씀과 비교해 보십시오.

> "좁은 문으로 들어가라 멸망으로 인도하는 문은 크고 그 길이 넓어 그리로 들어가는 자가 많고 생명으로 인도하는 문은 좁고 길이 협착하여 찾는 자가 적음이라."

소수의 길을 선택하는 자체가 갈등이 아닐 수 없습니다. 이 문을 두드리는 순간부터 우리는 이 세상에서 아웃사이더가 될 수 있습니다.

존 버니언의 《천로역정》을 보면 좁은 문에 들어서기 전에 주인공 크리스천이 세속 지혜자(worldly wiseman)를 만나게 됩니다. 그가 크리스천에게 묻습니다.

"어디로 가시는 길입니까?"

"예, 저는 지금 등에 지고 있는 이 무거운 짐을 벗고 구원을 얻고자 좁은 문으로 가고 있습니다."

그러자 세속 지혜자는 구원 얻을 쉽고 빠른 길을 가르쳐 주겠다고 합니다. 저 높은 언덕에 도덕촌이 있는데, 거기 가면 율법이라는 선생이 있고 그의 아들의 이름은 예의인데, 그들이 하라는 것을 하고 하지 말라는 것을 안 하면 당신은 좁은 문을 통과하지 않고도 구원을 얻을 것이라고 말합니다. 세상이 가르치는 구원의 길이 결국 그런 것이 아닙니까? 도덕과 상식을 따라 착하게 살면 된다고 말입니다. 그런데 그 길이 바로 우리를 멸망으로 인도하는 넓은 길이라는 것입니다. 우리의 딜레마는 우리가 행할 바른 길을 몰라서 문제가 아니라, 그렇게 살 수 있는 능력이 없다는 것입니다. 그리고 우리는 이미 율법을 깨뜨리고 예의에서 벗어나 멸망으로 가고 있다는 것입니다. 크리스천도 도덕촌으로 가다가 멸망의 위험에 직면하게 됩니다.

만일 우리가 도덕과 예절로 혹은 상식으로 구원받을 수 있었다면 예수라는 구원자는 우리에게 필요하지 않았을 것입니다. 우리는 유교의 도덕이나 유대교의 율법, 혹은 소크라테스(Socrates)의 상식으로 충분히 우리 자신을 구할 수 있었을 것입니다. 그러나 이런 율법은 우리가 이미 율법을 어기고 사는 죄인임을 깨우쳐 주었을 뿐, 우리를 구하거나 변화시키지 못한 것입니다. 저에게도 율법이 구원의 길이 아님을 깨우쳤던 말씀이 갈라디아서 2장 21절이었습니다.

"만일 의롭게 되는 것이 율법으로 말미암으면 그리스도께서 헛되이 죽으셨느니라."

좁은 문을 두드리는 자들만이 그리스도를 만나게 됩니다. 그분이 바로 구원의 주가 되십니다. 그러므로 구원의 문이 닫히기 전에 좁은 문, 구원의 문을 두드리십시오. 세상의 비웃음을 두려워하지 마십시오. 친구들의 야유도, 친척들의 왕따도 두려워하지 마십시오. 이제 좁은 문을 두드리는 고뇌의 결단의 자리에 서십시오. 이 문을 지나지 않고는 생명의 길, 구원의 길을 걸을 수 없습니다.

좁은 길을 주의 뜻을 따라 의롭게 걸어야 한다

《천로역정》의 순례 길을 따라가다 보면 순례자 크리스천은 좁은 문을 통과한 후 선의(good will)라는 이의 영접을 받고 해석자의 집에 들어가 앞으로 걸어야 할 순례 길 오리엔테이션을 받은 후 마침내 십자가 언덕에 도착하게 됩니다. 십자가에서 자신의 죄를 대신 지고 죽은 후 다시 사신 그리스도를 바라보는 순간, 그는 지금까지 지고 온 무거운 죄의 짐을 벗게 됩니다. 그리고 세 천사의 구원 선포의 말씀을 받습니다. "당신의 모든 죄는 사함 받은 것이라." 그리고 그는 의의 옷을 선물로 받은 후 성령으로 인침을 받고 하나님께 속한 그분의 자녀임을 선언 받습니다. 이것이 바로 성도들의 구원의 경험입니다. 그러나 십자가의 언덕이 구원의 여정의 끝은 아닙니다. 이제부터 그는 본격적인 구원의 길을 걸어야 합니다. 이 길은 여전히 좁고 협착한 길입니다.

우리가 예수 믿고 죄 사함 받고 의롭다 함을 얻는 것(칭의), 그것은 차라리 한순간의 믿음의 결단으로 가능한 것이지만, 우리가 예수님을 온전히 닮은 영화로움의 자리에 서기까지는 아직도 걸어야 할 좁은 길이 있습니다. 신학에서는 이 길을 '성화의 길'이라고 말합니다. 최근 한국 교회가 낳은 세계적 신학자인 김세윤 박사는 《칭의와 성화》(두란노)라는 책을 펴내면서, 오늘 한국 교회가 거룩한 영향력을 상실하고 세속화된 원인을 칭의와 성화를 분리시켰기 때문이라고 말합니다. 그리고 칭의를 법적 칭의만 강조하고 관계적 칭의를 소홀히 했기 때문이라고 지적합니다. 그는 계속해서 우리가 의롭다 함을 얻은 것은 이제부터 하나님과의 바른 관계 안에서 주님의 통치를 받는 삶을 살게 된 것임을 잊지 말아야 한다고 말합니다.

흥미로운 것은, 마태복음 7장에서 주님은 좁은 문으로 들어가라는 말씀에 이어 이런 경고를 하십니다.

"나더러 주여 주여 하는 자마다 다 천국에 들어갈 것이 아니요 다만 하늘에 계신 내 아버지의 뜻대로 행하는 자라야 들어가리라"(마 7:21).

주일에 교회에 와서 예배하고 기도할 때, 우리가 성도라면 '주여, 주여' 할 것입니다. 그러나 더 중요한 것은, 월요일부터 토요일까지 우리의 가정과 일터에서 주님의 뜻대로 일상을 살고 있느냐는 것입니다. 종교의 형식만 가진 채 주께서 통치하시는 삶의 내용이 없었던 사람들의 구원을 성경은 보증하지 않습니다. 김세윤 박사도 한국 교회가 건강해지려면 이제 구원받을 만한 삶을 거부한 사람들에 대한 구원의 탈락이 경고될 필요가 있다고 말합니다. 그런 긴장 속에서 비로소 성화의 열매를 기대할 수 있다고 말합니다.

《천로역정》에서 크리스천이 좁은 문을 통과한 후 해석자의 집에 도착했을 때 해석자는 철장 감옥에 갇힌 한 남자를 보여 줍니다. 그리고 그는 자신이 그렇게 된 이유를 고백합니다. "나는 말씀의 빛을 거슬렀고, 그분의 공의를 경멸했으며, 그분의 보혈을 욕되게 했다." 이런 배도자가 되지 않으려면 믿음의 좁은 길을 날마다 신실하게 걸어야 합니다. 구원의 좁은 문을 통과하고, 십자가에서 믿음으로 의롭다 함을 받은 모든 주의 백성은 다시 의의 좁은 길을 걸어야 합니다.

좁은 길은 고독한 행보가 아님을 기억해야 한다

우리가 선택한 좁은 문, 좁은 길은 확실히 세상의 다수가 선택하는 길은 아닙니다. 세상의 가치관과 충돌하기에 성경의 가치관을 붙들고 살아가야 하는 길입니다. 그냥 종교의 현장에만 참여하는 것으로 우리의 구원은 보장되지 못합니다. 본문 26-27절의 경고의 말씀을 들어 보십시오.

"그때에 너희가 말하되 우리는 주 앞에서 먹고 마셨으며 주는 또한 우리의 길거리에서 가르치셨나이다 하나 그가 너희에게 말하여 이르되 나는 너희가 어디에서 왔는지 알지 못하노라 행악하는 모든 자들아 나를 떠나가라 하리라."

마태복음의 산상 수훈에서는 우리의 열매로 우리가 하나님의 백성인 것을 증명해야 한다고 말씀합니다. "열매로 그들을 알리라"(마 7:20). 이 증명이 불가한 이들을 향한 경고를 다시 본문 28절에서 들어 보십시오.

"너희가 아브라함과 이삭과 야곱과 모든 선지자는 하나님 나라에 있고 오직 너희는 밖에 쫓겨난 것을 볼 때에 거기서 슬피 울며 이를 갈리라."

그러나 아브라함의 하나님, 이삭의 하나님, 야곱의 하나님을 자신의 하나님으로 삼고 그 하나님의 말씀에 순종하고 산 모든 이들은 그들이 유대인이 아닌 이방인이라 할지라도 이제 하나님 나라의 잔치에 참여할 수 있습니다.

"사람들이 동서남북으로부터 와서 하나님의 나라 잔치에 참여하리니"(눅 13:29).

그렇습니다. 결국 종말에 실현될 하나님 나라의 잔치에는 전 세계 모든 민족 가운데 구원받고 좁은 문을 지나 좁은 길을 걸었던 모든 백성이 참여하게 될 것입니다. 그 잔치는 몇 사람만의 고독한 잔치가 아닙니다. 요한계시록 7장 9-10절의 말씀이 이 잔치의 시작을 알리는 찬양인 듯합니다.

"이 일 후에 내가 보니 각 나라와 족속과 백성과 방언에서 아무도 능히 셀 수 없는 큰 무리가 나와 흰옷을 입고 손에 종려 가지를 들고 보좌 앞과 어린양 앞에 서서 큰 소리로 외쳐 이르되[찬양] 구원하심이 보좌에 앉으신 우리 하나님과 어린양에게 있도다."

계속해서 요한계시록의 말씀을 보십시오.

"보좌에서 음성이 나서 이르시되 하나님의 종들 곧 그를 경외하는 너희들아 작은 자나 큰 자나 다 우리 하나님께 찬송하라 하더라"(계 19:5).

"우리가 즐거워하고 크게 기뻐하며 그에게 영광을 돌리세 어린양의 혼인 기약이 이르렀고 그의 아내가 자신을 준비하였으므로 그에게 빛나고 깨끗한 세마포 옷을 입도록 허락하셨으니 이 세마포 옷은 성도들의 옳은 행실이로다"(계 19:7-8).

바로 이 순간이 우리의 의가 완성되고, 우리가 수많은 주의 백성과 함께 천국의 영광을 누리는 시작입니다. 좁은 문을 두드리고도 좁은 길을 걷지 못한 이들은 이 영광에서 제외된다는 것을 잊지 말아야 합니다. 본문 30절의 경고가 그것입니다.

"보라 나중 된 자로서 먼저 될 자도 있고 먼저 된 자로서 나중 될 자도 있느니라 하시더라."

아직 구원의 문과 이 좁은 문, 좁은 길의 초대는 열려 있습니다. 함께 이 길을 걸을 동행자들이 기다리고 있습니다. 자, 이제 구원의 좁은 문을 통과하고 감사와 기쁨으로 오늘도 좁은 길을 함께 걸어 봅시다.

"함께 먹는 사람 중의 하나가 이 말을 듣고 이르되 무릇 하나님의 나라에서 떡을 먹는 자는 복되도다 하니 이르시되 어떤 사람이 큰 잔치를 베풀고 많은 사람을 청하였더니 잔치할 시각에 그 청하였던 자들에게 종을 보내어 이르되 오소서 모든 것이 준비되었나이다 하매 다 일치하게 사양하여 한 사람은 이르되 나는 밭을 샀으매 아무래도 나가 보아야 하겠으니 청컨대 나를 양해하도록 하라 하고 또 한 사람은 이르되 나는 소 다섯 겨리를 샀으매 시험하러 가니 청컨대 나를 양해하도록 하라 하고 또 한 사람은 이르되 나는 장가들었으니 그러므로 가지 못하겠노라 하는지라 종이 돌아와 주인에게 그대로 고하니 이에 집주인이 노하여 그 종에게 이르되 빨리 시내의 거리와 골목으로 나가서 가난한 자들과 몸 불편한 자들과 맹인들과 저는 자들을 데려오라 하니라 종이 이르되 주인이여 명하신 대로 하였으되 아직도 자리가 있나이다 주인이 종에게 이르되 길과 산울타리 가로 나가서 사람을 강권하여 데려다가 내 집을 채우라 내가 너희에게 말하노니 전에 청하였던 그 사람들은 하나도 내 잔치를 맛보지 못하리라 하였다 하시니라"(눅 14:15-24).

9. 내 집을 채우라

주님의 강권하시는 사랑을 입은 우리도
우리의 이웃들에게 강권적 초대를 해야 합니다.
그들의 구원을 위해서 말입니다.

우리는 팬데믹 시대를 지나오면서 전에는 한 번도 경험하지 못했던 특별한 초대를 경험했습니다. 교회 예배나 결혼식 그리고 장례식에 정부가 초대 인원을 정해 놓고 그 비율의 사람들만 초대하도록 명령을 했기 때문입니다. 그런데 성경은 역사의 종말에 완성될 하나님 나라의 잔치에도 그런 초대가 있을 것이라고 말씀합니다. 그 잔치는 지상에서 경험하는 어떤 초대와도 구별되어 '큰 잔치'라고 명명하고 있습니다.

"이르시되 어떤 사람이 큰 잔치를 베풀고 많은 사람을 청하였더니"(눅 14:16).

그 잔치를 가리켜 예수님은 '내 집 잔치'라고도 말씀하십니다. 하나님과 하나님의 아들인 예수님이 준비하신 이 큰 잔치를 우리는 흔히 전국 잔치라고 합니다. 지상 교회의 존재 의미는 이 큰 잔치, 천국 잔치의 초대 주체가 된다는 것입니다. 그래서 그분은 오늘도 우리에게 "내 집을 채우라"(눅 14:23)라고 말씀하십니다.

해마다 가을 추수의 계절이 오면 저희 교회는 블레싱 축제를 준비하고 하나님 나라와 상관없이 살아가는 이웃들을 그 나라 잔치로 초대하고 있습니다. 어쩌면 이 잔치는 우리 이웃들이 경험할 인생의 가장 큰 잔치일 수 있습니다. 이 잔치에서 우리의 이웃들이 마음을 열고 응답한다면, 그들은 이 잔치에 와서 생명의 떡, 영생의 떡을 먹게 될 것입니다. 본문 15절에서 예수님은 이렇게 말씀하십니다.

"함께 먹는 사람 중의 하나가 이 말을 듣고 이르되 무릇 하나님의 나라에서 떡을 먹는 자는 복되도다."

요한복음 6장에 보면 예수님은 소위 오병이어의 기적으로 수많은 사람의 육신의 굶주림을 면하게 하신 다음, 이런 양식도 너희에게 필요하지만 이 양식은 먹고 또 배고파지는 썩을 양식이라고, 내가 너희에게 정말 주고 싶은 것은 영생하도록 있는 양식이라고 말씀하십니다.

"썩을 양식을 위하여 일하지 말고 영생하도록 있는 양식을 위하여 하라 이 양식은 인자가 너희에게 주리니 인자는 아버지 하나님께서 인치신 자니라"(요 6:27).

이때 그 자리에 있던 사람들이 일제히 말하기를 "주여 이 떡을 항상 우리에게 주소서"(요 6:34)라고 합니다. 이 요구에 대한 주님의 말씀이 무엇입니까?

"예수께서 이르시되 나는 생명의 떡이니 내게 오는 자는 결코 주리지 아니할 터이요 나를 믿는 자는 영원히 목마르지 아니하리라"(요 6:35).

이런 배고프지 않을 떡, 목마르지 않을 생수가 준비된 하나님 나라 잔치에의 초대. 그 초대의 성격을 본문에서 다시 살펴봅시다. 주님께서 친히 준비하신 천국 잔치에의 초대는 어떤 초대일까요?

준비된 초대
|||||||||||||||||||||

먼저, 이 잔치에 초대된 사람들을 향한 초청 메시지가 무엇이었습니까?

"잔치할 시각에 그 청하였던 자들에게 종을 보내어 이르되 오소서 모든 것이 준비되었나이다 하매"(눅 14:17).

이 잔치에의 초대는 모든 것이 완벽하게 준비된 초대였습니다. "오소서 모든 것이 준비되었나이다." 인생의 주어진 삶을 살아갈 때 필요한 모든 것이 다 그 잔치에 준비되어 있다는 것입니다. 사람들의 잔치 준비에는 언제나 부족한 것이 있고, 어수룩한 것이 있게 마련입니다. 우리 모두는 불완전한 존재이기 때문입니다. 결혼 초기에 저희 부부가 소중하게 생각한 분을 집에 초대한 일이 있었습니다. 당시는 커피가 귀한 시절이었고, 커피에 무엇을 타느냐고 물어보지 않고 으레 설탕을 타던 때였습니다. 그런데 그분이 커피 맛을 보더니 인상을 찌푸리는 것이었습니다. 제가 감이 이상해서 맛을 보니, 맛이 희한했습니다. 그래서 아내에게 "여보, 커피 맛을 봐요. 좀 이상한데?" 그랬더니 아내가 커피 맛을 보고는 "어머, 미원 탔네"라고 하는 것이었습니다. 사람의 준비라 이런 실수가 생긴 것입니다. 그러나 하나님의 준비에는 이런 실수가 없습니다.

하나님 나라 잔치에는 무엇이 준비되어 있을까요?

> "하나님의 나라는 먹는 것과 마시는 것이 아니요 오직 성령 안에 있는
> 의와 평강과 희락이라"(롬 14:17).

우리가 목마르게 찾는 정의, 평화, 희락(기쁨), 사랑 등 이 모든 것이 하나님 나라 잔치에 준비되어 있다는 것입니다. 그래서 옛날 이 잔치를 맛본 다윗은 유명한 시편 23편 1절에서 무엇이라 고백합니까?

> "여호와는 나의 목자시니 내게 부족함이 없으리로다."

이 부족함이 없이 인생의 모든 것을 채울 준비가 된 나라, 그 나라가 하나님 나라입니다. 그런데 문제는 이런 잔치로 초대함을 받고도 사람들이 응답하지 않는다는 것입니다. 아니, 이 잔치에 오려고도 하지 않는다는 것입니다. 그래서 교회가 필요한 것입니다. 이 잔치를 알리기 위해서, 이 잔치에의 초대를 위해 존재하는 공동체, 그것이 바로 예수 그리스도를 머리로 한 교회입니다.

은혜의 초대

우리가 만일 잔치를 기획하는 호스트가 되어 우리 마음대로 잔치에 올 게스트를 선택한다면 어떤 사람들을 초대하겠습니까? 세상적으로, 사회적으로 그럴듯한 명성과 지위 혹은 인기 있는 사람들을 초대하지 않겠습니까? 그것이 우리 잔치의 평가를 결정할 것이기 때문입니다. 그런데 본문 21절을 보십시오. 누가 이 잔치에 초대되고 있는가를 주목하십시오.

> "종이 돌아와 주인에게 그대로 고하니 이에 집주인이 노하여 그 종에게 이르되 빨리 시내의 거리와 골목으로 나가서 가난한 자들과 몸 불편한 자들과 맹인들과 저는 자들을 데려오라 하니라."

누가 이 잔치에 초대되고 있습니까? 이들의 공통점이 무엇입니까? 사회적 약자들 그리고 장애인들입니다. 무엇인가 결격 사항을 가진 사람들입니다. 그런데 그들이 전혀 차별받지 않고 이 잔치에 초대되고 있습니다.

이런 개념을 성경은 '은혜'라고 합니다. 은혜의 뜻이 무엇입니까? '받을 자격이 없는 사람들에게 베풀어지는 사랑 혹은 호의'라는 의미입니다. 우리가 그리스도인이 되고 하나님에게 받은 가장 큰 선물이 무엇입니까? 구원입니다.

> "너희는 그 은혜에 의하여 믿음으로 말미암아 구원을 받았으니 이것은 너희에게서 난 것이 아니요 하나님의 선물이라"(엡 2:8).

그래서 하나님 나라 잔치에의 초대는 은혜의 초대인 것입니다.

어떤 사람이 죽은 후 천국에 도착하자 천국 문을 지키던 천사가 묻습니다.

"당신은 천국에 들어갈 자격이 있습니까?"

"저는 적어도 지상에서 교회 출석만은 열심히 했습니다."

"1점 드리지요."

"교회만 열심히 나간 것이 아니라 교회에서 여러 봉사를 성실하게 했는데요?"

"1점 더 가산하지요."

"저는 심지어 교회 밖 여러 불쌍한 이웃들을 돌보는 구제 사역에도 동참했습니다."

"1점 더 가산하겠습니다."

"아니, 저는 심지어 세계 여러 나라에 흩어진 선교사님들의 선교 지원에도 동참했다고요."

"다시 1점 더 가산, 지금까지 모두 4점이네요."

그러자 그 사람이 천사에게 물었다고 합니다.

"도대체 천국에 들어갈 수 있는 점수는 얼마입니까?"

"천국에 들어갈 사람들에게 요구되는 점수는 동일하게 100점입니다."

"그럼 나 같은 사람은 하나님의 은혜 없이는 못 들어가겠네요?"

그 순간 천사가 "이제 4+96=100점입니다"라고 했다고 합니다. 천국은 전적으로 은혜로 가는 나라, 그 나라에의 초대는 전적으로 오직 은혜(Sola Gratia)의 초대라는 것입니다.

지속적 초대
||||||||||||||||||

본문에 그려진 잔치 초대를 보면 일회성 초대가 아니었습니다.

"어떤 사람이 큰 잔치를 베풀고 많은 사람을 청하였더니"(눅 14:16).

여기 최초의 조청이 있었습니다. 그러나 다음 절에 보면 "잔치할 시각에 그 청하였던 자들에게 종을 보내어 이르되 오소서"(눅 14:17)라고 되어 있습니다. 잔치가 임박해서 한 번 더 사람을 보내어 청했던 것입니다. 잔치 시간이 다가옴을 상기시킨 것입니다. 그런데 여러 사람의 사양으로 잔치 좌석을 채우지 못하자, 집주인이 다시 종을 보내어 시내의 거리와 골목으로 나가서 사람들을 데려오라고 명합니다(눅 14:21). 그래도 자리가 비자 길과 산울타리로 나가서 사람을 강권여 데려오라고 명합니다(눅 14:23). 이것은 일회성 초대가 아닌 지속적 초대였습니다.

그럼에도 불구하고 사람들은 지속적으로 사양하고 있었습니다. 그들은 마치 잔치에 오지 못할 변명 제조기처럼 핑계 거리를 만들고 있었습니다. 그들의 변명을 보십시오. 한 사람은 밭을 새로 사서 밭의 상태를 돌아보겠다고 합니다. 또 한 사람은 소 다섯 겨리를 사서 제대로 일을 하나 시험해 보겠다고 합니다. 요즘말로 하면, 새로 산 자동차의 성능을 시험해 보겠다는 것입니다. 그런데 그 성능 시험을 꼭 잔치 시간에 맞춰서 해야 합니까? 전도자 빌리 그레이엄에게 어떤 농부가 주일에 소가 아프면 소를 놔두고 예배하러 가야 하느냐고 물었다고 합니다. 그때 그는 "한 번 그랬다면 예배를 보류하는 것을 하나님도 이해하실 것입니다. 그러나 주일마다 당신의 소가 아프다면, 제발 그 소를 처분하시지요"라고 답했다고 합니다. 그다음에 나오는 결혼한 사람의 신혼여행은 이해할 만한 변명입니다. 하지만 생사가 걸린 문제가 발생했다면, 그래도 꼭 가야 할까요?

제가 청년 시절부터 전도해 온 친구가 있었습니다. 정말 예수 안 믿을 이유를 연구라도 하는 듯 변명이 다양했습니다. 그 모든 변명을 인내하고 들었습니다. 그리고 마침내 변명이 떨어진 듯했습니다. 그런데 갑자기, 최근 사람이 많은 곳에 가면 두통이 생긴다는 것입니다. 그러던 중 그 친구를 며칠 후 극장에서 만났습니다. 사람들이 천국 잔치에 오지 않는 이유는, 오기 싫은 것입니다. 그래도 하나님은 초대를 계속하십니다. 성경에 '오라'는 초청이 무려 1,900회 이상이나 나옵니다. 그분은 오늘도 우리를 초대하고 기다리십니다.

강권적 초대
||||||||||||||||||||

"주인이 종에게 이르되 길과 산울타리 가로 나가서 사람을 강권하여 데려다가 내 집을 채우라"(눅 14:23).

여기 '강권하다'(아낭카조, anagkazo)라는 단어는 오늘처럼 인간의 자유의사가 존중되는 사회에서는 사용하지 않아야 할 단어처럼 느껴지기도 합니다. 그러나 어느 시대, 어떤 삶의 현장에서나 강력한 설득은 필요한 관계의 예술이 아니겠습니까? 소돔과 고모라가 멸망하기 전에 하나님은 두 천사를 보내어 롯의 가족들이 그 도시를 떠날 것을 경고하고 설득하셨습니다. 그러나 롯의 사위들은 도시의 심판의 경고를 농담으로 여겼고, 가족들이 지체하자 한 천사는 롯 부부의 손을 잡고, 또 한 천사는 두 딸의 손을 잡아 끌어내었다고 성경은 기록합니다. 그들이 성을 떠나자마자 그 성에는 심판의 유황 비가 쏟아졌습니다. 그때에도 롯의 가족들은 두 천사의 강권을 무례한 겁박이라고 여겼을까요?

여러 해 전, 일본 벳푸라는 온천 지대에서 일본 목회자들의 전도 세미나를 인도한 적이 있었습니다. 일본 교인들은 한국 교인들에 비해 왜 전도열이 약한가를 토의하고 있었습니다. 나중에 발표하는데 제가 예상한 대답이 나왔습니다. 지나치게 예의를 차리는 일본 사람들의 특성상 타인에게 폐를 끼치지 않으려다 보니 전도를 꺼리게 된다는 것입니다. 제가 폐회 설교를 하며 이런 도전을 했습니다.

"여기 벳푸에 와 보니 여러 유형의 유황천들이 있더군요. 특히 지옥이라는 이름을 많이 보았습니다. 산 지옥, 해 지옥, 아기 지옥, 노인 지옥 등 말입니다. 한 술 취한 사람이 비틀거리며 용암이 들끓고 있는 지옥천으로 가고 있는데 나는 예의를 차리고 그에게 폐가 되지 않기 위해 그를 방관해야 할까요, 아니면 조금 실례가 되어도 길을 가로막고 '그리로 가면 지옥입니다. 돌이키십시오. 그래야 구원을 받습니다!'라고 경고하고 강권해야 할까요?"

바울 사도는 고린도후서 5장 14절에서 "그리스도의 사랑이 우리를 강권하시는도다"라고 말합니다. 천국 큰 잔치를 준비하고 계신 주님은 아직 비어 있는 교회 좌석을 보고 우리에게 말씀하십니다. "내 집을 채우라." 주님의 강권하시는 사랑을 입은 우리도 우리의 이웃들에게 강권적 초대를 해야 합니다. 그들의 구원을 위해서 말입니다.

"수많은 무리가 함께 갈새 예수께서 돌이키사 이르시되 무릇 내게 오는 자가 자기 부모와 처자와 형제와 자매와 더욱이 자기 목숨까지 미워하지 아니하면 능히 내 제자가 되지 못하고 누구든지 자기 십자가를 지고 나를 따르지 않는 자도 능히 내 제자가 되지 못하리라 너희 중의 누가 망대를 세우고자 할진대 자기의 가진 것이 준공하기까지에 족할는지 먼저 앉아 그 비용을 계산하지 아니하겠느냐 그렇게 아니하여 그 기초만 쌓고 능히 이루지 못하면 보는 자가 다 비웃어 이르되 이 사람이 공사를 시작하고 능히 이루지 못하였다 하리라 또 어떤 임금이 다른 임금과 싸우러 갈 때에 먼저 앉아 일만 명으로써 저 이만 명을 거느리고 오는 자를 대적할 수 있을까 헤아리지 아니하겠느냐 만일 못할 터이면 그가 아직 멀리 있을 때에 사신을 보내어 화친을 청할지니라 이와 같이 너희 중의 누구든지 자기의 모든 소유를 버리지 아니하면 능히 내 제자가 되지 못하리라 소금이 좋은 것이나 소금도 만일 그 맛을 잃으면 무엇으로 짜게 하리요 땅에도, 거름에도 쓸 데 없어 내버리느니라 들을 귀가 있는 자는 들을지어다 하시니라"(눅 14:25-35).

10. 예수 제자의 길

> 제자는 그리스도에게 자신의 전 존재를 의탁하고
> 모든 삶의 영역에서 그분을 따르는 사람을 뜻합니다.

최근 몇 년 사이 그리스도인의 삶에 유익한 도전을 던진 카일 아이들 먼(Kyle Idleman)의 《팬인가, 제자인가》(두란노 역간)라는 책이 있습니다. 팬은 예수를 좋아만 하는 사람입니다. 그러나 제자는 예수 그리스도 를 따르는 사람입니다. 팬은 일주일에 한 번 교회 예배의 자리에 나타 나 찬송하고 기도하며 손을 흔들어 자신이 그분을 좋아하고 있다는 신 호만 보내면 그만입니다. 그러나 제자는 일주일에 하루가 아닌 날마다 그리스도를 따라가야 합니다. 팬은 자신이 좋아하는 그분에 대한 일정 한 지식을 갖는 것으로 충분합니다. 그러나 제자는 그분과 날마다, 아 니 순간순간마다 친밀한 교제를 갖고 있어야 합니다. 팬은 시간이 나 면 자기가 좋아하는 그분에 대한 관심을 표명하지만 자기의 모든 것을 걸지는 않습니다. 그러나 제자는 자신의 모든 것을 걸고 그분을 따르 며 그를 닮아 가고자 합니다. 팬은 자신이 좋아하는 대상을 바꿀 수도 있지만, 그리스도의 제자들은 그의 헌신의 대상을 거의 바꾸지 않습니다. 그렇다면 이쯤에서 이 책의 제목으로 너무나도 중요한 질문을 던지고자 합니다. "당신은 예수 그리스도의 팬입니까, 아니면 제자입니까?"

"수많은 무리가 함께 갈새 예수께서 돌이키사 이르시되"(눅 14:25).

예수님은 이 땅에 계실 때 많은 팬을 거느리고 계셨음을 알 수 있습니다. 수많은 무리가 그분을 따라다녔습니다. 지금도 예수는 아마 지상에서 가장 큰 팬클럽을 가지고 계신 분일 것입니다. 그런데 주님은 이런 팬들을 향해 그들이 그분에게서 발걸음을 돌이키게 할 도전을 던지십니다. 팬들에게 제자의 조건들을 말씀하시며 제자의 길을 걷도록 촉구하신 것입니다. 이 말씀을 듣고 많은 팬이 그분에게서 떠나갔을 것입니다. 그분은 많은 팬이 당신을 따르는 것으로 기뻐하는 분이 아니었습니다. 그분은 그들 중에 소수라도 진정한 제자들이 일어나기를 기대하신 것입니다. 왜냐하면 수많은 팬의 숫자로 세상은 바뀌지 않을 것이기 때문입니다.

제자라는 말은 넓은 의미에서는 모든 그리스도인을 의미합니다. 그러나 좁은 의미에서 제자는 그리스도에게 자신의 전 존재를 의탁하고 모든 삶의 영역에서 그분을 따르는 사람을 뜻합니다. 본문에서 예수님은 그런 좁은 의미에서의 제자들을 부르고 계십니다. 그렇다면 제자의 길을 걷고자 하는 이들에게 요구되는 조건은 무엇일까요?

하나님 사랑의 우선순위를 정립하라

"무릇 내게 오는 자가 자기 부모와 처자와 형제와 자매와 더욱이 자기 목숨까지 미워하지 아니하면 능히 내 제자가 되지 못하고"(눅 14:26).

어떻게 이 말씀을 문자 그대로 순종할 수 있겠습니까? 어떻게 문자 그대로 부모와 처자, 형제와 자매를 미워할 수 있단 말입니까? 이 말씀의 참뜻을 이해하기 위해 같은 맥락의 말씀과 비교해서 읽어 보십시오.

"아버지나 어머니를 나보다 더 사랑하는 자는 내게 합당하지 아니하고 아들이나 딸을 나보다 더 사랑하는 자도 내게 합당하지 아니하며"(마 10:37).

본문의 '미움'이라는 단어는 상대적이고 비교적인 것입니다. 주님에 대한 사랑이 너무나 탁월하고 고귀한 것이어서 그 사랑에 비교하면 우리의 부모 사랑, 처자 사랑, 형제 사랑은 미움 정도밖에 안 되는 것을 뜻하는 말입니다. 주님 사랑은 우리의 이 세상 그 누구와도, 그 무엇과도 비교될 수 없는 절대적 사랑, 우선순위의 사랑이어야 한다는 것입니다.

우리 시대 최고의 복음주의 스승인 영국의 존 스토트(John Stott) 목사의 마지막 저작은 《제자도》(IVP 역간)라는 책이었습니다. 이 책에서 그는 우리 시대의 다원주의(pluralism)를 수용할 수 없는 이유에 대해 이렇게 말합니다.

> 그분의 성육신은 유일하며, 그분의 속죄도 유일하며, 그분의 부활도 유일하기 때문이라고 말씀하십니다. 나사렛 예수 외에는 하나님이 인간이 되시고 우리의 죄를 담당하시고 죽음을 이기신 분이 없으므로 오직 그분만이 죄인들을 구원할 유일한 자격이 있으십니다. 우리는 예수님을 알렉산더처럼 나폴레옹처럼 위대하다고 말할 수 없습니다. 그분은 위대한 분이 아니라, 유일한 구주(The only Saviour) 예수이십니다. 그분과 같은 이는 아무도 없습니다.

누가 나를 위해서, 아무 이해관계가 없었던 죄인 된 나를 위해서 십자가에 대신 죽고 형벌과 저주를 대신 담당할 수 있단 말입니까? 우리가 결혼하면서 배우자에게 "나는 당신을 사랑하겠지만, 인생을 살아가면서 허용되는 여러 사람을 동시에 사랑하는 것을 이해해 주십시오"라고 말할 수 있겠습니까? 모든 진지한 사랑은 유일한 대상을 향한 사랑을 요구합니다. 예수 제자의 첫째 조건은, 하나님과 그분의 아들 예수를 향한 절대적이고 우선적 사랑인 것입니다.

하나님의 뜻의 우선순위를 정립하라
||||||||||||||||||||||||||||||||||||||||||||||||||||||

"누구든지 자기 십자가를 지고 나를 따르지 않는 자도 능히 내 제자가
되지 못하리라"(눅 14:27).

십자가를 진다는 것은 무슨 의미입니까? 단순하게 희생적 헌신과
죽음을 각오하라는 뜻일까요? 예수님에게 십자가는 무엇보다도 당신
을 이 땅에 보내신 하늘 아버지의 뜻이었습니다. 인류의 구원과 속죄
를 위해 그분은 십자가에 가셔야 했던 것입니다. 물론 우리 모두가 예
수님처럼 십자가에서 죽을 수는 없습니다. 그러나 십자가가 하나님의
뜻이었던 것처럼, 우리 각자를 향한 하나님의 뜻이 있습니다. 그런 뜻
을 이루는 삶이 십자가를 지는 제자의 인생인 것입니다. 때로, 아니 많
은 경우 우리는 하나님의 뜻을 이루기 위해 우리 자신의 뜻을 내려놓
고 부인해야 할 상황들을 만나게 됩니다. 그래서 예수님은 본문과 같
은 맥락으로 제자들에게 자기를 부인하고 십자가를 지고 당신을 좇으
라고 말씀하십니다. 나의 뜻과 하나님의 뜻이 충돌할 때, 우리는 언제
나 하나님의 뜻을 우선순위에 놓아야 합니다. 그것이 예수 제자의 인
생입니다. "나의 원대로 마시옵고 아버지의 원대로 하옵소서"(막 14:36)

해야 합니다.

어떤 사람이 운전하는데 앞차 후면에 이런 범퍼 스티커가 보였답니다. '나를 따라오지 마시오. 나도 길을 잃었습니다.' 우리가 운전하는데 예수님 차가 앞에 등장했다고 가정해 봅시다. 그 차 범퍼에 무엇이라고 쓰여 있을까요? '나를 따라오시오. 내가 곧 길이오.' 그렇습니다. 그분은 우리를 향한 하나님의 뜻을 완벽하게 알고 계신 분입니다. 그분이 '나를 따르라'라고 말씀하시면 그렇게 해야 하지 않겠습니까?

> "누구든지 자기 십자가를 지고 나를 따르지 않는 자도 능히 내 제자가 되지 못하리라"(눅 14:27).

제자의 삶은 하나님의 뜻의 우선순위를 따르는 것입니다.

예수 따름의 대가 지불을 각오하라
||||||||||||||||||||||||||||||||||||||||||||||

본문 28-32절에는 우리가 예수 제자의 길을 걸을 때의 대가 지불에 대한 두 가지 예화가 소개됩니다. 첫째 예화는 망대 건축입니다. 망대를 건축할 때 생각이 있는 사람이라면 이 건축물이 완성되기 위해 얼마큼의 예산이 소용될 것인가를 미리 계산하지 않겠습니까? 둘째 예화는

전쟁의 이야기입니다. 전쟁이 발발했는데 아군은 1만 명, 적군은 2만 명입니다. 이 소수의 군사로 전쟁을 승리로 이끌기 위해서는 얼마큼의 희생과 군비가 필요한지를 미리 계산하는 것이 당연하지 않겠습니까? 사실 예수 믿고 구원받기 위해 우리가 치러야 할 대가는 아무것도 없습니다. 모든 대가를 예수님이 십자가에서 대신 지불하셨습니다. 그리고 구원을 값없는 선물로 주십니다. 그러나 구원 이후 주님을 따라가며 하나님의 뜻을 이루어 드리기 위해서는 우리가 지불해야 할 대가가 있다는 것입니다.

저는 구원의 메시지를 전할 때면 종종 성령의 인도를 따라 구원 초청을 합니다. 대부분의 초청 메시지는 마음 문을 열고 예수님을 구원의 주로 초청하면 그분이 우리 마음속에 영으로 오신다고 그리고 그때부터 우리의 믿음의 삶이 시작된다고 말합니다. 그런데 신앙이 박해를 받던 시절에 때로 이런 초청들이 있었다고 합니다. 《팬인가, 제자인가》에는 루마니아가 공산 통치를 받고 있을 때 존 오로스(John Oros) 목사의 초대를 이렇게 소개합니다.

여러분이 예수님을 구주로 믿고 그리스도인이 되고 세례(침례) 받는 것을 환영합니다. 그러나 이것을 각오하십시오. 여러분이 그리스도인이 된 것을 공산당의 첩자가 상부에 보고할 수 있습니다. 내일부터 여러분은 직장을 잃을 수도 있습니다. 친구들이 등을 돌릴 수도 있습니다. 이웃들이 멀어질 수 있고 자식들도 여러분과 불화할 수 있습니다.

감옥에 갈 수도 있습니다. 심지어 목숨이 날아갈 수도 있습니다. 그래도 괜찮으시면 이제 신앙고백을 하십시오.

이것이 바로 예수의 제자로서 지불해야 할 대가일 수 있다는 것입니다.

나치 독일과 싸웠던 신학자 본회퍼는 당시 독일 교회의 가장 큰 문제가 루터의 종교 개혁 이후 값싼 은혜에 중독된 것이라고 지적했습니다. 그는 자신의 명저 《나를 따르라》(대한기독교서회 역간)에서 개혁자 루터가 선물 받은 은혜, 종교 개혁이 가능했던 것은 그가 받은 값비싼 은혜 때문이라고 했습니다. 그 은혜가 값비쌀 수 있었던 것은 십자가를 통한 죄 사함뿐 아니라, '나를 따르라'는 부르심을 받고 있었기 때문이라고 했습니다. 오늘도 예수의 제자로 살고자 하는 이들에게 주님은 대가 지불을 각오하고 당신을 따르라고 말씀하십니다.

소유의 청지기직을 확실하게 하라
||||||||||||||||||||||||||||||||||||||||||||||||||||||||||||

"이와 같이 너희 중의 누구든지 자기의 모든 소유를 버리지 아니하면 능히 내 제자가 되지 못하리라"(눅 14:33).

어떻게 우리가 이 말씀을 문자 그대로 순종할 수 있을까요? 어떤 사람은 이 말씀에서 불교식의 무소유를 떠올릴지 모릅니다. 그러나 이 말씀에 대한 순종은 우리 모두가 청지기 직분(stewardship)으로 돌아가면 간단하게 해결할 수 있습니다. 우리가 가진 것은 우리의 소유가 아니라 그분이 맡기신 것임을 선언하고 그분의 뜻대로만 사용하면 되는 것입니다. 바울은 그리스도인이 된 후 자기의 모든 것을 분토처럼 버렸다고 선언했습니다. 그가 자기의 지식을 다 버렸습니까? 그가 자기의 탁월한 언변을 버렸습니까? 그가 심지어 로마 시민권을 버렸습니까? 예, 그는 버렸다고 말할 것입니다. 그는 자신에게 주어진 것을 잠시 맡겨 주신 것으로 여겨 철저하게 주님만을 위해 사용했습니다. 그는 자신의 지식, 자신의 언변, 자신의 논리, 자신의 시민권을 오직 복음을 위해, 오직 주님을 위해서만 사용했습니다.

그는 어떤 경우, 어떤 상황에도 그리스도인의 정체성을 잃지 않고 살고자 했습니다. 부패한 세상에서 그는 소금으로만 살고자 한 것입니다. 본문 34절을 보십시오.

"소금이 좋은 것이나 소금도 만일 그 맛을 잃으면 무엇으로 짜게 하리요."

달라스 윌라드의 유명한 저서인 《잊혀진 제자도》(복있는사람 역간)의 원제는 《*The Great Omission*》인데, Omission(생략, 삭제) 앞에 알파벳 C를 추가하면 Commission이 됩니다. Omission / The Great

Commission은 흔히 '대 사명' 혹은 '지상 명령'이라고 번역됩니다. 지상 명령이 무엇입니까? 마태복음 28장 19-20절을 보십시오.

"그러므로 너희는 가서 모든 민족을 제자로 삼아 아버지와 아들과 성령의 이름으로 세례[침례]를 베풀고 내가 너희에게 분부한 모든 것을 가르쳐 지키게 하라 볼지어다 내가 세상 끝 날까지 너희와 항상 함께 있으리라 하시니라."

우리는 이 말씀에서 모든 민족, 모든 사람에게 복음을 가지고 가야 한다는 것을 강조합니다. 그리고 믿는 그들을 성부와 성자와 성령의 이름으로 세례(침례)를 베풀어 신앙 고백을 하게 해야 한다고 말합니다. 그것이 전도이고 선교입니다. 그런데 이 구절의 강조에서 우리가 잊고 있는 말씀이 있습니다. 그것이 무엇입니까? 말씀을 가르쳐 지키게 해야 한다는 것입니다. 우리도 믿고 세례(침례) 받으면 우리의 신앙 여정이 끝나는 것입니까? 아닙니다. 이제부터 말씀을 지키는 삶이 시작되는 것입니다. 그것을 가르치지 못한 것이 바로 '잊힌 제자도'라는 것입니다. 달라스 윌라드 박사나 존 스토트 목사는 이런 삶의 시작이 바로 청지기직의 삶, 혹은 물질의 욕심에서 자유로운 단순한 삶이라고 말합니다. 우리 모두 소유의 청지기가 될 때, 우리는 세상을 변화시키는 예수의 제자가 되는 것입니다. 당신은 예수의 팬입니까, 제자입니까?

팬은 예수를 좋아만 하는 사람입니다.

그러나 제자는 예수 그리스도를 따르는 사람입니다.

"예수께서 그들에게 이 비유로 이르시되 너희 중에 어떤 사람이 양 백 마리가 있는데 그중의 하나를 잃으면 아흔아홉 마리를 들에 두고 그 잃은 것을 찾아내기까지 찾아다니지 아니하겠느냐 또 찾아낸즉 즐거워 어깨에 메고 집에 와서 그 벗과 이웃을 불러 모으고 말하되 나와 함께 즐기자 나의 잃은 양을 찾아내었노라 하리라 내가 너희에게 이르노니 이와 같이 죄인 한 사람이 회개하면 하늘에서는 회개할 것 없는 의인 아흔아홉으로 말미암아 기뻐하는 것보다 더하리라"(눅 15:3-7).

11. 목자의 기쁨, 하늘의 기쁨

성경은 잃은 양 하나라도 그 존재 가치를 긍정합니다.
예수님은 그 인간 존재의 가치를
이 세상 천하와도 바꿀 수 없는 것이라고 말씀하십니다.

저는 목장에서 태어났습니다. 저희 아버님은 수의사이셨는데, 과거 화산목장, 지금은 축산기술연구소라는 이름으로 보존되어 온 그 목장에서 일하며 저를 낳으셨습니다. 열 살까지 제 이름은 목동으로 불렸습니다(지금 저는 목동을 아호로 사용합니다). 여러 해 전, 저희 아이들과 그곳을 지나며 저기 보이는 저 목장이 바로 아빠가 태어난 곳이라고 알려 주었습니다. 제가 어렸을 적, 저의 아버지가 술에 취해 집에 오시면 늘 "목동아!"라고 제 이름을 부르신 다음 "아, 목동들의 피리 소리"로 시작되는 〈아! 목동아〉(Oh, Danny Boy)를 부르곤 하셨습니다. 그래서 그런지 눈을 감고 어린 시절을 떠올리면 아련한 목장의 향수에 빠져들곤 합니다.

제가 어렸을 때 목장의 주요 고객은 소와 말 그리고 닭이었습니다. 그런데 어느 날 양이 들어온다는 소식이 들렸습니다. 무척이나 흥분하며 기다렸습니다. 이제 양과 친구가 될 기회가 도래했기 때문입니다. 그러나 이런 환상이 깨지는 데는 오랜 시간이 필요하지 않았습니다. 양은 깨끗한 동물이라고 생각했는데 그렇지 않았습니다. 뒹굴고 놀아 보니 냄새가 고약하고 쉽게 더럽힘을 타는 존재였습니다. 또한 쉽게 잘 다치고 자구책이 없는, 겁이 많은 동물이었습니다. 무엇보다 방향 감각이 없어 목장을 벗어나면 집을 찾지 못하고 방황하기를 자주 하는 존재였습니다. 그런데 후일 그리스도인이 되고 성경을 읽다 보니 "우리는 다 양 같아서"(사 53:6)라고 말씀하고 있었습니다. 그리고 더 놀라운 사실은, 예수님이 이런 양의 목자라고 선언하시는 말씀이 저를 얼마나 흥분하게 했는지요! 목자만 양 곁에 있다면 그를 씻어 주고, 보호해 주고, 그 길을 인도하지 않습니까? 복음의 본질은 예수님이 양 같은 인생의 목자가 되신다는 것입니다.

그 목자 예수님이 본문에서 양의 이야기를 하십니다. 이 이야기의 절정은 잃어버린 양을 목자가 찾아 기뻐하며 어깨에 메고 집으로 돌아와 벗과 이웃을 불러 축제를 연다는 것입니다. 그러면서 하늘에서는 죄인 한 사람의 회개로 인해 이보다 더 큰 기쁨의 축제가 열린다고 말씀하십니다. 그렇다면 이런 목자의 기쁨, 하늘의 기쁨이 시사하는 의미는 무엇입니까?

잃은 양 하나의 존재 가치의 긍정

숫자만으로 생각하면 잃은 양은 한 마리입니다. 하나쯤 잃어도 눈 감고 지낼 만한 수치가 아닙니까? 아흔아홉 마리의 양이 있으니 말입니다. 지금 이 지구촌에는 약 80억으로 추산되는 인구가 살고 있습니다. 그중에 나 한 사람이 목자 예수를 믿든 안 믿든 그것이 무슨 대단한 일이겠습니까? 그러나 성경의 하나님은 약 80억의 인구 중에 한 사람인 내가 예수 믿지 않고 방황하는 것에 관심을 가지시는 목자라는 사실입니다. 여기 인간 존재의 절대적 긍정이 있습니다. 비록 우리가 양처럼 죄로 더럽혀진 존재라 할지라도, 양처럼 연약하고 두려움을 가진 존재라 할지라도, 양처럼 쉽게 길을 잃어버리고 방황하는 존재라 할지라도 우리는 하나님 보시기에 여전히 소중한 존재라는 것입니다.

성경이 이런 인간 존재를 긍정하는 신학적 근거는 무엇입니까? 그것은 무엇보다 인간이 하나님의 형상을 따라 지음 받았다는 사실에 기초합니다.

> "하나님이 자기 형상 곧 하나님의 형상대로 사람을 창조하시되 남자와 여자를 창조하시고"(창 1:27).

여기 인간 존재는 바로 하나님의 형상을 닮아 지어진 존재라고 성경은 선언합니다. 인간이 다른 모든 피조물과 구별되는 독특한 가치가 여기에 있습니다. 시편 8편에서의 시편 기자의 고백을 들어 보십시오.

"사람이 무엇이기에 주께서 그를 생각하시며 인자가 무엇이기에 주께
서 그를 돌보시나이까"(시 8:4).

그리고 이어지는 구절에서 그는 이렇게 고백합니다.

"그를 하나님보다 조금 못하게 하시고 영화와 존귀로 관을 씌우셨나
이다"(시 8:5).

하나님보다 조금 못함을 불만족스러워하는 사람이 있을지 모릅니
다. 그러나 하나님이 누구이신지를 생각해 보십시오. 그분은 만물을
창조하고 섭리하시는 전능자, 절대자가 아니십니까? 그분보다 조금
못한 것도 굉장한 것이 아닙니까? 결국 우리는 그분을 닮은 존재라는
것입니다. 그래서 시편 기자는 우리 인간에게 영화와 존귀의 관을 씌
워 주셨다고 말합니다. 무슨 말입니까? 영화롭고 존귀한 존재라는 것
입니다. 인간의 범죄, 인간의 타락에도 불구하고 인간은 여전히 영화
롭고 존귀한 존재라는 것입니다.

비록 하나님의 형상은 다소간 우리의 범죄로 손상되고 파괴되었을
지 몰라도, 우리 안에 그분의 형상은 아직도 존재합니다. 최근 우리 사
회에서도 언어폭력이 중요한 사회 문제가 되고 있지만, 사도 야고보는

우리가 말로 우리의 이웃들을 상처내지 말아야 할 이유를 다음과 같이 말합니다.

> "이것[혀]으로 우리가 주 아버지를 찬송하고 또 이것으로 하나님의 형상대로 지음을 받은 사람을 저주하나니"(약 3:9).

인간이 소중하고 존귀하게 다루어져야 할 이유가 무엇입니까? 하나님의 형상대로 지음 받은 까닭입니다. 성경은 잃은 양 하나라도 그 존재 가치를 긍정합니다. 예수님은 그 인간 존재의 가치를 이 세상 천하와도 바꿀 수 없는 것이라고 말씀하십니다.

> "사람이 만일 온 천하를 얻고도 제 목숨을 잃으면 무엇이 유익하리요 사람이 무엇을 주고 제 목숨과 바꾸겠느냐"(마 16:26).

여기 인간 존재 가치의 절대 긍정이 있습니다. 그래서 나는 소중한 존재이며, 마찬가지 이유에서 우리 이웃들의 존재 가치도 소중한 것입니다. 그가 안 믿는 사람이라 할지라도 말입니다. 여기 그의 구원을 향한 목자의 기쁨, 하늘의 기쁨이 시사하는 교훈이 있습니다.

잃은 양 하나를 향한 목자의 사랑

||||||||||||||||||||||||||||||||||||||||||||||||||||

"너희 중에 어떤 사람이 양 백 마리가 있는데 그중의 하나를 잃으면 아
흔아홉 마리를 들에 두고 그 잃은 것을 찾아내기까지 찾아다니지 아
니하겠느냐"(눅 15:4).

본문은 어떤 사람으로 묘사된 목자가 잃은 양을 찾아내기까지 찾
아다닌다고 말씀합니다. 그가 찾는 대상은 '그 잃은 것(양)'으로 정관사
가 붙어 있습니다. 그는 비슷한 다른 양을 찾은 것으로 만족하지 못합
니다. 바로 당신을 찾아야 합니다. 그래서 찾고, 찾고, 또 찾으십니다.
여기 잃어버린 자리에 있었던 당신을 향한 선한 목자의 절대적 사랑이
있습니다. 십자가를 앞둔 예수님의 자기 백성에 대한 사랑을 사도 요
한은 요한복음 13장 1절에서 이렇게 증언합니다.

"유월절 전에 예수께서 자기가 세상을 떠나 아버지께로 돌아가실 때
가 이른 줄 아시고 세상에 있는 자기 사람들을 사랑하시되 끝까지 사
랑하시니라."

선한 목자 되신 하나님은 길을 잃어버린 인류의 구원을 위해 어떻
게 당신의 사랑의 추적을 지속해 오셨습니까?

"옛적에 선지자들을 통하여 여러 부분과 여러 모양으로 우리 조상들에게 말씀하신 하나님이"(히 1:1).

옛적은 구약 시대를 말합니다. 하나님은 구약 시대에 여러 선지자들을 보내어 인류에게 하나님께로 돌아올 것을 촉구하셨습니다. 때로는 예언의 말씀으로, 때로는 기적을 베풀며, 때로는 당신의 백성에게 닥친 환난과 고통의 의미를 여러 방법으로 깨우쳐 주며 말씀하셨습니다. 이어지는 말씀을 보십시오.

"이 모든 날 마지막에는 아들을 통하여 우리에게 말씀하셨으니 이 아들을 만유의 상속자로 세우시고 또 그로 말미암아 모든 세계를 지으셨느니라"(히 1:2).

역사의 성숙한 때에 드디어 하나님은 당신의 아들, 창조의 동역자요, 창조의 완성자와 상속자가 되신 예수 그리스도를 직접 이 땅에 보내어 우리를 찾으셨다는 것입니다. 이제 히브리서 1장 3절을 보십시오.

"이는 하나님의 영광의 광채시요 그 본체의 형상이시라 그의 능력의 말씀으로 만물을 붙드시며 죄를 정결하게 하는 일을 하시고 높은 곳에 계신 지극히 크신 이의 우편에 앉으셨느니라."

할렐루야! 그리스도는 이제 십자가의 죽음과 부활로 우리의 죄 문제를 해결하고 우리를 붙들어 인도하고자 하나님 우편에 앉으셨다는 것입니다. 그리고 하늘에서 잔치를 열어 잃어버린 영혼들의 돌아옴을 기뻐하신다는 것입니다. 이것이 복음입니다. 이것이 선한 목자, 예수님의 사랑입니다. 이것이 목자의 기쁨, 하늘의 기쁨이 시사하는 의미입니다.

잃은 양의 새로운 삶을 보증하는 축복

본문에 나타난 그 잃었던 양을 찾아내자마자 선한 목자가 한 일이 무엇이었습니까?

> "또 찾아낸즉 즐거워 어깨에 메고 집에 와서 그 벗과 이웃을 불러 모으고 말하되 나와 함께 즐기자 나의 잃은 양을 찾아내었노라 하리라"
> (눅 15:5-6).

여기 '어깨'라는 단어는 원문에 복수로 되어 있습니다. 두 어깨에 메고 두 손으로 그 양을 꼭 붙잡고 집으로 온 것입니다. 다시는 너를 놓치지 않겠다는 목자의 결의가 보이는 대목입니다. 우리가 목자 되신 하나님의 손안에 들어가 시작되는 새로운 삶은 하나님의 선하신 주권으로 보호되는 인생입니다. 이사야 40장 11절의 말씀을 보십시오.

"그는 목자같이 양 떼를 먹이시며 어린 양을 그 팔로 모아 품에 안으시 며 젖먹이는 암컷들을 온순히 인도하시리로다."

또한 요한복음 10장 28절의 약속을 기억하십시오.

"내가 그들에게 영생을 주노니 영원히 멸망하지 아니할 것이요 또 그 들을 내 손에서 빼앗을 자가 없느니라."

오늘날 팬데믹의 위기 중에도 그리스도인들이 주께 드리는 가장 큰 감사가 있다면, 우리를 구원하사 주의 자녀 삼아 주신 일과, 우리를 지금까지 그 어깨에 메어 붙잡아 여기까지 보호하고 인도하신 은혜입 니다.

우리가 부르는 찬송 중에 〈양 아흔아홉 마리는〉(새찬송가 297장)이라 는 곡의 작사자는 엘리자베스 클리페인(Elizabeth C. Clephane)이고, 작곡 자는 전도자 무디(Dwight Lyman Moody)의 찬양 동역자로 유명한 데이비 드 생키(Ira David Sankey)입니다. 무디가 전도 대회를 할 때마다 생키는 찬양을 인도했습니다. 빌리 그레이엄과 조지 베벌리 쉐아(George Beverly Shea)가 팀을 이루어 평생을 동역한 것처럼, 무디와 생키가 앞서 그런 동역을 했던 것입니다. 어느 날, 무디가 영국 에든버러에서 '선한 목자'

를 주제로 설교한 첫날, 그는 그 주제로 계속 설교할 것을 선포했다고 합니다. 생키가 이 설교에 맞는 찬양이 무엇인가를 고민하고 기도할 때, 얼마 전 스코틀랜드 글라스코에서 에든버러로 오는 기차 안에서 읽었던 크리스천 신문의 한 시가 떠올랐다고 합니다. 이 시를 쓴 여인의 간단한 소개도 있었습니다. 그녀는 본래 부잣집 딸이었는데 부모가 모두 일찍 세상을 떠나 고아로 자라며 하나님만을 목자로 의지하고 살았다고 합니다. 세 자매 중 클리페인은 불구였습니다. 그러나 그녀는 늘 '주님은 나의 목자'라고 고백하며 명랑하고 고결한 숙녀로 성장했습니다. 사람들은 그런 그녀에게 '햇볕'(sunshine)이라는 별명을 붙여 주었다고 합니다. 그녀는 늘 시를 쓰고 전도하고 구제하기를 좋아했습니다. 클리페인의 삶에 감동을 입은 생키는 즉흥적으로 찬송을 작곡했다고 합니다.

(1절)
양 아흔아홉 마리는 울안에 있으나
한 마리 양은 떨어져 길 잃고 헤매네
산 높고 길은 험한데 목자를 멀리 떠났네
목자를 멀리 떠났네

(3절)
길 잃은 양을 찾으러 산 넘고 물 건너

그 어둔 밤이 새도록 큰 고생하셨네
그 양의 울음소리를 저 목자 들으셨도다
저 목자 들으셨도다

(4절)
산길에 흘린 피 흔적 그 누가 흘렸나
길 잃은 양을 찾느라 저 목자 흘렸네
손발은 어찌 상했나 가시에 찔리셨도다
가시에 찔리셨도다

(5절)
저 목자 기쁨 넘쳐서 큰 소리 외치며
내 잃은 양을 찾았다 다 기뻐하여라
저 천사 화답하는 말 그 양을 찾으셨도다
그 양을 찾으셨도다

다음 날, 이 찬양과 함께 선포된 말씀으로 수많은 영혼이 돌아왔다고 합니다. 오늘 우리의 감사, 우리의 찬양의 이유가 무엇입니까? 우리를 구원하고 어깨에 메신 주님의 은혜에 감사하고 응답하는 그리스도인이 되십시오.

"어떤 여자가 열 드라크마가 있는데 하나를 잃으면 등불을
켜고 집을 쓸며 찾아내기까지 부지런히 찾지 아니하겠느
냐 또 찾아낸즉 벗과 이웃을 불러 모으고 말하되 나와 함께
즐기자 잃은 드라크마를 찾아내었노라 하리라 내가 너희
에게 이르노니 이와 같이 죄인 한 사람이 회개하면 하나님
의 사자들 앞에 기쁨이 되느니라"(눅 15:8-10).

12. 어떤 여자의 기쁨, 천사의 기쁨

포기할 수 없는 당신의 신부를 찾아 우리에게 오신 분,
바로 구주 예수 그리스도이십니다.

위대한 교사 예수님은 누가복음 15장을 통해서 잃어버린 영혼을 찾는 당신의 사역을 세 가지 비유로 가르치십니다. 어떤 목자의 비유, 어떤 여자의 비유 그리고 어떤 아버지의 비유가 그것입니다. 이 세 가지 비유에는 세 가지 이야기가 공통적으로 강조하는 보편적 구원의 원리가 있습니다. 그러나 세 가지 비유를 통해서 타락한 인간의 실존과 하나님의 구원 방식의 차이를 보여 주심으로 그분의 구원 드라마의 독특한 교리적 강조점들을 보완하고 계십니다.

흔히 신학에서의 기독교 구원론은 역사를 통해 하나님의 주권을 강조하는 칼빈주의적 관점과 인간의 책임 있는 응답을 강조하는 알미니안적 관점으로 나누어 논쟁을 벌여 왔습니다. 칼빈주의적 성경 교사들은 구원이 전적으로 하나님의 주권임을 강조합니다. 그러나 알미니안적 성경 교사들은 인간의 자유로운 의지의 응답 없이 구원은 가능하

지 않다고 가르칩니다.

우리는 누가복음 15장의 세 가지 비유를 전체적으로 살펴보고 난 다음에 구원론에서 하나님의 주권과 인간의 책임 있는 응답은 서로 모순하지 않는다는 것을 이해하게 될 것입니다. 이를 위해 먼저 누가복음 15장의 첫째 비유인 어떤 목자의 양을 찾는 이야기와 둘째 비유인 어떤 여자가 드라크마 하나를 찾고 있는 이야기를 비교하면서 이 두 가지 관점, 곧 구원에서의 하나님의 주권과 인간의 책임 있는 응답의 필요성을 함께 묵상하고자 합니다. 그리고 본문의 결론에서 어떤 여자가 그 잃어버렸던 드라크마 하나를 다시 찾아 기뻐하는 대목에서의 하늘의 기쁨, 특히 하늘 천사의 기쁨을 묵상하고자 합니다.

그렇게 결론을 찾아가기 위해 세 가지 중요한 질문을 던지면서 성찰을 시작하고자 합니다. 부디 이 두 가지 비유가 함께 강조하는 것을 통해서 구원의 보편적 진리에 동의하길 바라고, 동시에 이 두 가지 비유가 다르게 차이를 두는 대목에서 우리의 신학적 지평을 보완하고 넓힐 수 있기를 기대합니다.

드라크마 하나의 상실의 현주소는 무엇인가

첫 번째 비유인 목자와 양의 이야기에서 잃어버린 양 한 마리는 스스로가 잃어버려진 것을 자각했을까요? 물론입니다. 양은 아흔아홉 마리의 동료들을 떠나 들에 가서 방황하다가 날이 어두워지자 당황하며 슬피 울었을지 모릅니다. 이 양의 울음소리는 이 양을 찾아 나선 목자의 귀에도 들렸을 것입니다. 그러면 두 번째 비유인 어떤 여자와 드라크마 은전의 이야기에서 은전은 스스로가 잃어버려진 것을 자각했을까요? 아닙니다. 은전은 은전일 뿐입니다. 스스로 무엇을 자각할 수 있는 주체가 아닙니다. 그냥 여자가 일방적으로, 주권적으로 은전을 찾고 있을 따름입니다.

목자는 양의 이름을 부르며(팔레스타인의 목자들은 양의 이름을 지었다고 함) 들을 헤매었을 것입니다. 목자는 가시에 찢기고 피를 흘리면서 양을 부르고 찾습니다. 그러던 중 어디에선가 익숙한 양의 신음 소리가 들립니다. 마침내 양을 발견했을 때의 목자의 기쁨이 더 컸겠지만, 양의 안도하는 소리와 모습도 우리는 쉽게 상상할 수 있습니다. 이처럼 드라크마를 찾는 여자에게서는 구원 사역에서의 하나님의 일방적 주권을 볼 수 있는 반면, 양을 찾아 나선 목자에게서는 양과 같은 인간의 응답의 필요를 발견합니다.

목자가 양을 찾고 있는 현장은 들이었지만(눅 15:4), 드라크마는 집에서 잃어버려졌습니다(눅 15:8). 우리는 스스로 하나님을 떠나 멀리멀리 광야로 도망갈 수 있습니다. 세 번째 비유인 탕자의 이야기에서 탕자도 먼 나라로 갔다고 했습니다. 그러나 인간의 영적 방황은 먼 나라의 광야에서만 이루어지는 것이 아니라, 집에서도 영적 상실과 영적 방황은 일어나고 있다는 것입니다. 성경은 교회를 하나님의 집이라고 부릅니다. 우리는 어떤 이들이 교회에 출석한다고 해서 쉽게 그들이 하나님의 참 백성이라고 간주해서는 안 됩니다. 교회에 출석하고 예배에도 참여하지만 거듭난 체험과 진정한 신앙 고백이 없는 사람이 부지기수입니다. 누군가를 교회에 초대하는 것은 중요합니다. 적어도 복음을 들을 기회를 갖게 된 것을 의미하기 때문입니다. 그러나 그들이 복음이신 예수 그리스도를 만나 그 안에 거하게 되기까지 아직 그들은 구원받은 것이 아닙니다. 그들이야말로 집에서 잃어버린 은전 같은 영혼들입니다.

본문에서 잃어버린 은전을 찾기 위해 여인은 등불을 켰습니다. 무엇을 의미합니까? 잃어버린 은전은 어둠 속에 있었다는 것입니다. 등불이 비치기까지 어둠 속에 있던 은전은 발견되기 어려웠습니다. 이것이 바로 죄인들의 현주소입니다. 성령이 우리의 어두운 존재를 비치기까지 우리는 우리의 죄인 됨을 깨우칠 수도 없는 존재였습니다. 신학에서는 이런 구원의 사역을 '성령의 조명'(Illumination of the Holy Spirit)이라고 부릅니다. 요한복음 16장 7절에서, 예수께서 이 땅을 떠나실 때 보혜사 성령을 보내겠다고 약속하시면서 그 보혜사 성령이 오시면 죄와 의와 심판에 대하여 세상 사람들을 깨우칠 것이라고 말씀하십니다.

"그가 와서 죄에 대하여, 의에 대하여, 심판에 대하여 세상을 책망하시리라 죄에 대하여라 함은 그들이 나를 믿지 아니함이요"(요 16:8-9).

그렇습니다. 성령의 조명의 사역을 통해서만 우리는 예수 믿지 않고 있었음이 죄악인 것을 깨우칠 수 있습니다. 이웃을 전도하기에 앞서 무엇보다 기도할 것은, 전도 대상자들의 마음속에 성령님의 비추심이 함께하기를 구해야 합니다.

드라크마 하나는 왜 포기될 수 없는 것인가
||||||||||||||||||||||||||||||||||||||||||||||||||||||||||||||||||||||||||||||||

본문 8절에 보면 어떤 여자는 열 개의 드라크마 중에 하나를 잃어버렸습니다.

> "어떤 여자가 열 드라크마가 있는데 하나를 잃으면 등불을 켜고 집을 쓸며 찾아내기까지 부지런히 찾지 아니하겠느냐."

성경학자들은 팔레스타인의 여인들이 예수님 당시 결혼을 하게 될 때 보통 은전 열 개를 신랑에게 선물로 받았다고 지적합니다. 그리고 여인들은 그 열 개의 은전으로 머리 장식이나 목걸이를 만들어 갖고 다니며 결혼의 언약을 상기했다고 합니다. 그러니 그중의 하나를 잃었다는 것은 큰일이 아닐 수 없습니다. 은전의 가치로 하면 하루 일꾼의 품삯이 한 드라크마이므로 열흘의 노동 비용에 해당되는 적지도 많지도 않은 금액이지만, 사랑을 상징하는 것으로 보면 값으로 따질 수 없는 것입니다. 그중에 하나를 잃는 것은 사랑의 훼손이나 상실을 의미하기 때문입니다. 그것은 10분의 1의 상실이 아니라, 10분의 10 전체에 이상이 생긴 것으로 간주되기 때문입니다.

게다가 예수님 당시에 이미 유대 땅에서는 다양한 동전이나 은전들이 사용되었지만, 헬라(그리스) 은전에는 종종 알렉산더나 로마 황제인 아우구스투스의 초상화가 그려져 있어 그 화폐 가치와 상관없이 소중하게 취급되거나 보물처럼 여겨지고 있었다고 합니다. 그중의 하나를 잃었다면 더 큰일인 것입니다. 앞서 목자와 양의 비유에서도 이야기했지만, 인간 실존의 가치는 인간 창조에서 하나님의 형상을 닮은까닭입니다. 그런 의미에서 하나님의 형상에 근거한 인간 존재의 가치를 더 실감 있게 보여 주는 비유는 이 황제의 초상화가 있는 은전의 비유가 될 것입니다. 우리 모두는 만왕의 왕, 만주의 주 되신 하나님의 형상을 따라 지음 받은 존재이기 때문입니다. 그런 우리를 구원하고자하나님의 아들인 예수님이 이 땅에 내려와 십자가에 달려 돌아가신 후보혈을 흘려 그 핏값으로 우리를 사시고, 우리를 당신의 신부로 삼으셨습니다. 포기할 수 없는 당신의 신부를 찾아 우리에게 오신 분, 바로구주 예수 그리스도이십니다.

드라크마 하나의 발견의 기쁨은 무엇인가
||||||||||||||||||||||||||||||||||||||||||||||||||||||||||||||||||||||||

은전의 비유에서 잃어버린 드라크마를 찾고 있는 사람을 '어떤 여자'라고 말하고 있습니다.

> "어떤 여자가 열 드라크마가 있는데 하나를 잃으면 등불을 켜고 집을 쓸며 찾아내기까지 부지런히 찾지 아니하겠느냐"(눅 15:8).

왜 주님은 잃어버린 인생을 찾으시는 당신의 모습을 여성으로 등장시켜 말씀하셨을까요? 어쩌면 인간을 남자와 여자로 창조하신 하나님 마음의 모성성을 이 여인으로 더 잘 표현할 수 있다고 판단하셨을지 모릅니다. 예수님 당시의 여인들은 주로 집에서 일을 하고 있었고, 따라서 집에서 무엇인가를 잃고 찾는 역할은 남성보다 여성에게 더 어울리는 것이었을지 모릅니다.

오래전, 서울에서 택시를 타고 아내와 함께 누군가를 만나러 간 일이 있었습니다. 목적지에 도착해서 택시 요금을 지불하고 거스름돈을 주고받다가 10원짜리 동전 하나가 좌석 밑으로 굴러 들어갔습니다. 저는 대수롭지 않게 여기고 그냥 내리려고 했는데, 아내는 계속 좌석 밑을 뒤지며 찾았습니다. "여보, 그냥 갑시다" 했더니 "안 돼요. 찾아야지요" 합니다. 여기 잃어버린 것을 향한 여인의 무서운 집념을 보고 당황하던 순간 제 머리에 연상된 것이 본문인 누가복음 15장의 은전을 찾는 여인의 사건이었습니다.

본문에서는 잃어버린 대상이 은전이었지만, 만일 이 여인이 자기 자식을 잃었다면 어떻게 행동했을까요? 이사야 49장 15절을 보십시오.

> "여인이 어찌 그 젖 먹는 자식을 잊겠으며 자기 태에서 난 아들을 긍휼히 여기지 않겠느냐 그들은 혹시 잊을지라도 나는 너를 잊지 아니할 것이라."

이것이 바로 잃어버린 영혼들을 향한 하나님의 모성적 사랑이라고 할 수 있을 것입니다. 이제 그 은전을 다시 찾았을 때의 이 여인의 기쁨을 성경은 어떻게 묘사하고 있는지 보십시오. 본문 9절은 목자와 마찬가지로 친구들과 이웃을 불러 축제하는 모습을 그리고 있습니다. 그런데 이어지는 말씀을 보십시오.

> "내가 너희에게 이르노니 이와 같이 죄인 한 사람이 회개하면 하나님의 사자들 앞에 기쁨이 되느니라"(눅 15:10).

하나님의 사자들, 곧 천사들은 누구입니까? 하나님의 보좌 앞에서 하나님의 심부름을 하는 존재들이 아닙니까? 시편 103편 20-21절을 보십시오.

"능력이 있어 여호와의 말씀을 행하며 그의 말씀의 소리를 듣는 여호와의 천사들이여 … 그에게 수종들며 그의 뜻을 행하는 모든 천군이여 여호와를 송축하라."

그렇습니다. 천사들은 하나님의 말씀에 늘 귀를 기울이며 그분의 뜻을 살펴 수종하는 자들입니다. 하나님의 뜻을 누구보다 잘 헤아려 아는 자들입니다. 그들은 하나님이 어떤 일에 가장 기뻐하시는지를 알고 있습니다. 그 일이 무엇일까요? 잃어버린 영혼들이 회개하고 주께로 돌아오는 일입니다. 그래서 잃어버렸던 한 영혼이 돌아올 때 하늘의 천사들은 춤추고 노래하며 기뻐하는 것입니다.

우리가 부르는 찬송 중에 〈우리가 지금은 나그네 되어도〉(새찬송가 508장)라는 찬양이 있습니다. 이 찬송의 작사자인 엘라이저 테일러 카셀(E. T. Cassel)은 본래 의사였습니다. 그는 병원에서 늘 환자들을 마음을 다해 돌볼 뿐 아니라 마음을 다해 전도하던 사람이었습니다. 그는 늘 돈 버는 것보다 전도하는 것이 더 소중하고 기쁜 일이라고 고백하곤 했습니다. 그날도 여러 환자에게 전도하고 집에 와서 감사 기도를 한 그에게 아내가 묻습니다.

"그렇게도 좋아요?"

"그럼, 전도는 천사도 흠모하는 일이 아니겠소?"

남편의 고백을 들은 아내가 찬송 곡으로 만든 것이 바로 이 찬양입니다. 후일 나이 60세를 넘기며 그는 의사 일을 접고 목사로 헌신하게 됩니다. 작은 침례교회의 목사로 헌신하며 이 부부는 이 찬송을 불렀다고 합니다. 그런데 이 교회의 목사로 부임한 지 얼마 안 되어 부인이 교통사고로 세상을 떠나고 맙니다. 그때 누군가가 물었습니다.

"목사 되고 이렇게 부인을 떠나보냈는데 후회되지 않습니까?"

그러자 카셀 목사는 이렇게 말했다고 합니다.

"제 아내는 그리스도의 복음을 전하는 사람 곁에 머문 것이 자신의 최고의 행복이었다고, 변함없이 하늘에서 저를 응원할 거라고 했습니다."

그리고 장례식에서 이 찬송을 함께 불렀다고 합니다.

> 우리가 지금은 나그네 되어도 화려한 천국에 머잖아 가리니
> 이 세상 있을 때 주 예수 위하여 끝까지 힘써 일하세
> 주 내게 부탁하신 일 천사도 흠모하겠네
> 화목케 하라신 구주의 말씀을 온 세상 널리 전하세

기억하십시오! 잃은 영혼들이 회개하고 돌아올 때 천사들의 기쁨의 축제가 시작됩니다.

이웃을 전도하기에 앞서 무엇보다 기도할 것은,
전도 대상자들의 마음속에
성령님의 비추심이 함께하기를 구해야 합니다.

▶

◢◣

▶

"또 이르시되 어떤 사람에게 두 아들이 있는데 그 둘째가 아버지에게 말하되 아버지여 재산 중에서 내게 돌아올 분 깃을 내게 주소서 하는지라 아버지가 그 살림을 각각 나눠 주었더니 그 후 며칠이 안 되어 둘째 아들이 재물을 다 모아 가지고 먼 나라에 가 거기서 허랑방탕하여 그 재산을 낭비하더니 다 없앤 후 그 나라에 크게 흉년이 들어 그가 비로소 궁핍한지라 가서 그 나라 백성 중 한 사람에게 붙여 사니 그가 그를 들로 보내어 돼지를 치게 하였는데 그가 돼지 먹는 쥐엄 열매로 배를 채우고자 하되 주는 자가 없는지라 이에 스스로 돌이켜 이르되 내 아버지에게는 양식이 풍족한 품꾼이 얼마나 많은가 나는 여기서 주려 죽는구나 내가 일어나 아버지께 가서 이르기를 아버지 내가 하늘과 아버지께 죄를 지었사오니 지금부터는 아버지의 아들이라 일컬음을 감당하지 못하겠나이다 나를 품꾼의 하나로 보소서 하리라 하고 이에 일어나서 아버지께로 돌아가니라 아직도 거리가 먼데 아버지가 그를 보고 측은히 여겨 달려가 목을 안고 입을 맞추니 아들이 이르되 아버지 내가 하늘과 아버지께 죄를 지었사오니 지금부터는 아버지의 아들이라 일컬음을 감당하지 못하겠나이다 하나 아버지는 종들에게 이르되 제일 좋은 옷을 내어다가 입히고 손에 가락지를 끼우고 발에 신을 신기라 그리고 살진 송아지를 끌어다가 잡으라 우리가 먹고 즐기자 이 내 아들은 죽었다가 다시 살아났으며 내가 잃었다가 다시 얻었노라 하니 그들이 즐거워하더라"(눅 15:11-24).

13. 어떤 아버지의 기쁨, 부활의 기쁨

새 생명, 새 마음, 새 신을 선물로 받은 우리는
새 옷을 입고 이제 새 인생을 시작합니다.
그래서 이 잔치는 부활의 기쁨으로 가득합니다.

누가복음 15장은 집을 떠나 길을 잃어버리고 방황하는 인생을 찾아오신 하나님을 세 가지 비유로 그리고 있습니다. 그 하나님은 첫 번째 비유에서는 어떤 목자의 모습으로, 두 번째 비유에서는 어떤 여자의 모습으로 그리고 세 번째 비유에서는 어떤 아버지의 모습으로 그려지고 있습니다.

시인 정호승의 시 중에 〈사랑〉이라는 작품이 있습니다.

강가에 초승달 뜬다
연어떼 돌아오는 소리가 들린다
나그네 한 사람이 술에 취해
강가에 엎드려 있다
연어 한 마리가 나그네의 가슴에

뜨겁게 산란을 하고

고요히 숨을 거둔다

이 시에서 연어의 상징은 바로 하나님의 품을 떠난 인생의 그림입니다. 연어는 모천 회귀성 어류입니다. 귀소 본능을 가진 어류로, 언젠가 삶이 다하기 전에 어머니 같은 고향의 강으로 돌아옵니다. 수천, 수만 리를 여행하며 물새, 숭어 떼의 공격을 이겨 내고 그 예민한 후각을 사용해서 마침내 고향으로 돌아오는 것입니다.

저의 고향은 수원입니다. 목회를 시작한 이래로 수원에서 서울로 갔다가, 다시 미국으로 떠나 워싱턴 근교에서 이민 목회를 하다가, 한국으로 돌아와 분당과 수지에서 목회를 하다가, 은퇴를 하면서 다시 고향 수원으로 돌아와 경기대에서 주일마다 설교를 하고 있습니다. 연어처럼 고향으로 돌아온 것입니다.

성경은 우리 믿음의 조상들의 순례 여정을 이렇게 증언합니다.

"그들이 나온바 본향을 생각하였더라면 돌아갈 기회가 있었으려니와 그들이 이제는 더 나은 본향을 사모하니 곧 하늘에 있는 것이라 이러므로 하나님이 그들의 하나님이라 일컬음 받으심을 부끄러워하지 아니하시고 그들을 위하여 한 성을 예비하셨느니라"(히 11:15-16).

우리 인생들의 궁극적 본향은 하늘에 있습니다. 이 하늘은 저 푸른 하늘의 빈 공간을 뜻하는 말이 아닙니다. 유대인들에게 하늘은 하나님과 동의어입니다. 거룩한 하나님의 이름을 함부로 부를 수 없어 하늘이라고 말한 것입니다. 예수님은 우리에게 기도를 가르치며 '하늘에 계신 아버지'라고 부르게 하셨습니다. 그렇다면 본문에서 그려진 하늘 아버지는 어떤 분이십니까?

아버지의 품, 우리의 본향

앞서 이야기한 것처럼, 유대인들은 하나님의 이름이 너무 거룩해서 그 이름을 부르지 않았습니다. 여호와나 엘로힘이라는 이름 대신 아도나이(주인)라고 부르거나 '하늘'이라고 불렀습니다. 본문 21절에 보면 집으로 돌아온 아들이 아버지 앞에 엎드려 이렇게 고백합니다.

> "아들이 이르되 아버지 내가 하늘과 아버지께 죄를 지었사오니 지금부터는 아버지의 아들이라 일컬음을 감당하지 못하겠나이다."

여기 하늘과 아버지가 동의어로 쓰이고 있습니다. 집을 떠난 탕자의 고향은 하늘 아버지의 품이었던 것입니다. "전쟁의 참호 속에는 무신론자가 없다"라는 말이 있습니다. 생존의 위기를 만나면 우리는 하나님 아버지를 찾습니다. 드물게는 어머니나 아버지를 찾기도 하지만,

대부분은 하나님을 찾습니다. 남편이나 아내를 찾는 일도 드뭅니다. 절체절명의 위기 속에서 우리는 하나님 아버지를 찾습니다. 그분이 우리 영혼의 본향, 생명의 근원이시기 때문입니다. 철학적 신학자였던 폴 틸리히(Paul Tillich)는 하나님을 '존재의 근거'(Ground of Being)라고 불렀습니다. 심리학자들은 방황하는 인생들이 절대자를 찾는 현상을 '아버지에 대한 굶주림'(Father Hunger)이라고 불렀습니다. 그분이 우리가 찾고 돌아올 영혼의 고향인 것입니다.

본문에 등장하는 둘째 아들의 비극은 아버지의 품을 떠나는 데서 시작됩니다. 아버지를 떠남이 문제의 근원입니다.

> "그 둘째가 아버지에게 말하되 아버지여 재산 중에서 내게 돌아올 분 깃을 내게 주소서 하는지라 아버지가 그 살림을 각각 나눠 주었더니"(눅 15:12).

그는 일찌감치 독립 선언을 한 것입니다. 더 이상 아버지의 간섭이 없는 자기만의 인생을 살고자 한 것입니다. 우리는 흔히 인생의 단계에서 사춘기의 특성을 독립 선언으로 이해합니다. 이유 없어 보이는 사춘기 자녀들의 반항과 부모에 대한 투정을 '나도 이제 내 인생을 부모로부터 떠나 살겠다'는 독립에의 의지로 이해해야 한다는 것입니다. 그리고 그때부터 정체성의 방황이 시작되는 것입니다. 이제는 부모에게 속한 존재가 아니라 자기 자신에 의한 존재이고 싶어 한다는 것입니다. 그러나 본문의 둘째 아들이 경험한 미래가 곧 그에게 다가옵니다.

"그 후 며칠이 안 되어 둘째 아들이 재물을 다 모아 가지고 먼 나라에 가 거기서 허랑방탕하여 그 재산을 낭비하더니"(눅 15:13).

그 결과 그는 탕자가 된 것입니다. 그리고 그다음 절을 보십시오.

"다 없앤 후 그 나라에 크게 흉년이 들어 그가 비로소 궁핍한지라"
(눅 15:14).

그를 기다린 것은 흉년과 궁핍이었습니다. 모든 것을 잃고 굶주리게 되었습니다. 결국에는 돼지를 치며 돼지의 식량인 쥐엄 열매로 생존하게 됩니다.

"그가 돼지 먹는 쥐엄 열매로 배를 채우고자 하되 주는 자가 없는지라"(눅 15:16).

그가 행사한 자유는 그를 돼지 치는 종으로 만들어 그의 인생을 낭비하게 했습니다. 이것이 탕자의 비극입니다. 그러나 이 비극의 심연에서 깨달은 중요한 진리가 있었습니다.

아버지의 품에 모든 것이 있다

|||||||||||||||||||||||||||||||||||||||||||||||

이제 그의 회개가 시작됩니다.

> "이에 스스로 돌이켜 이르되 내 아버지에게는 양식이 풍족한 품꾼이
> 얼마나 많은가 나는 여기서 주려 죽는구나"(눅 15:17).

'이에 스스로 돌이켜'라는 표현이 영어로 흥미 있게 번역되었습니다. 'He came to himself'라고 되어 있습니다. 자기 자신에게 돌아왔다는 말입니다. 그가 아버지를 떠나면서 자아의 독립 선언을 했지만, 실상은 그동안 자아를 상실하고 살아왔다는 의미입니다. 그런데 아버지에게 돌아올 생각과 함께 그는 자기 자신에게로 돌아온 것입니다. 쉽게 말하면, 제정신이 든 것입니다. 그리고 바른 판단을 하기 시작한 것입니다. 아버지의 상실은 자아의 상실이었고, 자아의 상실은 그로 하여금 아버지와 함께하던 모든 특권을 상실하게 한 것입니다.

그는 아버지께 돌아옴으로 종살이에서 벗어나 자녀의 신분을 회복하게 됩니다. 아들의 신분을 상징하는 가락지를 끼고, 새 신발을 신고, 새 옷을 입고, 새로운 자유를 누리기 시작합니다. 송아지 고기를 먹고 이웃들과 잔치를 즐기는 새 인생을 살기 시작합니다. 그동안 그가 먼 나라에서 그리던 모든 필요가 채워지게 된 것입니다. 그가 사모하고 바라던 모든 것은 저 먼 나라가 아닌 아버지 품에 다 있었던 것을 비

로소 깨닫습니다. 그리고 한순간 지금까지의 인생은 방탕이었음을 깨닫습니다. 본문 13절의 '허랑방탕'이라는 단어는 본래 희랍어 '아소토스'(asotos)에서 나온 말인데, '목적 없는 낭비', '절제 없는 무의미한 낭비'라는 뜻입니다. 그렇게 허랑방탕한 삶을 사는 사람을 탕자(prodigal person)라고 하는 것입니다.

아마 그런 대표적 인생을 산 사람이 어거스틴이었을 것입니다. 그는 열일곱 살에 타가스테라는 도시로 유학을 떠나면서 어머니의 하나님을 떠났습니다. 수사학에 헌신했고, 결혼 관계가 아닌 한 여인과의 관계에서 쾌락을 찾았고, 마니교라는 이단 종교에서 진리를 찾아 10년 이상의 시간을 낭비했고, 마지막으로 플라톤 철학에서 인생의 해답을 찾았습니다. 그러나 그의 인생을 돌이킨 것은 어렸을 적 그가 버린 성경 말씀이었습니다. 끝나지 않는 방황 속에 슬퍼하고 있을 때 들려온 아이들의 노랫소리, "톨레 레게"(Tolle Lege, 집어 읽으라)라는 소리를 듣고 그가 집어 읽은 성경 말씀이 로마서 13장 13-14절이었습니다.

> "낮에와 같이 단정히 행하고 방탕하거나 술 취하지 말며 음란하거나 호색하지 말며 다투거나 시기하지 말고 오직 주 예수 그리스도로 옷 입고 정욕을 위하여 육신의 일을 도모하지 말라."

이 말씀과 함께 거룩한 빛이 그의 마음에 쏟아져 들어왔습니다. 그는 후일 그의 인생 참회록의 결론에서 이렇게 고백합니다.

오, 하나님께서 당신을 향하여 있도록 우리를 지으셨기에 우리 마음은 당신의 품안에서 안식할 때까지 쉴 수 없나이다.

아버지 하나님의 품안에 그가 찾던 모든 것이 있었던 것입니다.

아버지의 품으로 돌아감이 부활 인생의 시작

본문 17절에서 탕자는 자기 자신에게로 돌아왔다고 했습니다. 그리고 동시에 그가 버리고 떠난 아버지 생각을 하기 시작했습니다. 자아의 회복이 아버지와의 관계 회복을 촉진한 것입니다. 그리고 마침내 아버지께로 돌아가기로 결심을 합니다. 아버지를 생각하는 것만으로는 인생이 새로워지지 않습니다. 그는 마침내 아버지께로 돌아가는 행동을 결단합니다.

"내가 일어나 아버지께 가서 이르기를 아버지 내가 하늘과 아버지께 죄를 지었사오니"(눅 15:18).

참된 성경적 회개는 인격적 결단을 동반합니다. 죄에 대한 지적 인정과 정적 뉘우침 그리고 하나님을 향한 의지적 결단이 이루어지기 시작합니다. 그리고 드디어 행동을 시작합니다. 본문 20절이 회개의 행동을 보여 줍니다.

"이에 일어나서 아버지께로 돌아가니라."

그런데 이때 아버지의 반응은 어땠습니까? 이어지는 말씀을 보십시오.

"아직도 거리가 먼데 아버지가 그를 보고 측은히 여겨 달려가 목을 안고 입을 맞추니"(눅 15:20).

성경은 돌아오는 탕자를 먼저 발견한 것은 아버지였다고 기록합니다. 아버지가 먼저 보고, 아버지가 먼저 긍휼의 가슴을 열고 달려와 목을 안고 울며 그의 입을 맞추었다고 기록합니다. 위대한 설교가 찰스 스펄전은 탕자가 한 걸음을 달려올 때 아버지는 열 걸음을 달려왔다고 말합니다.

앞서 누가복음 15장의 세 비유를 이야기하며 '잃어버린 인생을 찾아오시는 하나님의 주권이 우선인가, 아니면 인생의 돌아옴과 하나님을 찾는 노력이 우선인가'라는 물음을 던졌습니다. 그런데 이 둘째 아들, 곧 탕자의 비유에서 이 두 가지, 곧 하나님의 주권과 인간의 책임 있는 응답이 아름답게 조화되는 것을 볼 수 있습니다. 탕자는 아버지께로 돌아옴을 책임 있게 결단합니다. 한편 아버지는 이미 집 떠난 아들을 기도하며 기다리고 있었고, 아들이 집을 향해 발걸음을 옮겨 오자 그는 기다리고 있다가 달려가 그를 안아 줍니다. 완벽한 조화가 아닙니까? 그리고 그 아들이 돌아오자마자 복권의 잔치를 엽니다.

> "아버지는 종들에게 이르되 제일 좋은 옷을 내어다가 입히고 손에 가락지를 끼우고 발에 신을 신기라"(눅 15:22).

반지는 아들의 복권을 선언하는 언약의 표지입니다. 새 옷과 새 신은 이제 그에게 새로운 신분으로 새로운 삶이 시작되었음을 선포하는 것입니다. 이제 아버지의 선언을 들어 보십시오.

> "이 내 아들은 죽었다가 다시 살아났으며 내가 잃었다가 다시 얻었노라 하니 그들이 즐거워하더라"(눅 15:24).

이는 아들의 신분에로의 복권의 잔치인 동시에 부활의 잔치였습니다. 탕자의 인생이 새 피조물로 부활함을 축하하는 잔치였습니다.

정호승 시인의 또 다른 시, 〈연어〉를 소개합니다.

> 바다를 떠나 너의 손을 잡는다
>
> 사람의 손에게 이렇게
>
> 따뜻함을 느껴 본 것이 그 얼마 만인가

거친 폭포를 뛰어넘어

강물을 거슬러 올라가는 고통이 없었다면

나는 단지 한 마리 물고기에 불과했을 것이다

…

이제 나는 너에게 가장 가까이 다가가 산란을 하고

죽음이 기다리는 강으로 간다

…

사랑하기 때문에 죽음은 아름답다

…

저는 이 시에서 십자가를 볼 수 있습니다. 새 생명을 낳고자 십자가의 죽음을 대신 취하신 그분, 예수 그리스도를 보십시오. 그러나 그리스도는 십자가에서 다시 부활함으로 그분이 품은 사람들에게 새 생명의 잔치를 여십니다. 이 잔치는 우리를 하나님의 자녀로 복권시키는 잔치입니다. 새 생명, 새 마음, 새 신을 선물로 받은 우리는 새 옷을 입고 이제 새 인생을 시작합니다. 그래서 이 잔치는 부활의 기쁨으로 가득합니다. 이제 이 잔치의 주인공이 되지 않겠습니까? 지금도 기다리시는 아버지의 품에 당신의 피곤한 인생을 던지십시오!

"맏아들은 밭에 있다가 돌아와 집에 가까이 왔을 때에 풍악과 춤추는 소리를 듣고 한 종을 불러 이 무슨 일인가 물은대 대답하되 당신의 동생이 돌아왔으매 당신의 아버지가 건강한 그를 다시 맞아들이게 됨으로 인하여 살진 송아지를 잡았나이다 하니 그가 노하여 들어가고자 하지 아니하거늘 아버지가 나와서 권한대 아버지께 대답하여 이르되 내가 여러 해 아버지를 섬겨 명을 어김이 없거늘 내게는 염소 새끼라도 주어 나와 내 벗으로 즐기게 하신 일이 없더니 아버지의 살림을 창녀들과 함께 삼켜 버린 이 아들이 돌아오매 이를 위하여 살진 송아지를 잡으셨나이다 아버지가 이르되 얘 너는 항상 나와 함께 있으니 내 것이 다 네 것이로되 이 네 동생은 죽었다가 살아났으며 내가 잃었다가 얻었기로 우리가 즐거워하고 기뻐하는 것이 마땅하다 하니라"(눅 15:25-32).

14. '집탕'도 돌아와야 한다

교회에 나오긴 하지만 더 이상 하나님의 임재가,
예수님의 이름이 감동이 못 되고 있다면
당신은 집 안의 탕자일지 모릅니다.

계속해서 누가복음 15장의 비유를 살펴보고 있습니다. 앞선 장에서 아버지에게 자신의 분깃을 미리 받고 집을 나간 둘째 아들이 드디어 돌아왔습니다. 아버지는 너무 기뻐하며 친구들과 동네 이웃들을 초청해서 잔치를 엽니다. 그리고 이 둘째 아들이 죽었다가 다시 살았고, 잃었다가 다시 얻은 아들이라고 선포합니다. 그런데 누가복음 15장에는 세 가지 비유에 이어서 네 번째 비유가 등장합니다. 우리는 이 비유를 '맏아들의 비유' 혹은 '집 안의 탕자(집탕) 비유'라고 부릅니다.

탕자는 영어로 'prodigal son'이라 하는데, 앞 장에서 살펴본 것처럼 희랍어 원어로는 '아소토스', 곧 '목적 없는 낭비', '절제 없는 무의미한 낭비'라는 뜻을 지닙니다. 누가복음의 둘째 아들은 자기 몫의 재산을 아버지에게 빨리 달라고 재촉한 뒤 먼 나라로 가서 그 재산을 낭비한 것입니다. 재산만 낭비한 것이 아니라 시간도 낭비하고, 꿈도 낭비하고, 인생의 목적도 낭비하고 방황하다가 남의 종이 되는 신세로 전락한 것입니다. 그래서 이 둘째 아들에게 탕자라는 별명이 주어진 것입니다. 그런데 이 둘째 아들만 자기의 소유를 낭비하고 있었을까요? 성경학자들은 이 둘째 아들의 형인 맏아들에게도 '집 안의 탕자'라는 별명을 붙여 주었습니다. 동생 못지않게 그도 인생을 낭비하고 있었던 것입니다. 맏아들에 해당하는 또 한 무리의 정체가 누가복음 15장 1-2절에 기록되고 있습니다.

> "모든 세리와 죄인들이 말씀을 들으러 가까이 나아오니 바리새인과 서기관들이 수군거려 이르되 이 사람이 죄인을 영접하고 음식을 같이 먹는다 하더라."

그리고 이어지는 말씀에 "예수께서 그들에게 이 비유로 이르시되"(눅 15:3)라고 기록합니다. 무슨 비유입니까? 앞서 살펴본 세 가지 비유입니다. 그렇다면 여기에 추가된 네 번째 비유, 곧 집 나간 아들이 돌아와 아버지가 너무 기뻐 잔치를 열었는데 함께 기뻐하지 못하고 동생에 대해 불평하고 있던 맏아들의 이야기는 누구의 비유겠습니까? 예수님 당시에 대표적인 종교인이었던 바리새인과 서기관들의 이야기였습니다. 여기 그들을 위해 추가된 네 번째 비유가 바로 이 맏아들의 비유입니다. 그러면 우리는 물어야 합니다. 그들은 왜 '집 안의 탕자'가 되었을까요?

아버지의 마음에서 멀어졌다

||||||||||||||||||||||||||||||||||||||||||||||

성경학자들이 이 맏아들 또한 탕자라고 말하는 이유가 무엇입니까? 아버지의 마음을 헤아리지 못했기 때문입니다. 둘째 아들이 아버지에게 돌아올 때 성경은 "아직도 거리가 먼데"(눅 15:20)라고 기록합니다. 그렇다면 맏아들은 어땠을까요? 아버지와의 마음의 거리가 가까웠을까요? 아닙니다. 아버지의 마음을 전혀 헤아리지 못했습니다. 둘째 아들이 집을 나가 방황하고 있을 때 아파하던 아버지의 슬픈 마음을 헤아리지 못했습니다. 그 아들이 돌아와 기뻐하며 잔치를 열던 아버지의 기쁜 마음도 헤아리지 못했습니다. 오히려 그동안 속 썩이지 않고 충성한 자신에게는 염소 새끼 한 마리도 잡아 잔치해 준 일이 없다고만 불평합니다. 그러면서 이렇게 말합니다.

"아버지의 살림을 창녀들과 함께 삼켜 버린 이 아들이 돌아오매 이를 위하여 살진 송아지를 잡으셨나이다"(눅 15:30).

죽은 줄 알았던 자기 동생이 살아 돌아와 잔치를 연 아버지의 마음을 전혀 헤아리지 못한 것입니다. 그렇다면 둘째 아들이나 큰아들이나 아버지와의 마음의 거리가 멀었다는 것은 동일한 상태가 아닐까요?

성도들의 정상적인 신앙생활의 목표가 무엇일까요? 지나간 시대의 우리 신앙 선배들의 목표는 '하나님과의 친밀성'(Intimacy with God)

이었습니다. 17세기에 한 성도가 하나님과 가까워지는 삶을 사모하며 파리 근교에 위치한 수도원에 들어갔습니다. 그곳에서 그에게 주어진 업무는 수도원 주방에서 일하는 것이었습니다. 24시간 열심히 기도해도 하나님에게 가까이 갈 수 있을지 없을지 모르겠는데, 부엌에서 그릇이나 닦으면서 어떻게 하나님에게 가까이 갈 수 있겠느냐며 불평이 더 많아졌습니다. 그러던 어느 날, 그는 자기가 사랑하는 주님의 음성을 듣게 됩니다.

"아들아, 그 일은 내가 널 너무나 사랑해서 맡긴 거란다."

한순간 그는 숙연해졌습니다.

'주님이 나를 사랑해서 이 일을 맡기셨다니….'

이후로 그는 자신이 하는 일이 즐거워지기 시작했습니다. 그릇을 닦고 청소를 하면서도 주님과 대화하게 되었고, 그러면서 주방에 가득한 주님의 임재를 체험하게 되었습니다. 그 체험을 기록한 책이 로렌스 형제(Br. Lawrence)의 《하나님의 임재 연습》입니다.

우리가 누군가와 사랑에 빠지면 어떤 일이 생깁니까? 그 사람과 시간을 보내고 싶고, 그 사람과 끝없이 대화하고 싶어집니다. 말하다가 웃기도 하고 울기도 합니다. 최근 하나님과의 대화가 너무 갈망되어 기도하다가 가슴이 벅차오른 적이 있습니까? "구주를 생각만 해도 이렇게 좋거든 주 얼굴 뵈올 때에야 얼마나 좋으랴"(새찬송가 85장, 〈구주를 생각만 해도〉)라는 찬송가가 생각납니까? 교회에 나오긴 하지만 더 이상 하나님의 임재가, 예수님의 이름이 감동이 못 되고 있다면 당신은 집

안의 탕자일지 모릅니다.

형제 의식을 상실했다
||||||||||||||||||||||||||||||||

본문에서 맏아들이 불평하는 이유는, 집을 떠나 먼 나라에 가서 고생하던 이가 자기의 동생이라는 것을 망각한 것입니다. 본문에서 그가 자기 동생에 대해 사용하는 호칭을 상기해 보십시오.

> "아버지의 살림을 창녀들과 함께 삼켜 버린 이 아들"(눅 15:30).

원문에는 '당신의 아들'(your son)로 되어 있습니다. 그가 아버지의 아들일지는 몰라도 더 이상 자신의 동생일 수는 없다고 생각한 것입니다. 그래서 '아버지의 살림(재산)을 창녀들에게 다 낭비한 당신의 못된 아들'이라고 한 것입니다. 그런데 아버지는 이 아들에 대해 어떤 호칭을 사용합니까?

> "이 네 동생은 죽었다가 살아났으며 내가 잃었다가 얻었기로 우리가 즐거워하고 기뻐하는 것이 마땅하다 하니라"(눅 15:32).

'네 동생'이라는 것입니다. 그런데 이 맏아들에게는 그런 동생 의식

혹은 형제 의식이 결여되어 있었습니다. 아버지는 비록 그가 가정의 재산을 탕진하고 떠났던 범죄자라 할지라도 여전히 네 동생, 네 형제가 아니냐는 것입니다.

오늘날 선교학자들은, 그리스도인들이 다른 나라 사람들에게 복음 선교의 사명을 다하기 위해서는 단순히 그들을 이방인 취급만 하지 말고, 그들도 복음을 듣고 예수님을 영접하면 우리처럼 하나님을 아버지로 부르는 형제가 된다는 것을 생각해야 한다고 말합니다. 이것을 '가능성의 형제 의식'(potential Brotherhood)이라고 부릅니다. 그리스도인들이 교만한 바리새인 의식에 빠지는 이유가 바로 이것입니다. 자신만 하나님이 선택하신 백성, 주의 자녀이고 이방인들은 사탄의 백성이라고 생각하는 것입니다. 디모데전서 2장 4절의 말씀을 기억하십시오.

"하나님은 모든 사람이 구원을 받으며 진리를 아는 데에 이르기를 원하시느니라."

하물며 한때 같은 집에 머물며 함께 한 아버지 하나님을 예배하고 섬기던 형제인데 그를 더 이상 형제로 여기지 않는다는 것이 바른 생각입니까? 바른 판단입니까? 바른 태도입니까? 오늘날 형제 의식을 상실한 수많은 교인 때문에 교회의 분위기가 어둡고 무겁고 아프지 않습니까? 집을 나간 형제들, 곧 돌탕들의 회개도 필요하지만, 집 안에 있으면서 형제 의식을 상실한 집탕들의 회개는 더욱 필요하지 않겠습니까?

자기 의에 빠졌다
|||||||||||||||||||||||||||||

맏아들의 아버지를 향한 항변에서 우리는 그의 의식을 지배하던 것이 '자기 의'라는 것을 알 수 있습니다.

> "아버지께 대답하여 이르되 내가 여러 해 아버지를 섬겨 명을 어김이 없거늘"(눅 15:29).

무슨 말입니까? 동생이 잘못이지 자신은 잘못이 없다는 것입니다. 앞서 누가복음 15장의 세 개의 비유와 맏아들의 비유를 말씀하신 이유가 당시의 바리새인들 때문이라고 이야기했습니다. 이것을 예수님은 누가복음 18장 9-10절에서 더욱 명확하게 말씀하십니다.

> "또 자기를 의롭다고 믿고 다른 사람을 멸시하는 자들에게 이 비유로 말씀하시되 두 사람이 기도하러 성전에 올라가니 하나는 바리새인이요 하나는 세리라."

예수님은 바리새인들을 지칭해서 '자기를 의롭다고 믿고 다른 사람을 멸시하는 자들'이라고 말씀하십니다. 이런 바리새인들의 자기 의는 그들의 기도에서 더 분명하게 드러나고 있습니다.

"바리새인은 서서 따로 기도하여 이르되 하나님이여 나는 다른 사람들 곧 토색, 불의, 간음을 하는 자들과 같지 아니하고 이 세리와도 같지 아니함을 감사하나이다"(눅 18:11).

나는 다르다는 의식, 이것이 바로 자기 의입니다. 이런 사람일수록 자신을 돌아보는 회개는 없고 늘 형제들을 비판하고 정죄합니다. 이사야 선지자는 이렇게 말합니다.

"무릇 우리는 다 부정한 자 같아서 우리의 의는 다 더러운 옷 같으며"(사 64:6).

여기 더러운 옷은 원문에 '더러운 걸레'라는 의미입니다. 인간들의 의가 다 더러운 걸레에 지나지 않는다는 것입니다. 이런 인간의 주관적 정의를 극복하려면 하나님과의 사랑에 빠져야 합니다. 그때 우리는 이웃을 불쌍히 여기고 세우는 진정한 하나님의 의에 사로잡히게 됩니다. 십자가는 하나님의 의와 사랑이 만난 곳입니다. 이를 잊어버린 채 형제를 향한 사랑을 망각하고 정의만을 주장할 때, 우리는 집 안의 탕자가 되는 것입니다.

가까이 지내는 미국 목사님에게 들은 이야기입니다. 평범하지만 저에게 깊은 감동을 주었습니다. 목사님이 아침에 친구 두 사람을 초대해 한 식당을 방문했습니다. 그런데 그날따라 웨이트리스가 신경질적으로 손님들을 대하고 말을 거칠게 해 기분이 상한 그는 매니저를 불러 따질 생각을 했습니다. 따져서 이런 식의 무례는 고쳐 주는 것이 정의라고 생각했습니다. 그런데 갑자기 기도는 하고 따져야겠다는 마음이 들어 속으로 기도하며, '하나님, 저 여인이 왜 그럴까요? 항의하고 고쳐 주는 것이 옳겠지요?' 했는데 아무 대답이 없으셔서 다시 기도를 했습니다. '하나님, 혹시 저 여인에게 그럴 만한 무슨 사정이라도 있는 걸까요?' 그때 갑자기 '그래, 사정이 있다'라는 소리가 들려왔습니다.

무슨 사정인지 모르지만 이해해야지 하고 마음을 가라앉힌 채 식사를 마쳤습니다. 나오면서 이런 식의 불쾌한 대접을 받았으니 팁은 3달러면 족하다고 생각해서 놓고 나오려는데 성령님이 적다고 하셨습니다. 목사님은 4달러인지, 5달러인지를 여쭸는데도 응답이 없자 10달러인지를 여쭸는데 성령께서 'Oh, Yes' 하시더랍니다. 식당 출구로 걸어가는데 갑자기 그 여인이 10달러를 들고 따라오더니 "이거 팁이 아니지요?"라고 물었습니다. 목사님이 "팁이 맞는데요? 자매님이 힘든 일이 있어 보여 격려해 드리고자 팁을 조금 더 놓았습니다"라고 하자 그녀는 눈물을 흘리며 이렇게 말했습니다.

"손님들, 죄송합니다. 제 서비스가 무례했지요? 사실은 어젯밤 제 남편이 저를 버리고 떠났답니다."

그러자 목사님은 "아, 그랬군요. 저는 사실 교회 목사인데 지금 자매님을 위해 기도해도 좋을까요?"라고 묻고는 기도하기 시작했습니다.

"오, 하나님, 세상 모든 사람이 버려도 결코 이 자매를 버리지 않으시는 주님, 이 자매를 위해 십자가에 대신 달리고 피 흘려 죽은 후 새 삶을 주고자 부활하신 주님, 이 자매가 그 주님을 만나 다시 인생을 시 작하게 도와주십시오."

목사님이 기도를 마치면서 물었다고 합니다.

"자매님, 예수님을 아세요?"

"잘 몰라요."

"알고 싶으신가요?"

목사님은 간단하게 복음을 전하고 영접 기도를 통해 그녀를 주님 에게로 인도했다고 합니다. 이 목사님이 그 자매의 서비스가 얼마나 엉망이고 잘못되었는가를 정의롭게 꾸짖는 것과 단순한 기도와 사랑 으로 주께 인도하는 것, 어느 것이 더 나은 선택이었을까요? 당신이 만 일 '돌탕'이라면 늦기 전에 주께로 돌아오십시오. 만일 '집탕'이라면 당 신도 주께 돌아와야 합니다. 너무 늦기 전에 말입니다.

인간의 주관적 정의를 극복하려면
하나님과의 사랑에 빠져야 합니다.
그때 우리는 이웃을 불쌍히 여기고 세우는
진정한 하나님의 의에 사로잡히게 됩니다.

▶
◀
▶

"한 부자가 있어 자색 옷과 고운 베옷을 입고 날마다 호화롭게 즐기더라 그런데 나사로라 이름하는 한 거지가 헌데 투성이로 그의 대문 앞에 버려진 채 그 부자의 상에서 떨어지는 것으로 배불리려 하매 심지어 개들이 와서 그 헌데를 핥더라 이에 그 거지가 죽어 천사들에게 받들려 아브라함의 품에 들어가고 부자도 죽어 장사되매 그가 음부에서 고통 중에 눈을 들어 멀리 아브라함과 그의 품에 있는 나사로를 보고 불러 이르되 아버지 아브라함이여 나를 긍휼히 여기사 나사로를 보내어 그 손가락 끝에 물을 찍어 내 혀를 서늘하게 하소서 내가 이 불꽃 가운데서 괴로워하나이다 아브라함이 이르되 얘 너는 살았을 때에 좋은 것을 받았고 나사로는 고난을 받았으니 이것을 기억하라 이제 그는 여기서 위로를 받고 너는 괴로움을 받느니라 그뿐 아니라 너희와 우리 사이에 큰 구렁텅이가 놓여 있어 여기서 너희에게 건너가고자 하되 갈 수 없고 거기서 우리에게 건너올 수도 없게 하였느니라 이르되 그러면 아버지여 구하노니 나사로를 내 아버지의 집에 보내소서 내 형제 다섯이 있으니 그들에게 증언하게 하여 그들로 이 고통 받는 곳에 오지 않게 하소서 아브라함이 이르되 그들에게 모세와 선지자들이 있으니 그들에게 들을지니라 이르되 그렇지 아니하니이다 아버지 아브라함이여 만일 죽은 자에게서 그들에게 가는 자가 있으면 회개하리이다 이르되 모세와 선지자들에게 듣지 아니하면 비록 죽은 자 가운데서 살아나는 자가 있을지라도 권함을 받지 아니하리라 하였다 하시니라"(눅 16:19-31).

15. 천국과 지옥 사이에서

지옥으로 가던 길에서 돌이켜
천국으로 인생의 방향을 바꾸십시오.
그것이 회개입니다.

〈나 같은 죄인 살리신〉(새찬송가 305장)의 작사자인 존 뉴턴(John Newton)
은 임종 직전에 이런 말을 남겼습니다.

> 내가 천국에 들어갈 때 세 가지 경이로운 사실을 발견하게 될 것이다.
> 첫째는, 내가 예상하지 못했던 사람들을 천국에서 만나게 될 일, 둘째
> 는, 내가 예상했던 사람들을 거기서 발견하지 못할 일 그리고 셋째는,
> 나 자신이 그곳에 있다는 사실을 알고 놀라워할 것이다.

천국과 지옥은 성경이 가르치는 엄숙한 주제입니다. 그럼에도 이
주제는 현대의 강단에서 사라진 지 오래입니다. 아주 가끔 코미디언들
의 농담에서 이 주제를 들을 뿐입니다. 그러나 지나간 교회사를 읽어
보면, 하나님께서 사람들의 마음속에 놀라운 영적 각성을 일으켜 주실

때 이 주제가 사용되곤 했습니다. 미국에서 18세기 영적 대각성의 주인공으로 쓰임 받은 조나단 에드워즈(Jonathan Edwards)의 유명한 설교는 '진노한 하나님의 손에 붙들린 죄인들'이라는 제목으로 증언된 지옥에 대한 메시지였습니다.

그럼에도 불구하고 오늘날 천국과 지옥에 대한 설교가 사라진 이유는 무엇일까요? 지옥을 주제로 설교하는 것은 긍정적이지 않기 때문에, 혹은 그런 주제의 설교는 우리 시대의 사람들이 좋아하지 않기 때문에, 혹은 철 지난 무식한 전도자들의 '예수 천당 불신 지옥'을 연상시키는 설교이기 때문이라는 이유들이 있을 듯합니다. 그럼에도 불구하고 저는 이 무식한 옛 시대의 설교를 하려고 합니다. 그 이유는, 성경이 이 주제를 간과하지 않고 증거하기 때문입니다.

본문 '부자와 나사로의 이야기'가 그 대표적인 주제입니다. 적지 않은 학자들은 본문을 비유로 생각합니다. 그럴 수도 있습니다. 그러나 본문 19절은 "한 부자가 있어"라는 사건의 서술 형식으로 말씀을 시작합니다. 예수님도 본문의 이야기를 비유라고 언급하지 않으셨음을 기억하십시오. 어쩌면 이 이야기는 실제로 일어난 역사적 사실일 수도 있습니다. 그렇다면 본문이 증거하는 가장 중요한 주제인 아브라함의 품(천국)과 음부(지옥)는 어떤 곳일까요?

죽은 후에 즉시로 가는 곳

이 말씀은 소위 인터벌(interval)의 신학을 허용하지 않습니다. 우리가 죽은 후에 한참 있다가 우리의 운명이 결정되는 것이 아니라는 것입니다.

> "이에 그 거지가 죽어 천사들에게 받들려 아브라함의 품에 들어가고 부자도 죽어 장사되매 그가 음부에서 고통 중에 눈을 들어 멀리 아브라함과 그의 품에 있는 나사로를 보고"(눅 16:22-23).

거지도, 부자도 죽었습니다. 아마 한날에 죽었을지도 모릅니다. 아니라면 거의 같은 때에 두 사람이 세상을 떠난 것입니다. 거지에게 죽음은 해방이었을 것입니다. 삶의 무거운 고통에서, 물질적 가난에서 그리고 무엇보다 비인격적 삶의 절망에서 해방되는 순간이었을 것입니다. 그러나 부자는 얼마나 죽기 힘들었을까요? 본문 19절에 보면 그는 자색 옷과 고운 베옷을 입고 날마다 호화롭게 즐기는 삶을 살았다고 했습니다. 자색 옷은 왕족이 입는 옷이었습니다. 우리는 1년에 며칠씩 명절을 즐기지만 이 부자는 매일을 명절처럼 살았습니다. 그는 정말 죽기 싫었을 것입니다. 그러나 죽음은 사람을 차별하지 않습니다.

본문은 거지가 아브라함의 품에 들어갔다고 말씀합니다. 우리는 마태복음 8장 11절에서 아브라함이 간 곳이 천국임을 알 수 있습니다.

> "또 너희에게 이르노니 동서로부터 많은 사람이 이르러 아브라함과
> 이삭과 야곱과 함께 천국에 앉으려니와."

아브라함의 품이 있는 곳은 궁극적으로 천국입니다. 부자가 간 곳은 음부라고 말합니다. 음부는 원문에 '하데스'(hades)로 불리는 곳, 곧 어두운 고통의 장소, 지옥으로 번역되기도 합니다. 천사는 거지 나사로의 영혼을 받들어 믿음의 조상, 아브라함이 있는 천국으로 인도합니다. 그리고 부자의 영혼은 음부, 혹은 지옥으로 인도됩니다. 죽음의 순간, 그들의 운명은 즉각적으로 달라졌습니다. 천국과 지옥은 죽은 후에 인생이 즉각적으로 가는 곳입니다.

두 세계는 정반대의 대조적인 곳
||||||||||||||||||||||||||||||||||||||||||||||||||||||

> "아브라함이 이르되 얘 너는 살았을 때에 좋은 것을 받았고 나사로는
> 고난을 받았으니 이것을 기억하라 이제 그는 여기서 위로를 받고 너
> 는 괴로움을 받느니라"(눅 16:25).

여기 '위로'와 '괴로움'(고통)이라는 정반대의 상태가 등장합니다.

천국은 위로의 장소입니다. 그러나 지옥은 괴로움의 장소, 고통의 장소입니다. 성도들이 천국에 도달해서 경험할 첫째 사건은 위로입니다. 요한계시록 21장 4절의 증언을 들어 보십시오.

"모든 눈물을 그 눈에서 닦아 주시니 다시는 사망이 없고 애통하는 것이나 곡하는 것이나 아픈 것이 다시 있지 아니하리니 처음 것들이 다 지나갔음이러라."

그러나 성경에서 지옥이 묘사될 때는 불꽃과 어두움 그리고 진노라는 단어가 등장합니다. 지옥은 어떤 곳입니까? 심판의 불이 타고 있는 곳입니다. 그럼에도 빛을 볼 수 없는 어두움의 지배를 받습니다. 그리고 하나님의 진노가 끝이 없는 곳입니다. 이사야 33장 14절의 경고의 말씀을 경청하십시오.

"시온의 죄인들이 두려워하며 경건하지 아니한 자들이 떨며 이르기를 우리 중에 누가 삼키는 불과 함께 거하겠으며 우리 중에 누가 영영히 타는 것과 함께 거하리요."

요한계시록 14장 10절의 말씀도 들어 보십시오.

"그도 하나님의 진노의 포도주를 마시리니 그 진노의 잔에 섞인 것이 없이 부은 포도주라 거룩한 천사들 앞과 어린양 앞에서 불과 유황으로 고난을 받으리니."

두 세계는 대조적인 곳입니다. 한 사람은 의식적으로 위로를 경험하고, 한 사람은 살아 있는 의식으로 고통을 경험합니다. 오죽하면 지옥에 간 부자가 "나를 긍휼히 여기사 나사로를 보내어 그 손가락 끝에 물을 찍어 내 혀를 서늘하게 하소서"(눅 16:24)라고 했겠습니까! 두 사람의 운명이 역전된 것입니다.

거지가 죽었을 때 그의 주변에는 장사를 지내 줄 사람도 없었을 것입니다. 아마도 나사로의 시체는 도시의 청소부들에 의해 힌놈의 골짜기(예루살렘 동남쪽에 위치한 곳으로서 우상 신들에게 아이를 불태워 바치거나 쓰레기 소각 처리장으로 사용되어 항상 불꽃이 타오르고 있던 곳)에 던져졌을 것입니다. 이곳은 지상의 지옥이었습니다. 하지만 그의 영혼은 하늘의 아브라함의 품에서 깨어납니다. 반면 부자가 죽었을 때는 아마도 최근에 없었던 가장 성대하고 화려한 장례식이 열렸을 것입니다. 장례식 조문은 인산인해였을 것입니다. 그러나 그의 영혼은 잠시 후 무서운 불꽃과 귀신들이 춤추는 지옥에서 깨어납니다. 이 두 개의 대조적인 세계에서 이 두 사람은 영원한 운명을 달리한 것입니다.

두 세계는 서로 왕래할 수 없는 곳

|||||||||||||||||||||||||||||||||||||||||||||||||||||||

"그뿐 아니라 너희와 우리 사이에 큰 구렁텅이가 놓여 있어 여기서 너
희에게 건너가고자 하되 갈 수 없고 거기서 우리에게 건너올 수도 없
게 하였느니라"(눅 16:26).

무슨 말입니까? 죽은 후에는 다시 구원의 기회가 없다는 것입니다.
가톨릭에서는 죽은 자들을 위한 기도를 가르치며 그런 기도가 연옥에
서 천국으로 영혼을 구원한다고 말합니다. 그러나 이런 교리는 성경의
지지를 받지 못합니다. 죽은 후에는 다시 구원의 기회가 없습니다. 모
든 것은 이 세상에서 우리 믿음의 선택으로 결정됩니다. 히브리서 9장
27절의 말씀을 보십시오.

"한 번 죽는 것은 사람에게 정해진 것이요 그 후에는 심판이 있으리니."

그렇다면 여기서 물어야 할 중요한 질문이 있습니다. 그것은 본문
에 소개된 이 부자가 지옥에 간 이유가 무엇이냐는 것입니다. 부자이
기 때문에 간 것일까요? 그것은 아닙니다. 본문은 부자가 지옥에 간 원
인을 후반부에서 분명하게 제시합니다. 본문 27절에서 부자는 나사로
를 자기 집에 보내어 자기 형제들만은 고통 받는 이 음부에 오지 않게
해 달라고 호소합니다. 이어서 이렇게 말합니다.

"이르되 그렇지 아니하니이다 아버지 아브라함이여 만일 죽은 자에게서 그들에게 가는 자가 있으면 회개하리이다"(눅 16:30).

그렇습니다. 부자는 너무 늦게 깨달았습니다. 회개가 천국과 지옥을 결정한다는 것을 말입니다. 회개의 정의가 무엇입니까? 하나님을 향해서 삶의 방향을 돌이키는 것입니다. 가만있으면 죄인인 인생은 모두 하나님의 심판과 지옥을 피할 수 없습니다. 제가 본 전도지 중에 이런 것이 있었습니다. 앞 장에 "당신은 지옥에 가기 위해 무엇을 해야 하는가?"라는 질문과 함께 '후면을 보라'는 안내가 있었습니다. 후면을 보았더니 "당신이 할 일은 아무것도 없다"라고 쓰여 있었습니다. 가만있으면 지옥에 간다는 것입니다. 그래서 지옥으로 가는 삶의 길에서 돌이켜야 한다는 것입니다. 본문의 아브라함은 그렇게 하도록 가르치는 하나님이 주신 선물이 있다고 말합니다.

"아브라함이 이르되 그들[살아 있는 부자의 형제들]에게 모세와 선지자들이 있으니 그들에게 들을지니라"(눅 16:29).

무슨 말입니까? 모세와 선지자들에 의해 쓰인 성경 말씀을 따라 회개하고 믿으면 된다는 것입니다. 그것(성경의 증언)은 죽은 사람이 살아나서 증거하는 것보다 더 확실한 구원의 길이라는 것입니다.

그러면 우리는 다시 물어야 합니다. 거지 나사로는 어떻게 천국에 가서 아브라함의 품에 안길 수 있었을까요? 그가 가난했기 때문에 천국에 간 것은 아닙니다. 우리는 그의 이름에 담긴 비밀을 놓쳐서는 안 됩니다. 우선 본문의 나사로는 예수님이 부활의 은혜를 주셨던 그 나사로가 아닙니다. 그러나 동일한 이름을 가졌습니다. 아마도 그의 부모에 의해 이름이 주어졌을 것입니다. 그리고 본문에 성령님은 그의 이름을 기록하십니다. 나사로라고 말입니다!

나사로는 히브리어 '엘아자르'(Elazar)에서 유래한 말로, '하나님은 돕는 자이시다'(God is a helper)라는 의미입니다. 그렇다면 그의 이름이 불릴 때마다 그는 하나님을 생각하고 하나님을 의지하지 않았겠습니까? 비록 그는 거지같은 인생을 살았지만, 성경이 증거한 하나님을 의지하고 믿은 것입니다. 바로 이 믿음이 그를 구원한 것입니다. 그리고 그의 이름이 하나님에 의해 기억된 것입니다. 부자는 세상에서 당당한 삶을 살았겠지만 성경에는 그의 이름이 없습니다. 하나님이 기억하시지 못한 인생이 된 것입니다. 성경은 주님에 의해 기억되고 구원받은 사람들을 가리켜 하늘나라 생명책에 기록된 사람들이라고 말합니다.

요한계시록 20장 15절이 증언하는 엄청난 인류의 운명이 무엇입니까?

"누구든지 생명책에 기록되지 못한 자는 불 못에 던져지더라."

하나님은 두 권의 책을 갖고 계십니다. 하나는 사망의 책이고, 하나는 생명의 책입니다. 우리가 어느 날 우리의 죄인 됨을 깨닫고 돌이켜 회개하고 우리 죄를 십자가에서 담당하사 우리 대신 심판을 받고 부활하여 생명의 주가 되신 예수 그리스도를 우리의 주로 믿으면, 그 순간 사망의 책에서 우리 이름은 지워지고 예수님의 생명책에 하나님의 자녀로 그 이름이 기록되는 것입니다. 요한복음 5장 24절에서 예수님은 이렇게 약속하십니다.

> "내가 진실로 진실로 너희에게 이르노니 내 말을 듣고 또 나 보내신 이를 믿는 자는 영생을 얻었고 심판에 이르지 아니하나니 사망에서 생명으로 옮겼느니라."

이 약속의 말씀을 믿고 예수 그리스도를 구원의 주로 의지하지 않겠습니까? 언제까지 사망과 생명 사이에서 방황하겠습니까? 언제까지 지옥과 천국 사이에서 방황하겠습니까? 지금이 바로 천국과 지옥 사이에서 영원한 운명을 결단할 시간입니다.

성경은 "보라 지금은 은혜 받을 만한 때요 보라 지금은 구원의 날이로다"(고후 6:2)라고 말씀합니다. 지금 걸어가고 있는 불신의 길, 멸망의 길에서 돌이켜 하나님에게로 나아와 구원의 길 되신 예수 그리스도를 당신의 구주와 주님으로 믿으십시오. 바로 지금 말입니다. 지옥으로 가던 길에서 돌이켜 천국으로 인생의 방향을 바꾸십시오. 그것이 회개입니다. 그리고 천국 길의 인도자이신 예수 그리스도를 믿고 따르십시오. 그분은 친히 "내가 곧 길이요 … 나로 말미암지 않고는 아버지께로 올 자가 없느니라"(요 14:6)라고 말씀하십니다.

"예수께서 제자들에게 이르시되 실족하게 하는 것이 없을 수는 없으나 그렇게 하게 하는 자에게는 화로다 그가 이 작은 자 중의 하나를 실족하게 할진대 차라리 연자 맷돌이 그 목에 매여 바다에 던져지는 것이 나으리라 너희는 스스로 조심하라 만일 네 형제가 죄를 범하거든 경고하고 회개하거든 용서하라 만일 하루에 일곱 번이라도 네게 죄를 짓고 일곱 번 네게 돌아와 내가 회개하노라 하거든 너는 용서하라 하시더라 사도들이 주께 여짜오되 우리에게 믿음을 더 하소서 하니 주께서 이르시되 너희에게 겨자씨 한 알만 한 믿음이 있었더라면 이 뽕나무더러 뿌리가 뽑혀 바다에 심기어라 하였을 것이요 그것이 너희에게 순종하였으리라 너희 중 누구에게 밭을 갈거나 양을 치거나 하는 종이 있어 밭에서 돌아오면 그더러 곧 와 앉아서 먹으라 말할 자가 있느냐 도리어 그더러 내 먹을 것을 준비하고 띠를 띠고 내가 먹고 마시는 동안에 수종들고 너는 그 후에 먹고 마시라 하지 않겠느냐 명한 대로 하였다고 종에게 감사하겠느냐 이와 같이 너희도 명령받은 것을 다 행한 후에 이르기를 우리는 무익한 종이라 우리가 하여야 할 일을 한 것뿐이라 할지니라"(눅 17:1-10).

16. 제자들의 작지만 큰 책임

우리는 우리의 믿음이 작은 것을
인정하고 고백해야 합니다.
하지만 겨자씨 한 알만 한 작은 믿음으로
주님을 신뢰하는 것은 여전히 중요합니다.

우리는 모두 작은 나라에서 태어나고 자랐습니다. 그래서인지 우리는 작은 것들에 대한 열등감을 갖고 있고, 유난히도 큰 것을 좋아하는 경향이 있습니다. 우리나라의 최고 학부는 대학교입니다. 우리나라의 최고 책임자는 대통령이고, 우리나라가 임명하는 외교관은 대사이며, 그들이 거주하는 곳은 대사관이라고 합니다. 한강에 걸쳐 있는 다리도 모두 대교이고(한강대교, 영동대교, 잠실대교, 성수대교 등), 강남의 대표적 길도 다 대로입니다(강남대로, 영동대로 등). 우리가 행하는 의미 있는 모임들도 다 대회입니다. 무엇보다 우리나라 국호도 대한민국입니다. 그래서일까요? 우리는 무의식적으로 작은 것들을 무시하는 경향을 갖고 살아갑니다.

몇 해 전에 발표된 BTS의 노래 중에 〈작은 것들을 위한 시〉가 유난히 눈길을 끌면서 많은 사람의 입술에 회자되었습니다. 우리가 누군가를 사랑하면 큰 것들이 아닌 상대방의 사소한 것들에 더 관심을 갖게 된다는, 사소하고 작은 것들이 사실은 특별하고 중요한 것이라는 메시지입니다. 예수님도 어느 날 제자들과 대화하며 그들이 예수님, 곧 메시아의 제자가 되었다는 사실 때문에 큰 환상, 큰 기대, 큰 결과에만 집착하려는 그들의 경향을 간파하신 것으로 보입니다. 그래서 이제 작은 것의 소중함, 작은 것으로 하나님 나라가 이루어져 가고 있음을 가르치고자 하십니다. 우리가 작게 생각하는 것들이 바로 하나님 나라의 가치를 만들어 가고 있음을 전달하고자 하신 것입니다. 그렇다면 주의 제자들이 주목해야 할 작지만 큰 책임들은 무엇일까요?

작은 자들을 돌볼 책임

"예수께서 제자들에게 이르시되 실족하게 하는 것이 없을 수는 없으나 그렇게 하게 하는 자에게는 화로다"(눅 17:1).

인간이 영위하는 삶의 마당에는 실족하게 하는 일이 없을 수 없다고 말씀하십니다. 죄인인 불완전한 인생의 불가피성이라고 할 수 있을 것입니다. 여기 사용된 실족의 원어는 '스칸달론'(Skandalon)으로 오늘날의 '스캔들'(scandal)이라는 용어가 유래한 말입니다. '걸려 넘어지게 하다', '함정에 들게 하다', '죄짓게 하다'라는 뜻입니다. 우리는 피차에

스캔들을 주고받는 존재, 상처를 주고받는 존재라는 의미입니다. 그러나 문제는 실족의 대상입니다.

> "그가 이 작은 자 중의 하나를 실족하게 할진대 차라리 연자 맷돌이 그 목에 매여 바다에 던져지는 것이 나으리라"(눅 17:2).

여기서 작은 자는 누구를 뜻하는 말입니까? 작은 자는 원어로 '미크로스'(mikros)라 하는데, 영어로는 small 혹은 little ones로 번역됩니다. 그들은 예수님에게 당시 바리새인들이 무시하던 세리나 창기와 같은 사회적 약자들일 수 있습니다. 사회적 약자에 대한 돌봄은 우리 사회 전체를 건강하게 하는 일입니다. 그래서 기독교 복음이 전해지는 곳마다 사회 복지 사역이 일어났습니다. 복음은 인간의 영과 육을 함께 돌아보도록 우리에게 도전하기 때문입니다.

마태복음 18장에서 예수님께서 한 어린아이를 앞에 두고 '이 작은 자들을 실족하게 말라'고 경고하시는 장면을 통해 볼 때는 본문의 이 작은 자가 아직 성숙하지 못한 청소년을 가리킨다고 볼 수도 있습니다. 오늘날 우리가 청소년 주일을 지키는 이유는, 그들이 우리 사회의 미래를 만들 주역이기 때문입니다. 그들을 소홀히 여기는 것은 우리의 미래를 스스로 포기하는 것입니다. 그들을 존중해서 양육하는 것은 우리의 미래를 가꾸는 것입니다. 가족 상담가인 도로시 놀테(Dorothy Nolte)는 이런 말을 남겼습니다.

아이를 비난하며 키우면 그는 정죄하는 것을 배운다. 아이에게 적대감을 가르치면 그는 싸우는 것을 배운다. 아이를 조롱하며 키우면 그는 수치감 속에 자란다. 아이를 부끄럽게 하면 아이는 죄책감 속에 자란다 … 그러나 아이를 관용함으로 키우면 그는 인내를 배운다. 아이를 격려하며 키우면 그는 신뢰를 배운다. 아이를 칭찬하며 키우면 그는 감사를 배운다. 아이를 공정하게 키우면 그는 정의를 배운다. 아이를 안전하게 키우면 그는 평화를 배운다. 아이를 인정하며 키우면 그는 자존감을 배운다. 아이를 용납하며 키우면 그는 사랑하는 자로 자란다.

우리는 지금 우리의 자녀들, 아니 다음 세대를 어떻게 키우고 있습니까? 한국 교회의 위기는 교회 학교가 문을 닫고, 교회에서의 다음 세대 교육을 우리가 거의 포기하고 있다는 것입니다. 예수님의 말씀을 다시 기억해야 할 때입니다.

"또 누구든지 내 이름으로 이런 어린아이 하나를 영접하면 곧 나를 영접함이니"(마 18:5).

"삼가 이 작은 자 중의 하나도 업신여기지 말라 너희에게 말하노니 그들의 천사들이 하늘에서 하늘에 계신 내 아버지의 얼굴을 항상 뵈옵느니라"(마 18:10).

앞의 말씀은 우리가 작은 자들을 업신여길 때 그들을 지키는 천사들이 하늘 아버지에게 보고한다는 것입니다. 그 아이들이 바로 하나님 나라를 세울 리더이기 때문입니다. 주님은 본문 3-4절을 통해 이 책임을 다하지 못함을 회개해야 한다고 말씀하십니다. 작은 자에 대한 존중과 관심은 곧 하나님 나라의 미래에 대한 투자요, 제자 된 우리의 큰 책임입니다.

작은 믿음을 적용할 책임

주의 사도 된 제자들은 다시 주께 나아와 자신들의 믿음 없음을 고백하며 믿음을 더해 달라고 요청합니다. 마태복음 17장이나 마가복음 9장에 보면 간질인 아이를 고치지 못한 제자들이 그 이유를 주께 물었을 때 예수께서 본문 6절의 대답을 하신 것으로 되어 있습니다. 바로 이때 예수께서 겨자씨 한 알만 한 믿음 이야기를 하십니다. 의사 누가는 작은 자에 대한 교훈과 이 작은 믿음에 대한 교훈을 묶어서 작은 것에 대한 교훈을 준 것으로 보입니다.

예수님의 제자로서 그분을 믿고 따르면서도 때로 우리가 처한 상황의 문제를 해결하지 못할 때, 우리는 예수님 당시의 제자들처럼 스스로를 믿음이 없거나 믿음이 너무 작은 자로 여길 때가 있습니다. 그래서 주께 나아와 믿음을 더해 달라고 간구하게 됩니다. 이때 예수님은 "너희 믿음이 작은 까닭이니라"(마 17:20)라고 말씀하십니다. 믿음의 삭고 큰 것이 이슈가 아니라는 것입니다. 중요한 것은 그때 그 상황에서의 믿음의 적용입니다. 우리에게 믿음을 적용할 책임이 있다는 것입니다. 비록 우리의 믿음이 겨자씨 한 알만큼 작아 보여도, 그 믿음을 적용해야 한다는 것입니다.

좀 더 구체적으로 설명해 보겠습니다. 앞서 살펴본 누가복음 8장에 보면 풍랑과 파도가 일렁이는 갈릴리 바다에서 제자들이 겁에 질려 잠드신 주님을 깨우며 "우리가 죽겠나이다"(눅 8:24)라고 호소합니다. 이때 깨어 일어나 바람과 파도를 꾸짖어 잠잠하게 한 후 제자들에게 하시는 주님의 말씀을 들어 보십시오. "너희 믿음이 어디 있느냐"(눅 8:25)라고 물으십니다. 다른 복음서에서는 제자들에게 "믿음이 작은 자여 왜 의심하였느냐"(마 14:31)라고 말씀하신 것으로 되어 있습니다. 그들의 믿음이 작은 것을 예수님도 아셨고, 그렇게 인정하셨습니다. 그러나 더 중요한 것은 누가복음의 질문인 그들의 믿음이 어디 있느냐는 것입니다. 그 상황, 갈릴리의 풍랑 속에서는 그들의 믿음이 보이지 않았던 것입니다.

그렇습니다. 우리는 우리의 믿음이 작은 것을 인정하고 고백해야 합니다. 하지만 겨자씨 한 알만 한 작은 믿음으로 주님을 신뢰하는 것은 여전히 중요합니다. 우리의 믿음이 비록 작아도 그 믿음을 관리하는 것은 여전히 중요합니다. 그런 작은 믿음을 사용해서 상황과 대결할 때 비로소 우리는 주님이 행하시는 큰일을 보게 될 것이라는 약속입니다. 본문 6절을 보십시오.

> "주께서 이르시되 너희에게 겨자씨 한 알만 한 믿음이 있었더라면 이 뽕나무더러 뿌리가 뽑혀 바다에 심기어라 하였을 것이요 그것이 너희에게 순종하였으리라."

주의 제자인 우리에게는 이 작은 믿음을 적용할 큰 책임이 있습니다.

작은 명령을 순종할 책임

||||||||||||||||||||||||||||||||||||||||||

제자들에게는 여러 별명이 주어집니다. 그들은 주 예수를 따르는 사람들이기에 '주의 제자들'(Disciples), 곧 '따르는 자들'(followers)입니다. 그러나 그들은 곧 주의 보내심을 받아 온 세상으로 흩어질 자들이기에 또한 '사도들'(Apostles)이라고 불립니다. 본문에도 그들은 제자들 그리고 사도들이라고 기록되어 있습니다. 그러나 이 모든 것보다 더 중요한 명칭이 있습니다. 그들이 예수님을 향해 '주님'(Lord, Master)이라고 부르는 한, 그들은 주의 '종'(Servants)이라는 것입니다. 여기 '종'이라는 말은 자신의 모든 자유를 내려놓고 주인에게 절대적 충성을 바치는 노예, 원어로는 '둘로스'(doulos)라는 단어가 쓰입니다.

바울은 항상 자신을 표현할 때 이 종이라는 단어를 사용합니다. 로마서 1장 1절이 어떻게 시작됩니까? "예수 그리스도의 종 바울은." 여기 종이라는 말이 '둘로스'입니다. 종들에게는 주인의 명령을 취사선택할 자유가 없습니다. 우리에게 주인의 명령은 중요한 큰 명령과 작은 명령으로 구별되지 않습니다. 그분의 작은 명령도 다 중요한 명령입니다. 주인을 모시는 종들에게 주어지는 일 중에 큰일, 작은 일이 있을까요? 어쩌면 다 그렇고 그런 작은 일들일지 모릅니다. 그런데 우리가 주인의 명령을 수행하다 보면 '나'라는 존재를 인정받고 싶은 이기심이 발동할 수 있습니다. 종의 타락은 바로 종이 종으로서의 의식을 상실할 때 일어나는 것입니다. 물론 종들도 격려 받을 필요가 있습니다. 위로받을 필요가 있습니다. 그러나 종이 과도한 인정과 사례를 기대하는 것이 종의 타락입니다. 그리고 그것이 바로 본문 9-10절의 경고입니다.

> "명한 대로 하였다고 종에게 감사하겠느냐 이와 같이 너희도 명령받은 것을 다 행한 후에 이르기를 우리는 무익한 종이라 우리가 하여야 할 일을 한 것뿐이라 할지니라."

이것이 종의 본분이고 종의 고백이어야 합니다. 일종의 변형된 《이솝 우화》중에 연못 속의 개구리 이야기가 있습니다. 개구리들이 어느 날 하늘을 나는 새들이 부러워졌습니다. 그러던 중 아이큐(IQ) 높은 개구리가 새들의 리더와 소통을 하게 되었습니다.

"저기 긴 나뭇가지가 있는데 한 끝은 네가 물고 다른 한 끝은 내가 물고 하늘을 날아 보자."

그렇게 협상이 성립되어 나뭇가지 한 끝은 새가 물고 나머지 한 끝은 아이큐 높은 개구리가 물고 연못 위를 나는 신기한 곡예가 벌어졌습니다. 이를 지켜보던 개구리들이 부러운 마음을 내비치며 동료 개구리에게 물었습니다.

"저런 신기한 아이디어는 어디서 얻은 거래?"

아이큐 높은 개구리가 자랑하고 싶은 마음에 "내가 했다"고 소리치는 순간, 그 순간이 그의 최후가 되었다는 이야기입니다. 그 입만 다물고 있었으면 될 일인데 말입니다.

주님은 무엇이라고 하십니까? 우리는 모두 무익한 종이라고, 우리는 당연히 할 일을 하고 있는 것이라고 고백할 수 있어야 한다고 하십니다. 그런 종들만이 역설적으로 유익한 종이 될 수 있다는 말입니다. 조금 봉사하고 대단한 일을 한 것처럼 자기선전에 열중하고 자기 과시에 빠진 이들은 하나님 나라에 유익한 종이 되지 못한다는 교훈입니다.

주님의 작은 명령들을 묵묵하게 수행하며 새찬송가 323장, 〈부름 받아 나선 이 몸〉의 가사처럼 "부름 받아 나선 이 몸 어디든지 가오리다 괴로우나 즐거우나 주만 따라가오리니 … 멸시천대 십자가는 제가 지고 가오리다 이름 없이 빛도 없이 감사하며 섬기리다"라고 고백할 주의 제자들, 주의 사도들은 어디에 있습니까? 작은 일이지만 순종함으로 마침내 큰 책임을 완수할 진짜 주의 종들 말입니다.

"예수께서 예루살렘으로 가실 때에 사마리아와 갈릴리 사
이로 지나가시다가 한 마을에 들어가시니 나병 환자 열 명
이 예수를 만나 멀리 서서 소리를 높여 이르되 예수 선생님
이여 우리를 불쌍히 여기소서 하거늘 보시고 이르시되 가
서 제사장들에게 너희 몸을 보이라 하셨더니 그들이 가다
가 깨끗함을 받은지라 그중의 한 사람이 자기가 나은 것을
보고 큰 소리로 하나님께 영광을 돌리며 돌아와 예수의 발
아래에 엎드리어 감사하니 그는 사마리아 사람이라 예수
께서 대답하여 이르시되 열 사람이 다 깨끗함을 받지 아니
하였느냐 그 아홉은 어디 있느냐 이 이방인 외에는 하나님
께 영광을 돌리러 돌아온 자가 없느냐 하시고 그에게 이르
시되 일어나 가라 네 믿음이 너를 구원하였느니라 하시더
라"(눅 17:11-19).

17. 그 아홉은 어디 있느냐

성경은 끊임없이 우리에게 은혜를 망각하지 말라,
잊지 말라고 말씀합니다.

전통적인 추수 감사절은 감사절이 시작된 미국의 경우 11월 마지막 목
요일입니다. 그런 전통을 따른 미국 선교사들의 영향으로 한국 교회
또한 11월 셋째 주나 마지막 주일에 추수 감사절을 지켜 왔지만, 최근
에 와서는 조금 앞당겨 한국의 전통 명절인 추석을 지난 9월 말이나
10월 초에 지키기도 합니다. 그것은 구약성경에서 추수에 대한 감사를
표현하는 명절인 초막절이 한국의 추석과 비슷한 시기임을 고려한 선
택이기도 했습니다. 하지만 언제 감사의 절기를 지키느냐보다 한 해를
감사로 마무리하는 것이 더 중요할 것입니다.

한국 교회사를 보면 가슴 뜨거운 감사를 실천한 한 해가 기록되고
있습니다. 때는 1932년, 일제 강점기 시절 가을에 일어난 일입니다. 지
금 우리는 코로나와 힘겨운 싸움을 하고 있지만, 그 당시 한국 민중들
은 정치적으로 일본의 압제에 시달리던 중 결핵이라는 병과도 싸워야

만 했습니다. 이 땅의 수많은 민중이 결핵에 걸려 속절없이 죽어 가는 모습을 보고 안타까워한 한 의료 선교사가 있었습니다. 닥터 셔우드 홀(Sherwood Hall)입니다. 그의 아버지인 윌리엄 제임스 홀(William James Hall)은 한국에 온 지 3년 만에 장티푸스로 세상을 떠났습니다. 그러나 윌리엄의 아내인 로제타 홀(Rosetta Hall)은 계속 이 땅에 남아 이화대학 부속병원의 전신인 동대문 부인병원과 고려대학 의과대학의 전신인 경성여자의학전문학교 등을 설립했고, 그녀의 아들인 셔우드 홀도 의술을 배워 이 땅을 섬기기로 합니다.

그는 황해도 해주에 처음으로 결핵 요양원을 열었습니다. 그런데 문제는 운영을 위한 돈이 천문학적으로 들어가고 있었습니다. 안식년으로 떠나 있던 그는 크리스마스 씰의 아이디어를 얻고 돌아와 동료 선교사들과 이 땅의 관료들을 설득해 결핵 퇴치를 위한 크리스마스 씰 운동을 호소합니다. 그리고 1932년, 그는 감사절 캠페인으로 뜻있는 이들의 힘을 모아 남대문(처음에 거북선을 그리려다 일제의 허락을 받지 못함)을 그려 12월 3일에 첫 번째 씰을 발간하게 되는데, 이 첫 번째 씰을 산 사람은 동료 선교사인 아펜젤러(Henry G. Appenzeller)였습니다. 이 운동을 이해한 교회와 기독교 학교를 중심으로 결핵 퇴치 운동이 시작된 것입니다. 감사절과 크리스마스가 낳은 기적이었습니다.

당시 셔우드 홀 선교사는 일제의 명령으로 원산에서 선교 주택을 지금의 강원도 고성 화진포(후일 김일성 별장)로 옮겼는데, 그는 새 성을 짓고 그곳을 크리스마스 씰을 전국으로 보내는 센터로 사용했다고 합니다. 이 크리스마스 씰 운동으로 이 땅의 수많은 결핵 환자가 치료를 받고 예수의 제자가 되는 기적이 일어난 것입니다.

본문에는 예수님을 만난 열 명의 나병 환자가 경험한 기적이 기록되어 있습니다. 예수님이 지나신다는 소식을 듣고 열 명의 나병 환자가 일제히 "예수 선생님이여 우리를 불쌍히 여기소서"(눅 17:13)라고 소리칩니다. 그리고 열 명이 다 깨끗함의 치유를 입습니다. 그런데 그중 오직 한 사람, 사마리아 사람만이 예수님께 돌아와 감사를 표합니다. 그때 예수님은 이렇게 말씀하십니다.

"예수께서 대답하여 이르시되 열 사람이 다 깨끗함을 받지 아니하였느냐 그 아홉은 어디 있느냐"(눅 17:17).

여기 중요한 질문이 있습니다. 다 같이 부르짖어 예수님의 도움을 구했고 열 명이 다 치유의 은혜를 입었는데, 그 아홉 명이 감사를 표하지 못한 것은 무엇 때문일까요?

보편적 은혜에 둔감함
||||||||||||||||||||||||||||||||||||

신학에서는 은혜를 두 가지로 나누어 말합니다. 보통 은혜(Common Grace)와 특별 은혜(Special Grace)가 그것입니다. 예컨대, 우리가 자연적

으로 누리는 은혜, 곧 태양과 공기, 빛과 바람, 비와 눈 같은 것을 하나님은 믿는 자와 믿지 않는 자에게 차별 없이 허락하십니다. 그래서 이런 것들을 '보통 은혜' 혹은 '보편 은총'이라 일컫습니다.

> "하나님이 그 해를 악인과 선인에게 비추시며 비를 의로운 자와 불의한 자에게 내려 주심이라"(마 5:45).

하지만 이런 것은 누구나 누리는 은혜여서 사람들은 특별한 감사를 느끼지 않습니다. 이런 것들로 인해 감사 헌금을 드리지도 않습니다. 이와는 반대로 믿는 자들만이 누리는 구원의 은혜, 구원을 안내하는 성경 말씀 등을 가리켜 신학에서는 '특별 은혜' 혹은 '특별 은총'이라고 부르는데, 우리는 종종 구원의 은혜를 주신 것과 하나님의 말씀으로 인도받는 것으로 인해 감사하기도 합니다.

물론 기적도 특별 은혜에 속한다고 할 수 있습니다. 그러나 너무 많은 사람이 함께 기적을 경험하면 우리는 그 은혜를 특별하다고 생각하지 않게 됩니다. 본문에 등장하는 나병 환자들의 경우도 열 명이 다 같이 깨끗함을 얻었는데 다 같이 감사하지 않는다면 나 혼자만 특별하게 감사해야 할 이유가 없다고 생각했을 것입니다. 그러나 그중의 한 사람은 다르게 판단했습니다. 성경은 그에 대해 어떻게 기록합니까?

"예수의 발아래에 엎드리어 감사하니 그는 사마리아 사람이라"
(눅 17:16).

그리고 예수님도 본문 18절에서 "이 이방인 외에는 하나님께 영광을 돌리러 돌아온 자가 없느냐"라고 말씀하십니다. 당시 유대인들은 사마리아 사람들을 이방인과 동일시했기 때문입니다. 이런 소외된 사회의 차별이 그로 하여금 예수님에게 받은 은혜를 오히려 특별하게 느끼게 했을 것입니다. 그러고 보면 우리가 경험하는 차별은 오히려 하나님에게 그리고 예수님에게 우리를 더 가까이 나아가게 하는 특별한 은혜의 통로가 될 수 있습니다.

우리가 은혜에 민감하면 보통 은혜도 특별한 은혜가 되지만, 반대로 보통 은혜에 둔감하면 특별한 은혜도 은혜로 느끼지 못하게 됩니다. 최근 한국 교회에서 많이 불리는 손경민 교수가 작곡한 〈은혜〉라는 복음성가가 그것을 정확하게 표현하고 있습니다.

> 내가 누려 왔던 모든 것들이 내가 지나왔던 모든 시간이
> 내가 걸어왔던 모든 순간이 당연한 것 아니라 은혜였소
> 아침 해가 뜨고 저녁의 노을 봄의 꽃향기와 가을의 열매
> 변하는 계절의 모든 순간이 당연한 것 아니라 은혜였소
> 모든 것이 은혜 은혜 은혜 한없는 은혜
> 내 삶에 당연한 건 하나도 없었던 것을

주님께 돌아와 감사한 사마리아인의 심정이 그랬을 것입니다. 그러나 본문의 아홉 사람은 치료를 받고 깨끗함을 입으면서도 자신들은 하나님의 특별한 선민이기에 이것은 당연한 권리라고 생각했을지 모릅니다.

은혜 받음의 원인을 망각함

예수님은 이 나병 환자들에게 "가서 제사장들에게 너희 몸을 보이라"(눅 17:14)라고 말씀하십니다. 왜 그러셨을까요? 그들이 깨끗함을 얻은 후 사회적으로 격리당하지 않고 정상인으로 취급받고 살아가기 위해서는 제사장들의 선포가 필요했습니다. 당시 제사장들은 의료인 지도자와 사회 지도자의 역할을 감당하고 있었기 때문입니다. 그들은 예수님의 말씀에 순종했고, 제사장들에게 보인 후 치유 받은 자로 공인되었습니다. 그것은 은혜 받음의 결과였고, 이제부터 그들은 은혜의 결과를 누리기 시작합니다. 그러나 그 순간 그들은 은혜의 원인을 망각하고 말았습니다. 우리가 본문의 아홉 사람처럼 되지 않으려면 망각을 예방하는 기억을 사용할 줄 알아야 합니다. 그래서 성경은 끊임없이 우리에게 은혜를 망각하지 말라, 잊지 말라고 말씀합니다.

"내 영혼아 여호와를 송축하며 그의 모든 은택을 잊지 말지어다 그가 네 모든 죄악을 사하시며 네 모든 병을 고치시며 네 생명을 파멸에서 속량하시고 인자와 긍휼로 관을 씌우시며 좋은 것으로 네 소원을 만족하게 하사 네 청춘을 독수리같이 새롭게 하시는도다"(시 103:2-5).

이 말씀의 핵심은 은혜를 잊지 말고 여호와를 송축, 곧 감사하라는 것입니다. 그리고 우리가 잊지 말고 기억해야 할 은혜의 첫째는 죄사함이고, 둘째는 병 고치심이라는 것입니다. 시편 103편의 서두에는 '다윗의 시'라고 되어 있습니다. 이 시편이 성경 편집자의 의도대로 다윗의 시였다면 다윗에게 평생을 통해 얼마나 감사할 제목이 많았겠습니까? 그는 문자 그대로 드라마틱한 인생을 산 사람이었기 때문입니다. 그는 골리앗을 물리치게 하신 은혜에도 감사할 수 있었고, 나라의 위기에서 여러 번 극적인 구출을 가능하게 하신 것에도 감사할 수 있었을 것입니다. 그러나 그는 자신이 죄를 범했음에도 다시 용서하신 것이 제일 감사했고, 여러 번의 질병의 위기에서 그를 건지신 은혜가 그다음으로 감사했던 것입니다. 그리고 늙어도 독수리처럼 청춘을 유지하며 살게 하신 것이 감사했습니다. 그는 이 모든 은혜를 잊지 않고 감사하며 하나님을 찬양하고 있는 것입니다. 그가 어느 날 성막에 들어가 하나님에게 이런 고백을 합니다.

"다윗 왕이 여호와 앞에 들어가 앉아서 이르되 주 여호와여 나는 누구이오며 내 집은 무엇이기에 나를 여기까지 이르게 하셨나이까"
(삼하 7:18).

이 고백을 달리 표현하면, '저는 은혜로 여기까지 왔나이다'라는 말씀입니다. 그 은혜를 잊지 않겠다는 고백입니다. 그런데 본문의 나병 환자 아홉 명은 그 은혜 받음의 원인을 망각한 것입니다.

구세주에 대한 믿음이 없음

주께 돌아와 감사할 수 있었던 사마리아 출신의 나병 환자에게 주님께서 마지막으로 하신 말씀이 무엇이었습니까?

"그에게 이르시되 일어나 가라 네 믿음이 너를 구원하였느니라"(눅 17:19).

여기서 구원은 육체의 구원이 아닌 영혼의 구원을 뜻하는 말입니다. 그는 육체만 새로워진 것이 아니라 영혼도 새로워진 것입니다. 그의 감사는 그의 믿음으로 말미암은 것이었습니다. 그는 믿음으로 육체의 치유뿐 아니라 영혼의 치유를 경험하게 된 것입니다. 그리고 그는 이제 구원받은 자로 일어나 인생의 새로운 여정을 걷게 된 것입니다. 그는 메시아 되신 예수님을 육체의 치유자뿐 아니라 영혼의 구세주로 믿게 된 것입니다. 결국 예수를 구세주로 믿는 믿음이 그의 육체와 영혼, 곧 전인을 구원한 것입니다. 반면에 다른 아홉 명은 육체의 치유는 받았지만 영혼의 구원을 받지 못하고 남은 인생의 길을 간 것입니다.

저는 아홉 명의 나병 환자에게도 메시아 되신 예수님에 대한 어느정도의 믿음은 있었다고 믿습니다. 예수님이 불쌍히 여겨 달라고 소리치는 그들에게 "가서 제사장들에게 너희 몸을 보이라"(눅 17:14)라고 말씀하셨을 때, 그들이 이 말씀을 믿고 가다가 깨끗함을 얻었다고 성경은 증언합니다. 그분의 말씀이 자신들의 육체를 치유할 것을 믿고 제사장들에게 가고 있었던 것입니다. 그러나 그분을 자신들의 영혼까지 구원할 자로는 믿지 못한 것입니다.

저는 우리가 하나님 혹은 예수님을 우리 육체에 도움을 주시는 분, 혹은 일상생활에 도움을 주시는 분으로 생각하고 그분에게 접근하는 것이 가능하다고 믿습니다. 저는 이것이 일반 은총의 차원에서의 신앙적 접근이라고 생각합니다. 그러나 이 차원에서 예수님의 어떤 도움을 받은 것, 혹은 치유의 은혜를 받은 것으로 그가 그리스도인이 된것은 아닙니다. 본문의 아홉 명의 나병 환자처럼 말입니다. 이것은 아직 믿음의 결국에 도달한 것은 아닙니다. 베드로전서 1장 8-9절의 말씀을 보십시오.

"예수를 너희가 보지 못하였으나 사랑하는도다 이제도 보지 못하나

믿고 말할 수 없는 영광스러운 즐거움으로 기뻐하니 믿음의 결국 곧 영혼의 구원을 받음이라."

믿음의 결국은 무엇입니까? 영혼의 구원입니다. 우리의 죽음의 날, 육체는 흙으로 돌아갈 것입니다. 그때 당신의 영혼은 어디로 갈까요? 그때 당신은 당신의 영혼이 예수님과 함께 있을 것을 확신합니까? 예수님은 오늘 분명한 당신의 영혼의 구세주이십니까? 우리 인생의 과거에 예수님을 통해 하나님을 찾다가 어떤 도움을 받았지만 아직 십자가 앞에 서지 못한 아홉 명 같은 이들에게 예수님은 오늘도 물으십니다.

"그 아홉은 어디 있느냐? 그 아홉은 왜 오늘의 예배자 중에 보이지 않느냐? 그 아홉은 내게 감사하는 자 중에서 왜 보이지 않느냐?"

우리가 은혜에 민감하면
보통 은혜도 특별한 은혜가 되지만,
반대로 보통 은혜에 둔감하면
특별한 은혜도 은혜로 느끼지 못하게 됩니다.

"바리새인들이 하나님의 나라가 어느 때에 임하나이까 묻거늘 예수께서 대답하여 이르시되 하나님의 나라는 볼 수 있게 임하는 것이 아니요 또 여기 있다 저기 있다고도 못하리니 하나님의 나라는 너희 안에 있느니라 또 제자들에게 이르시되 때가 이르리니 너희가 인자의 날 하루를 보고자 하되 보지 못하리라 사람이 너희에게 말하되 보라 저기 있다 보라 여기 있다 하리라 그러나 너희는 가지도 말고 따르지도 말라 번개가 하늘 아래 이쪽에서 번쩍이어 하늘 아래 저쪽까지 비침같이 인자도 자기 날에 그러하리라 그러나 그가 먼저 많은 고난을 받으며 이 세대에게 버린바 되어야 할지니라 노아의 때에 된 것과 같이 인자의 때에도 그러하리라 노아가 방주에 들어가던 날까지 사람들이 먹고 마시고 장가들고 시집가더니 홍수가 나서 그들을 다 멸망시켰으며 또 롯의 때와 같으리니 사람들이 먹고 마시고 사고팔고 심고 집을 짓더니 롯이 소돔에서 나가던 날에 하늘로부터 불과 유황이 비 오듯 하여 그들을 멸망시켰느니라 인자가 나타나는 날에도 이러하리라"(눅 17:20-30).

═══ 18. 하나님의 나라는 어느 때에

다시 오실 주님이 만물을 새롭게 하시고,
새로워진 새 하늘과 새 땅에서
우리로 영원한 기업을 누리게 하십니다.
이것이 우리의 영원한 소망입니다.

만일 우리가 복음주의적 정통 신학교에서 가르치는 교수들에게 "성경의 가장 중요한 주제는 무엇입니까?"라는 질문을 던진다면 아마도 거의 대다수는 '하나님 나라'라고 답할 것입니다. 그것은 구약과 신약을 포함한 가르침을 말하는 것입니다. 그리고 그런 하나님 나라의 핵심 개념은 하나님의 통치라고 일치된 대답을 할 것입니다. 그러면 성경에서 하나님의 통치(다스림)의 시도는 언제부터 나타나고 있습니까? 그것은 물론 처음 인간을 창조하시고 그들의 주거지로 허락된 에덴동산에서부터입니다. 에덴동산이라는 이름의 의미는 '기쁨(delight)의 동산'이며, 종종 '낙원'으로 번역되기도 합니다. 그 동산에 임한 하나님의 온전한 통치가 그곳을 기쁨의 낙원이 되게 한다는 것입니다. 그러나 인간에게 허락된 자유의지의 그릇된 사용으로 죄가 들어오자 그 동산에는 수치심과 두려움, 관계의 갈등 그리고 저주와 사망이 임했습니다. 유명한 영국의 문학가 존 밀턴(John Milton)은 이 사건을 '실낙원'이라고 했고, 인류의 궁극적 희망을 '복낙원'이라고 했으며, 그런 낙원의 회복은 예수님이 이 땅에 다시 오심으로 비로소 가능하게 될 것이라고 했습니다.

그러나 에덴동산의 상실로 이 땅에서의 하나님 나라의 희망을 완전히 거두신 것은 아닙니다. 역사 안에 하나님 나라의 꿈을 주시고자 한 그분의 개입은 지속적으로 있어 왔습니다. 대표적인 사건이 믿음의 조상인 아브라함을 부르고 그를 통해 한 특별한 민족인 이스라엘을 당신의 백성으로 선택해 그와 그의 후손이 살게 될 '약속의 땅'에 당신의 통치를 실현하시고자 한 것입니다. 아브라함의 후손들의 믿음과 순종을 통해 이 통치를 실현하시고자 한 하나님의 계획은 아주 부분적으로만 실현될 수 있었습니다. 그 후 하나님은 다시 당신의 마음에 맞는 사람, 다윗을 이스라엘 왕국의 왕으로 세워 당신이 통치하는 나라를 실현하시고자 했습니다. 그러나 이런 시도도 부분적으로만 실현됐을 뿐, 결국 아브라함과 다윗의 자손, 예수 그리스도를 이 땅에 메시아로 보내심으로 온전한 하나님 나라를 실현하시고자 했습니다.

이 땅에 메시아로 오신 예수 그리스도의 공생애의 첫 메시지는 "하나님의 나라가 가까이 왔으니 회개하고 복음을 믿으라"(막 1:15)라는 선언이었습니다. 이 예수 그리스도를 구주와 주님으로 영접하는 이들에게는 하나님의 백성이 되는 권세를 허락하셨습니다. 제자들은 예수님을 따르며 그분이 귀신들을 쫓아내고 병자들을 고치고 기적을 행하는 등 하나님의 권세를 나타내시는 것을 보고 하나님 나라, 곧 하나님의 통치가 벌써 이 땅에 가까이 온 것을 기대할 수 있었습니다. 그러자 그들도 예수님이 선포하신 하나님 나라가 곧 이 땅에 실현될 것을 기대하는 마음으로 가득 차게 됩니다.

> "그들이 이 말씀을 듣고 있을 때에 비유를 더하여 말씀하시니 이는 자기가 예루살렘에 가까이 오셨고 그들은 하나님의 나라가 당장에 나타날 줄로 생각함이더라"(눅 19:11).

당시 유대의 종교 지도자인 바리새인들도 같은 생각을 하게 되었습니다. 그래서 본문의 질문을 하게 된 것입니다.

> "바리새인들이 하나님의 나라가 어느 때에 임하나이까 묻거늘 예수께서 대답하여 이르시되 하나님의 나라는 볼 수 있게 임하는 것이 아니요"(눅 17:20).

이렇게 시작된 예수님의 대답은 결국 두 가지로 요약할 수 있습니다. 본문에서 예수님은 두 가지 다른 때에 두 가지 다른 모습으로 임할 하나님 나라를 증언하십니다.

미래 종말에 '볼 수 있게'(visibly) 임하는 나라

||||||||||||||||||||||||||||||||||||||||||||||||||||||||||||||||||||||||

이 나라는 물론 완성된 미래의 천국을 뜻하는 것입니다. 그 나라는 한마디로 이 세상의 모든 나쁜 것이 제거되고, 이 세상의 모든 좋은 것이 더 놀라운 모습으로 성화된 나라입니다. 그래서 그 나라가 우리가 소망하던 천국이 되기 위해서는 이 세상에 존재하던 모든 속되고 거짓되고 악한 것들에 대한 심판이 선행되어야 합니다. 그러므로 세상 심판의 날과 완성된 천국의 임함은 동일한 사건으로 엮여져 이루어지게 될 것입니다.

지금 우리가 사는 세상은 깊은 세속주의에 함몰되어 가고 있습니다. 그리고 사람들은 심판에 무감각해지고 있습니다. 이런 징조야말로 심판의 날이 그리고 천국 완성의 날이 임박한 증거입니다. 과거 노아 시대의 사람들 그리고 롯 시대의 사람들이 어느 날 갑자기 심판을 경험하고 새 시대를 맞이한 것처럼, 우리 시대에도 그런 징조가 재현될 것이라고 주께서 경고하십니다. 당시 예수님의 제자들에게는 보이지 않던 그날이었습니다.

"또 제자들에게 이르시되 때가 이르리니 너희가 인자의 날 하루를 보고자 하되 보지 못하리라"(눅 17:22).

그러나 이 말씀에 이어서 노아의 시대 같고 롯의 시대 같은 심판의 경고가 주어집니다.

"노아의 때에 된 것과 같이 인자의 때에도 그러하리라 노아가 방주에 들어가던 날까지 사람들이 먹고 마시고 장가들고 시집가더니 홍수가 나서 그들을 다 멸망시켰으며"(눅 17:26-27).

"또 롯의 때와 같으리니 사람들이 먹고 마시고 사고팔고 심고 집을 짓더니[부동산 현상] 롯이 소돔에서 나가던 날에 하늘로부터 불과 유황이 비 오듯 하여 그들을 멸망시켰느니라"(눅 17:28-29).

위의 말씀에서도 알 수 있듯이 우리 시대와 유사한 종말론적 시대는 롯의 시대입니다. 세속성에 함몰되어 무감각하게 살다가 맞이할 종말의 징후에 대한 경고의 말씀이 아닙니까? 그날을 볼 수 있게 심판과 함께 임하는 날입니다.

"인자가 나타나는 날에도 이러하리라"(눅 17:30).

그러나 이 종말의 날 이전에 있어야 할 가장 중요한 역사의 사건이 있다고 말씀하십니다. 그것은 예수님의 십자가의 고난입니다.

"그러나 그가 먼저 많은 고난을 받으며 이 세대에게 버린바 되어야 할지니라"(눅 17:25).

　그분은 바로 심판받아 마땅한 이 세상 인류의 죄와 악의 모든 짐을 대신 짊어지고 속죄의 죽음을 죽을 것을 예언하신 것입니다. 그리고 그 후 종말이 가까운 때에 여기저기서 메시아를 자처하는 소위 가짜 그리스도들이 등장할 것도 예언하십니다.

　"사람이 너희에게 말하되 보라 저기 있다 보라 여기 있다 하리라 그러나 너희는 가지도 말고 따르지도 말라"(눅 17:23).

　마태복음 24장 5절은 "많은 사람이 내 이름으로 와서 이르되 나는 그리스도라 하여 많은 사람을 미혹하리라"라고 말씀합니다. 또한 이어지는 구절은 "거짓 선지자가 많이 일어나 많은 사람을 미혹하겠으며 불법이 성하므로 많은 사람의 사랑이 식어지리라"(마 24:11-12)라고 말씀합니다. 사도 베드로도 베드로후서 2장 1절에서 "그러나 백성 가운데 또한 거짓 선지자들이 일어났었나니 이와 같이 너희 중에도 거짓 선생들이 있으리라 그들은 멸망하게 할 이단을 가만히 끌어들여 자기들을 사신 주를 부인하고 임박한 멸망을 스스로 취하는 자들이라"라고 경고합니다. 이런 징후와 함께 주의 날은 갑작스레 역사에 임할 것입니다.

　"그러나 주의 날이 도둑같이 오리니 그날에는 하늘이 큰 소리로 떠나

가고 물질이 뜨거운 불에 풀어지고 땅과 그중에 있는 모든 일이 드러나리로다"(벧후 3:10).

그러나 그 심판의 날을 절망적 파괴의 날로만 바라보아서는 안 됩니다. 그분은 그 심판을 넘어서서 새롭고도 영원한 꿈의 천국을 준비하시기 때문입니다. 그래서 베드로는 "하나님의 날이 임하기를 바라보고 간절히 사모하라"(벧후 3:12)라고 말하면서 이렇게 선포합니다.

"우리는 그의 약속대로 의가 있는 곳인 새 하늘과 새 땅을 바라보도다"(벧후 3:13).

사도 요한도 요한계시록 21장 1절에서 "또 내가 새 하늘과 새 땅을 보니 처음 하늘과 처음 땅이 없어졌고"라고 말하며 이렇게 선포합니다.

"보좌에 앉으신 이가 이르시되 보라 내가 만물을 새롭게 하노라"(계 21:5).

여기 '새 하늘', '새 땅', '새롭게 하다'라는 단어에서의 '새롭다'는 '질적으로 새로워짐'을 뜻하는 말입니다. 다시 오실 주님이 만물을 새롭게 하시고, 새로워진 새 하늘과 새 땅에서 우리로 영원한 기업을 누리게 하십니다. 이것이 우리의 영원한 소망입니다. 그래서 우리는 미래 종말의 그날을 소망합니다. 그날에 임할 눈으로 볼 그 나라를 기다립니다.

현재 우리 안에 '볼 수 없게'(not visibly) 임하는 나라

그러면 우리는 미래에 임할 그 천국을 대망하며 지금 여기에서는 하루하루를 절망하며 살아야 한다는 말입니까? 아닙니다. 결코 그렇지 않습니다. 완성된 천국을 준비하시는 주님은 오늘, 지금 여기에서도 그 천국을 경험하며 소망으로 살아가게 하십니다. 물론 우리가 이 땅에서 경험하는 천국이 완벽한 천국은 아닐지라도, 천국의 영광을 느끼기에 족한 예고편이라고 할 수 있습니다.

일제 강점기에 활동한 최권능 목사님의 일화 중에 이런 이야기가 있습니다. 골목길 저쪽에서 일본 순사가 말을 타고 오는 것을 보고 최권능 목사님이 '예수 천당'이라고 외치자 말이 놀라 이 일본 순사를 거의 땅에 떨어뜨릴 뻔했습니다. 이에 화가 난 순사가 최 목사님에게 이렇게 말했다고 합니다.

"이 영감 놈아, 천국이 도대체 어디에 있단 말이냐? 천국 좀 보여 주렴!"

그러자 최 목사님이 이렇게 대답했다고 합니다.

"천국 본점은 지금 보여 주지 못해도 천국 지점은 보여 줄 수 있소."

그러고는 자기의 가슴을 가리키며 "여기에 천국 지점이 있단 말이오"라고 했다고 합니다. 본문에서 예수님은 바리새인들에게 같은 대답을 하신 것입니다.

"하나님의 나라가 어느 때에 임하나이까"(눅 17:20)라는 바리새인들의 질문은 예수께서 설교할 때마다 '하나님 나라가 가깝다'고 하신 것에 대한 반응이었을 것입니다. 그때 주신 말씀이 본문 21절의 말씀입니다.

> "또 여기 있다 저기 있다고도 못하리니 하나님의 나라는 너희 안에 있느니라."

'너희가 메시아 된 나를 영접하고 하나님의 통치를 수용하면 너희 마음이 하나님이 다스리시는 나라가 될 것이다'라는 말씀입니다. 그러나 그 나라의 실현은 자기만이 아는 비밀입니다. 우리 마음속에서 경험하는 하나님 나라는 다른 사람들은 볼 수 없는 불가견적인(invisible) 것입니다. 본인만 아는 것입니다. 그래서 바울 사도는 그의 서신서에서 반복적으로 그 나라를 '하나님의 비밀'(mystery of God)이라고 말합니다.

> "이 비밀은 너희 안에 계신 그리스도시니 곧 영광의 소망이니라"
>
> (골 1:27).

주님은 그런 의미에서 "하나님의 나라는 볼 수 있게 임하는 것이 아니요"(눅 17:20)라고 말씀하신 것입니다. 물론 그 나라가 완전하게 펼쳐질 때, 우리 모두는 그 나라를 가견적으로(visible) 볼 것입니다. 요한계시록 1장 7절의 약속된 증언을 보십시오.

"볼지어다 그가 구름을 타고 오시리라 각 사람의 눈이 그를 보겠고 그를 찌른 자들도 볼 것이요 땅에 있는 모든 족속이 그로 말미암아 애곡하리니 그러하리라 아멘."

그러나 지금은 하나님의 통치를 수용한 사람들만 영적으로 혹은 내적으로 보고 경험하는 신비의 나라입니다. 지금 그 나라를 경험하는 사람들이 좋아하는 고백의 찬양이 있습니다. 새찬송가 438장, 〈내 영혼이 은총 입어〉입니다.

내 영혼이 은총 입어 중한 죄 짐 벗고 보니
슬픔 많은 이 세상도 천국으로 화하도다

주의 얼굴 뵙기 전에 멀리 뵈던 하늘나라
내 맘속에 이뤄지니 날로 날로 가깝도다

높은 산이 거친 들이 초막이나 궁궐이나

내 주 예수 모신 곳이 그 어디나 하늘나라

(후렴)
할렐루야 찬양하세 내 모든 죄 사함 받고
주 예수와 동행하니 그 어디나 하늘나라

지금 그 나라가 당신 안에 있습니까? 그 나라가 '너희 안에'(entos hymon)라고 할 때의 의미는 물론 우리말로 번역한 성경처럼 '너희 안에'(within you)라고 할 수 있으나, '너희 가운데'(among you, in your midst)로 번역될 수도 있습니다. 그분의 통치를 수용하고 함께 모여 교제하고 예배하는 곳에도 그 나라는 지금 임하고 있고, 하나님의 주권과 통치를 수용하는 모든 공동체에도 그분은 임하고 계시다는 말입니다. 그렇다면 오늘, 지금 이 순간, 여기에서 당신은 그분의 임재를 그리고 그 나라의 영광을 경험하고 있습니까?

미래 천국의 소망과 함께 현존하는 지금 천국의 기쁨으로 충만하기를 기도합시다. 우리의 이웃들이 우리 안에 있는 천국을 동경하게 합시다. 우리가 그 나라의 백성 된 것을 자랑스럽게 증거합시다.

"예수께서 그들에게 항상 기도하고 낙심하지 말아야 할 것을 비유로 말씀하여 이르시되 어떤 도시에 하나님을 두려워하지 않고 사람을 무시하는 한 재판장이 있는데 그 도시에 한 과부가 있어 자주 그에게 가서 내 원수에 대한 나의 원한을 풀어 주소서 하되 그가 얼마 동안 듣지 아니하다가 후에 속으로 생각하되 내가 하나님을 두려워하지 않고 사람을 무시하나 이 과부가 나를 번거롭게 하니 내가 그 원한을 풀어 주리라 그렇지 않으면 늘 와서 나를 괴롭게 하리라 하였느니라 주께서 또 이르시되 불의한 재판장이 말한 것을 들으라 하물며 하나님께서 그 밤낮 부르짖는 택하신 자들의 원한을 풀어 주지 아니하시겠느냐 그들에게 오래 참으시겠느냐 내가 너희에게 이르노니 속히 그 원한을 풀어 주시리라 그러나 인자가 올 때에 세상에서 믿음을 보겠느냐 하시니라"(눅 18:1-8).

19. 기도로 낙심을 극복하라

우리가 기도하며 하나님에게 나아와
탄원할 수 있는 이유는,
그분이 의로우신 하나님임을 믿기 때문입니다.

세상을 살다 보면 낙심할 일이 많습니다. 낙심(落心)이라는 말을 한자어로 풀면 '마음이 떨어지다', 곧 포기하고 절망한다는 뜻이 됩니다. 원문에는 '엥카케오'(egkakeo, 에크[ek]+카코스[kakos])라고 되어 있는데, 이는 '악함에 사로잡히다'라는 의미입니다. 그렇게 되면 희망을 갖지 못하고 모든 것을 포기하게 됩니다. 그래서 대부분의 영어 번역은 'faint'(무력해지다), 혹은 'give-up'(포기하다)이라는 단어들을 사용합니다.

요즈음 코로나 팬데믹 시기가 길어지고 코로나 극복이 아닌 위드 코로나 시대가 되면서 삶의 의욕이 꺾이고 절망하는 사람들, 곧 낙심하는 사람들이 많아지고 있습니다. 예수님 시대에도 팔레스타인 민중들의 삶이 그런 모양이었습니다. 로마의 통치가 길어지면서 이스라엘 독립의 희망은 멀어지고, 세금 폭탄과 함께 권력자들의 착취를 경험하면서 사람들은 깊은 낙심에 사로잡히고 있었습니다. 도처에서 예수의 제자들을 포함한 그 땅의 사람들은 불공정과 불편한 차별을 경험하고 있었고, 그러면서 권력자들에 대한 원한이 증대되고 있었습니다.

바로 이런 때에 예수께서 사람들의 마음을 읽고 베푸신 비유의 가르침이 본문의 '불의한 재판장과 과부의 비유'입니다. 본문이 시작되는 1절에서 이 가르침을 주신 이유가 분명하게 제시되고 있습니다.

"예수께서 그들에게 항상 기도하고 낙심하지 말아야 할 것을 비유로 말씀하여."

여기서 예수님은 이미 낙심에 대한 처방을 분명하게 밝히셨습니다. 그분의 처방은 '항상 기도'였습니다. 최근에 많이 읽히는 나태주 시인의 〈행복〉이라는 시가 있습니다.

저녁 때
돌아갈 집이 있다는 것

힘들 때
마음속으로 생각할 사람이 있다는 것

외로울 때

혼자서 부를 노래가 있다는 것.

저는 여기에 꼭 한 소절을 덧붙이고 싶습니다.

낙심할 때
아직도 기도할 수 있다는 것

과거에 많이 부르던 복음성가 중에 "기도할 수 있는데 왜 걱정하십니까"로 시작하는 찬송이 있습니다. 그런데 아직 질문은 남습니다. 낙심할 때는 도대체 어떻게 기도해야 합니까? 이제 본문의 비유를 통해 예수님의 대답을 친히 들어 보십시오.

의로우신 하나님을 믿고 기도하라

본문의 비유는 한 재판장의 이야기로 시작됩니다.

"이르시되 어떤 도시에 하나님을 두려워하지 않고 사람을 무시하는 한 재판장이 있는데"(눅 18:2).

6절에서는 그를 가리켜 '불의한 재판장'이라고 말합니다. 이어서 과부의 이야기가 3절 이하에 소개됩니다.

> "그 도시에 한 과부가 있어 자주 그에게 가서 내 원수에 대한 나의 원
> 한을 풀어 주소서 하되"(눅 18:3).

재판장은 얼마 동안 이 과부의 탄원을 외면하다가, 이 여인이 집요
하게 호소를 계속하자 '만일 이 여인의 호소를 외면하다가는 계속 괴
롭힘을 당하겠다'는 생각 때문에 이 여인의 원한을 풀어 주었다는 것
입니다. 그러면서 예수께서 이렇게 말씀하십니다.

> "하물며 하나님께서 그 밤낮 부르짖는 택하신 자들의 원한을 풀어 주
> 지 아니하시겠느냐"(눅 18:7).

이 말씀을 가장 잘못 해석하는 방법은 하나님을 불의한 재판장 같
다고 설명하는 것입니다.

사실 본문을 기록한 누가나 예수님의 의도는 이 불의한 재판장과
하나님을 상대적으로 비교하려는 데서 출발합니다. 불의한 재판장도
과부의 원한을 풀어 주었는데, 하물며 하나님이 안 풀어 주시겠느냐는
것입니다. 사실 누가는 본문을 통해서 불의한 재판장과 의로우신 하나
님을 대비하고자 한 것으로 보입니다. 여기 '원한'이라는 단어의 원문
은 '에크디케오'(ekdikeo)인데, 이는 '에크'(ek)와 '디카이오오'(dikaioo)의

합성어로 '의에서 벗어난 상황'을 뜻하는 말입니다. 그러니까 '원한을 푼다'는 것은 의로운 상태로 복귀하는 것을 의미합니다. 최근 우리 사회에서의 정치적 화두도 '정의와 공정'이 이슈가 되고 있습니다. 우리 사회를 정의롭고 공정하게 이끌 수 있는 리더십이 요구되고 있습니다.

우리가 기도하며 하나님에게 나아와 탄원할 수 있는 이유는, 그분이 의로우신 하나님임을 믿기 때문입니다. 그분이 우리가 경험하는 불의하고 불공정한 문제들을 해결해 주실 것을 믿는 것입니다.

"그가 땅을 심판하러 임하실 것임이로다 그가 의로 세계를 판단하시며 공평으로 그의 백성을 심판하시리로다"(시 98:9).

그러므로 우리가 불의함과 불공평함으로 억울한 일을 당할 때, 의와 공평으로 판단하시는 하나님에게 나아와 호소함이 마땅하지 않겠습니까? 시편 4편 1절의 말씀을 기억합시다.

"내 의의 하나님이여 내가 부를 때에 응답하소서 곤란 중에 나를 너그럽게 하셨사오니 내게 은혜를 베푸사 나의 기도를 들으소서."

그래서 본문 7절에서 예수님은 하나님을 택하신 자들의 원한을 풀어 주시는 분으로 소개합니다. 다시 말하면, 우리를 다시 의롭고 공정한 상황으로 인도해 주실 분이라는 말입니다. 본문 7-8절을《메시지》

는 이렇게 번역합니다.

> 너희는 도움을 구하며 끝임없이 부르짖는 택하신 백성을 위해 하나님
> 이 개입하셔서 정의를 이루어 주시리라고 왜 생각지 않느냐? 하나님이
> 자기 백성의 권리를 지켜 주시지 않겠느냐? 내가 보장한다. 하나님이
> 반드시 그렇게 해 주실 것이다.

낙심할 일을 당했습니까? 예수님이 말씀하신 이 하나님, 의롭고 공
정하신 하나님을 신뢰하십시오. 그분에게 기도함으로 나아가십시오.

약한 자의 하나님을 믿고 기도하라

우리가 낙심해서 기도할 때 본문이 가르치는 두 번째 교훈은, 약한 자
를 돌보시는 하나님을 믿고 기도하라는 것입니다. 본문에 나타난 비유
의 주인공은 과부입니다. 왜 주님이 과부를 등장시켜 말씀을 주셨을까
요? 그들은 당시의 사회에서 가장 힘없는 자, 사회적 약자의 대표였기
때문이었을 것입니다.

여성이 노동으로 수입을 얻지 못하던 시대에 여인들은 자신의 생
존을 남편에게 의지할 수밖에 없었습니다. 남편이 죽으면 생존의 모든
수단이 없어지는 것입니다. 그래서 초대 교회는 과부를 돌보는 것을

중요한 사명으로 알았습니다. 물론 자녀들이 있을 경우에는 일차적으로 자녀들에게 책임이 있다고 보았습니다. 그러나 돌봐 줄 가족이 아무도 없는 여인들은 교회가 돌아볼 '참 과부'라고 불렀습니다("참 과부인 과부를 존대하라"[딤전 5:3]). 그래서 교회마다 참 과부 명단을 두고 있었습니다. 디모데전서 5장 9절은 "과부로 명부에 올릴 자는"이라는 말씀으로 시작됩니다.

이런 과부들과 함께 구약에서부터 주의 백성이 관심을 가진 또 하나의 대상은 고아였습니다. 부모가 없는 고아, 자신들의 힘으로 세상을 헤쳐 갈 방편이 없는 아이들이 바로 하나님의 특별한 사랑의 대상이었던 것입니다. 성경이 소개하는 하나님을 보십시오.

"고아와 과부를 위하여 정의를 행하시며 나그네를 사랑하여 그에게 떡과 옷을 주시나니"(신 10:18).

"여호와께서 나그네들을 보호하시며 고아와 과부를 붙드시고 악인들의 길은 굽게 하시는도다"(시 146:9).

"선행을 배우며 정의를 구하며 학대받는 자를 도와주며 고아를 위하여 신원하며 과부를 위하여 변호하라 하셨느니라"(사 1:17).

"고아와 과부를 압제하거나 학대하지 말며"(렘 22:3).

그래서 한 신학자는 성경의 하나님에 대해 '고아와 과부를 편애하시는 하나님'이라고 밀했습니다. 세성에서 가장 힘없고 연약한 자들올 돌아보시는 하나님, 성경의 하나님이 그런 분이시라면 우리가 무력하고 연약하다고 느낄 삶의 자리야말로 바로 하나님에게 나아갈 기도의 자리가 아니겠습니까? 성경의 하나님은 약자의 하나님이십니다. 우리가 약자의 처지에 있을 때야말로 기도로 하나님에게 나아갈 때임을 기억하십시오. 우리가 낙심하고 도울 자가 없다고 느낄 그때야말로 약자의 하나님, 성경의 하나님에게 기도의 무릎을 꿇어야 할 때입니다.

응답자이신 하나님을 믿고 기도하라

본문에 불의한 재판장을 등장시키신 이유가, 과부가 이 재판장에게 떼를 써서 귀찮게 함으로 그의 도움을 얻어 낸 것처럼 우리 또한 기도할 때 떼를 쓰고 하나님을 귀찮게 해야 한다는 뜻은 결코 아닙니다. 불의한 재판장도 이 과부의 청을 그렇게라도 풀어 주었는데, 하물며 의롭고 선한 하나님이 우리의 기도에 신속하게 응답하지 않으시겠느냐는 것이 가르침의 핵심입니다.

"하물며 하나님께서 그 밤낮 부르짖는 택하신 자들의 원한을 풀어 주지 아니하시겠느냐 그들에게 오래 참으시겠느냐 내가 너희에게 이르노니 속히 그 원한을 풀어 주시리라 그러나 인자가 올 때에 세상에서 믿음을 보겠느냐"(눅 18:7-8).

의롭고 선한 하나님은 그 택하신 백성의 기도를 반드시 응답하십니다. 신속하게 응답하십니다. 그러나 응답의 전제가 있습니다. 우리의 믿음을 보고 응답하신다는 것입니다.

과부에게 배워야 할 믿음은 무엇입니까? '내가 구하면 반드시 불쌍히 여기고 응답하실 것'이라는 믿음입니다. 하나님이 우리의 믿음을 통해 기도에 응답하시는 이유는 무엇일까요? 기도의 응답 이상으로 그분은 우리와의 믿음의 관계를 더 중요하게 보시기 때문입니다. 히브리서 11장 6절의 말씀을 기억하십시오.

"믿음이 없이는 하나님을 기쁘시게 하지 못하나니 하나님께 나아가는 자는 반드시 그가 계신 것과 또한 그가 자기를 찾는 자들에게 상 주시는 이심을 믿어야 할지니라."

이처럼 우리가 믿고 기도할 때 하나님은 응답의 역사를 행하십니다. 예수님도 이렇게 말씀하십니다.

"그러므로 내가 너희에게 말하노니 무엇이든지 기도하고 구하는 것은 받은 줄로 믿으라 그리하면 너희에게 그대로 되리라"(막 11:24).

여기서 우리는 믿음으로 전설적 기도의 응답을 경험한 조지 뮬러를 기억하게 됩니다. 하나님이 그에게 그런 놀라운 응답을 베푸신 이유에 대해 그는 자신에게 믿음의 특별한 은사가 있어서가 아니라, 자신은 고아들을 사랑하시는 하나님 아버지를 단순하게 신뢰하고 기도했을 따름이라고 말합니다. 그는 회심한 순간부터 하나님만 신뢰하고 사람들에게는 도움을 구하지 않는다는 믿음의 원칙으로 자신의 사역을 감당했습니다. 그렇게 그는 2,050명의 고아를 수용할 수 있는 다섯 개의 고아원을 짓기 위해 11만 파운드를 기도로 모금했고, 평생을 통해 10,024명의 고아들을 돌보았습니다. 그렇게 하는 동안 그는 수많은 놀라운 기도의 응답을 경험합니다.

고아원 사역 초기에 직원이 아침 양식이 떨어졌다고 보고하자, 그는 400여 명의 아이들을 식당에 다 모이게 하라고 지시한 후 엎드려 기도합니다. 그리고 그가 기도를 마치자 고아원 앞에 한 대의 마차가 도착합니다. 그 마차에는 막 구운 빵과 신선한 우유가 가득했습니다. 인근 공장에서 직원 야유회에서 쓰려고 주문했는데, 폭우로 취소되어 고아원에 보낸 것이었습니다.

또 한 번은 어느 겨울, 고아원의 증기 보일러가 고장 났다고 합니다. 직원들이 보일러를 고치려면 일주일이 걸릴 터인데 어쩌면 좋으냐고 하자 뮬러는 안타까운 가슴으로 엎드려 "날씨를 주장하시는 하나님, 이 아이들을 내게 맡기신 하나님! 아이들을 얼어 죽게 아니하시려면 한 주간만 날씨를 따뜻하게 변화시켜 주십시오" 하고 기도했다고 합니다. 그러자 거짓말처럼 날씨가 변해서 한 주간 동안 봄 날씨가 찾아왔고, 보일러가 고쳐지자 다시 차가운 겨울 날씨로 돌아갔다고 합니다. 다들 너무 신기한 일이라고 했을 때 뮬러는 "하나님이 고아들의 아버지시니까, 그분이 하신 일이지요"라고 대답했다고 합니다.

이런 뮬러의 하나님을 우리도 믿을 수 있다면, 오늘날 팬데믹의 공포가 아무리 낙심하게 할지라도 우리는 이길 수 있습니다. 그분이 우리 택함 받은 인생들의 기도에 응답하는 하나님이심을 믿어야 합니다. 기도만이 낙심을 극복하는 하늘의 처방입니다. 왜 낙심합니까? 기도할 수 있는데 말입니다.

"여리고에 가까이 가셨을 때에 한 맹인이 길가에 앉아 구걸하다가 무리가 지나감을 듣고 이 무슨 일이냐고 물은대 그들이 나사렛 예수께서 지나가신다 하니 맹인이 외쳐 이르되 다윗의 자손 예수여 나를 불쌍히 여기소서 하거늘 앞서가는 자들이 그를 꾸짖어 잠잠하라 하되 그가 더욱 크게 소리 질러 다윗의 자손이여 나를 불쌍히 여기소서 하는지라 예수께서 머물러 서서 명하여 데려오라 하셨더니 그가 가까이 오매 물어 이르시되 네게 무엇을 하여 주기를 원하느냐 이르되 주여 보기를 원하나이다 예수께서 그에게 이르시되 보라 네 믿음이 너를 구원하였느니라 하시매 곧 보게 되어 하나님께 영광을 돌리며 예수를 따르니 백성이 다 이를 보고 하나님을 찬양하니라"(눅 18:35-43).

20. 운명 전환의 순간

그분이 우리의 메시아이심을 부르짖어 고백하는 순간,
우리는 운명을 바꾸는 것입니다.

악성 베토벤(Ludwig van Beethoven)의 음악 작품 중에 가장 많이 알려진 것이 있다면 교향곡 제5번 혹은 다단조 교향곡일 것입니다. 흔히 이 곡은 우리에게 〈운명〉으로 소개되고 있습니다. 이 곡이 일본에 소개되면서 일본과 한국을 중심으로 〈운명〉으로 알려지게 되었다고 합니다. 아마 운명을 믿는 동양적 감수성이 이 곡을 그렇게 받아들이게 한 것이 아닌가 싶습니다. 한 설에 의하면 베토벤의 비서요, 전기 작가인 쉰들러(Anton Felix Schindler)가 베토벤에게 이 곡의 주제가 무엇이냐고 물었을 때 "운명이 문을 두드리는 소리지"라고 대답한 데서 유래되었다고도 합니다. 다른 해석으로는 교향곡 제3번 〈영웅〉을 완성한 후 베토벤은 모든 영웅들이 직면해야 할 운명을 묵상하기 시작했다는 설도 있습니다. 혹은 그가 자기 인생을 생각하며 공원을 거닐 때 들려온 노랑촉새 소리가 마치 문을 두드리는 소리를 연상하게 했다는 설도 있습니다. 여하튼 우리는 한평생을 살아가며 운명과 직면할 때, 과연 운명은 정해진 것인지, 아니면 극복될 수 있는 것인지를 묻습니다.

본문에도 불행한 운명을 만난 주인공이 등장합니다. 누가는 그가 시각장애인이요, 동시에 걸인이었다고 소개합니다.

"여리고에 가까이 가셨을 때에 한 맹인이 길가에 앉아 구걸하다가"
(눅 18:35).

그런데 그가 어느 날 운명을 바꿀 수 있는 복음의 소식을 접합니다.

"그들이 나사렛 예수께서 지나가신다 하니"(눅 18:37).

이미 팔레스타인의 마을과 거리에서 나사렛 예수라는 분이 메시아만이 행하는 기적을 행하고 하늘의 말씀을 들려주고 있다는 소식을 들은바 있었을 것입니다. 그런데 어느 날, 사람들에게서 바로 그 메시아가 자기 동네를 지나가신다는 소식을 듣습니다. 그는 이 기회를 놓칠 수 없는 운명 전환의 순간으로 받아들입니다. 한국식 표현을 빌리자면, 팔자를 고칠 수 있는 기회로 받아들인 것입니다. 그리고 그는 운명처럼 자신의 불행한 운명을 벗어나 새 삶을 사는 기적을 경험하게 됩니다. 그가 자신의 어두운 운명을 극복할 수 있었던 비밀은 무엇입니까?

예수를 메시아로 믿음

|||||||||||||||||||||||||||||||

그가 동네 사람들에게 소개받은 예수님은 '나사렛 예수'였습니다.

"그들이 나사렛 예수께서 지나가신다 하니"(눅 18:37).

'나사렛 예수'라는 호칭은 다분히 예수님이 자라나신 고향인 나사렛에 대한 편견이 지배하는 호칭이었습니다. 어느 시대, 어느 나라, 어느 문화에도 지리적 편견이 없는 곳은 존재하지 않습니다. 우리나라에서도 선거철만 되면 지방색을 중심으로 정치인 후보에 대한 호불호가 갈리는 모습을 보곤 합니다. 그러나 나라를 반듯하게 세우고 인생을 건강하게 살아가기 위해서는 이런 편견을 극복해야 합니다. 편견은 극복될수록 한 사회와 공동체와 나라 그리고 인류를 건강하게 하기 때문입니다.

한때 장애인으로 휠체어를 타는 박대운 씨가 〈폭소클럽〉 개그맨으로 등장했던 일은 장애인에 대한 편견을 깨는 일에 일조한 사건이었습니다. 불행의 대명사인 장애인은 다른 사람들을 웃기거나 즐겁게 할 수 없는 사람이라는 선입견이 우리 모두에게 있었기 때문입니다. 그는 사람들이 왜 다리가 없는지를 물을 때마다 이렇게 말한다고 합니다.

"나는 다리가 없는 것이 아니라, 숏다리일 뿐입니다."

그는 데뷔 무대에서 이런 메시지를 전했습니다.

"내 다리가 사람들과 다르게 생겼다고 해서 틀린 것은 아닙니다. 사람들은 가끔 '다르다'와 '틀리다'를 혼동하고 있습니다. 장애인은 틀린 사람이 아니라, 다른 사람일 뿐입니다."

그는 월드컵을 홍보하기 위해 휠체어를 타고 유럽 대륙 2,002킬로미터를 횡단해서 화제를 모으기도 했습니다.

본문의 주인공은 당시의 사람들이 예수님에 대해 가진 편견을 극복하는 모본을 보였습니다. 사람들이 예수를 '나사렛 예수'라고 부를 때 그는 '다윗의 자손 예수'라고 외치고 있었습니다.

"맹인이 외쳐 이르되 다윗의 자손 예수여 나를 불쌍히 여기소서 하거늘"(눅 18:38).

메시아의 오심을 예언한 이사야 11장 1절에 보면 "이새[다윗의 부친]의 줄기에서 한 싹이 나며 그 뿌리에서 한 가지가 나서 결실할 것이요"라고 했습니다. 여기 이 맹인이 예수를 다윗의 자손으로 부른 것은 그분이 메시아이심을 확신한 까닭입니다. 본문 39절에 보면 이 맹인보다 앞서가던 사람들이 잠잠하라고 소리치자 그는 더욱 소리 질러 외칩니다. "다윗의 자손이여 나를 불쌍히 여기소서." 사람들은 그의 확신을 꺾을 수 없었습니다. 예수가 메시아이심을, 구세주이심을, 자신의 모든 문제에 대한 진정한 대답이 되시는 분임에 대한 확신을 말입니다. 기억하십시오. 그분이 우리의 메시아이심을 부르짖어 고백하는 순간, 우리는 운명을 바꾸는 것입니다.

예수에게 가장 중요한 도움을 요청함

|||||||||||||||||||||||||||||||||||||||||||||||||||||||||||||||||

예수께서는 우리가 도움을 절실하게 필요로 할 때 길 가던 걸음을 멈추시는 분입니다.

> "예수께서 머물러 서서 명하여 데려오라 하셨더니 그가 가까이 오매 물어 이르시되"(눅 18:40).

할렐루야! 예수님은 길 가던 걸음을 멈추고 우리를 주목하십니다. 우리에게 그분 앞으로 오라고 말씀하십니다. 그리고 우리가 어떤 도움을 필요로 하는지를 물으십니다. 우리가 인생의 결정적 도움을 받을 수 있는 순간에 어떤 도움을 구하느냐는 것은 문자 그대로 운명을 결정하는 일입니다.

> "네게 무엇을 하여 주기를 원하느냐 이르되 주여 보기를 원하나이다"(눅 18:41).

본문에 등장하는 이 시각장애인의 입장에서 가장 상식적인 요청은 물질적 도움을 구하는 일이었습니다. 그는 걸인이었기 때문입니다. 눈을 뜨는 것은 오래전에 포기한 일이었고, 그에게는 어둠이 익숙한 일상이었기 때문입니다. 그러나 본문의 주인공은 메시아이신 예수님에게 그의 일생의 지엽적 도움이 아닌 근본적 도움을 구하기로 작정합니다. 그리고 외칩니다. 마음의 절규요, 영혼에 맺힌 기도였습니다. "주여 보기를 원하나이다." 그는 메시아로 확신한 그분을 '주'라고 부릅니다. 그러자 예수께서 말씀하십니다.

"예수께서 그에게 이르시되 보라 네 믿음이 너를 구원하였느니라"
(눅 18:42).

예수께서는 이 맹인 안에 있는 예수를 메시아로 믿는 믿음을 보셨습니다. 그리고 그 믿음이 그를 구원할 것이라고 선포하십니다. 여기 그분이 베푸시는 구원은 육체와 영혼, 곧 모든 영역을 포함한 전인적 구원이었습니다. 그는 눈을 떠서 새로운 세상을 보게 되었고, 또한 영의 눈을 떠서 새로운 세상, 하나님이 다스리시는 세상도 보게 되었습니다. 일찍 삼중고의 고통을 겪은 헬렌 켈러(Helen Keller)는 육신의 눈도 못 뜨는 그녀가 너무 많은 것을 아는 체한다고 비웃는 사람에게 "진짜 비극은 육체의 눈을 뜨고도 하나님이 다스리시는 세상을 보지 못하는 것이다"라고 말했다고 합니다.

오늘 우리는 무엇을 구하며 살고 있습니까? 빵과 직장을 구하는 것뿐 아니라 영혼의 개안을 구하며 살고 있습니까? 하나님 나라를 보게 해 달라고 기도하고 있습니까? 영적 부흥을 체험하게 해 달라고 기도하고 있습니까? 하나님의 의와 거룩함을 사모하게 해 달라고 기도하고 있습니까? 예수님은 마태복음 6장 33절에서 이렇게 가르치십니다.

"그런즉 너희는 먼저 그의 나라와 그의 의를 구하라 그리하면 이 모든 것을 너희에게 더하시리라."

이 말씀의 맥락에서 예수님이 말씀하신 '모든 것'은 무엇이었습니까? 먹을 것, 마실 것, 입을 것, 살 곳(부동산)이었습니다. 이것들은 생존을 위해 필요한 것이지만 가장 중요한 것은 아니라는 말입니다. 가장 중요한 것은, 하나님을 알고 그분의 통치를 경험하는 삶입니다. 그래서 예수님은 요한복음 3장에서 유대인의 산헤드린 지도자요, 랍비인 니고데모를 만나 '사람이 거듭나지 아니하면 하나님 나라를 볼 수도 없고 들어갈 수도 없다'(요 3:3, 5)고 말씀하십니다. 이것이 가장 중요한 문제입니다. 먹고사는 것보다 더 중요하고도 근본적인 문제입니다. 이것은 우리의 영원한 운명을 바꾸는 문제입니다. 이 문제의 해결을 먼저 구하게 되기를 기도합시다.

메시아이신 예수를 따르는 삶의 결단을 내림

본문의 주인공이 운명을 바꿀 수 있었던 것은, 예수를 메시아로 믿고 그분에게 가장 중요한 도움을 구했기 때문입니다. 이로 인해 그는 영적인 눈과 육적인 눈을 뜨게 되었습니다. 그러나 그가 새로운 운명의 주인공이 된 것은 더 나아가 예수님을 자신의 주로 따르게 되었기 때문입니다. 그분이 주님이시라면 그분을 문제 해결의 수단으로 이용만 하고 버릴 수는 없는 것입니다. 이제 그의 가장 고귀한 결단과 결과를 주목해 보십시오.

> "곧 보게 되어 하나님께 영광을 돌리며 예수를 따르니 백성이 다 이를 보고 하나님을 찬양하니라"(눅 18:43).

예수님과의 만남이 진지한 것이었다면, 그가 참으로 주님이고 메시아시라면 그분을 따를 수밖에 없습니다. 평생을 따를 수밖에 없습니다. 이렇게 따르는 자들을 예수의 제자라고 합니다. 마가복음에 의하면 이 제자의 이름은 맹인이었던 바디매오(디매오의 아들)라고 기록되어 있고, 그는 예루살렘교회의 중요한 일꾼이요, 지도자가 되었다고 전해집니다. 문자 그대로, 본문의 증언처럼 그는 평생 하나님을 찬양하는 예배자로 살았고, 하나님에게 영광을 돌리는 삶을 살았다고 합니다.

그렇다면 이제 중요한 것은 오늘의 예수의 제자인 우리의 모습입니다. 당신은 과연 하루하루를 예수님을 주님으로 따르며 그를 증거하는 인생을 살고 있습니까? 당신 인생의 가장 중요한 운명적 변화가 일어났습니까? 이런 변화의 새 인생을 위해서는 우리가 지불해야 할 고난의 대가가 있을 수 있습니다. 그래도 기꺼이 예수 그리스도의 제자로 주님을 따르겠습니까? 후회할 필요 없는 인생의 결론을 위해서 말입니다.

서두에 언급한 〈운명〉의 작곡가 베토벤은 사실 평생을 운명과 싸웠던 사람입니다. 음악에 겨우 눈뜨기 시작할 때 그는 귀가 멀고 말았습니다. 조금씩, 조금씩 청력을 잃어 가고 있었던 것입니다. 그러나 그는 이런 운명에 굴복하지 않았습니다. 그는 "나는 운명의 목을 조르고 싶다. 어떤 일이 있어도 운명에 짓눌리지 않을 것이다"라고 말합니다. 그는 또한 "참된 인간과 그렇지 않은 인간의 구분은 곤란한 역경을 견딜 수 있느냐에 달려 있다"라고 말합니다. 그의 위대한 음악적 성취는 운명을 극복하고, 그럼에도 불구하고 음악가로서 하늘의 소명의 길을 걸어간 용기의 결실이라고 할 수 있을 것입니다.

당신의 변화된 인생의 운명적 결론이 무엇이 되기를 원합니까? "○○○이 보게 되어(새 인생에 눈을 떠) 하나님께 영광을 돌리며 예수를 따르니 백성이 다 이를 보고 하나님을 찬양하니라." 이 증언이 당신 인생의 결론이 되기를 원합니까? 그렇다면 운명 전환의 순간을 놓치지 마십시오. 그리고 그 운명 전환의 순간이 영원토록 후회할 필요 없는 순간이 되게 하려면, 이제부터 영원토록 예수를 따르는 자가 되도록 결단해야 합니다. 예수님은 예외 없이 당신을 만난 이들 그리고 당신의 참 제자가 되려는 이들에게 "나를 따르라"라고 말씀하십니다. 우리가 주를 따른다는 것은 어떤 상황, 어떤 환경에서도 그를 따르는 것을 의미합니다. 베드로처럼 그분이 깊은 곳으로 가라고 명하신다면, 우리는 깊은 바다 속에도 그분을 따라 들어가야 합니다. 사드락, 메삭, 아벳느고처럼 그분이 불 가운데로 인도하신다면, 우리는 풀무불 속에도 그분을 따라 들어가야 합니다. 그분이 우리를 사망의 음침한 골짜기로 인도하신다면, 우리는 그분을 따라 어두운 골짜기로도 내려가야 합니다. 그분이 우리를 저 높은 곳으로 인도하신다면, 우리는 그분을 따라 저 높은 곳으로 가야 합니다. 제자의 길을 갈 준비가 되었습니까? 그 길은 영원한 운명 전환의 길, 그러나 후회할 필요가 없는 길입니다. 하나님을 찬양하고 그분께 영광을 돌리는 길입니다. 우리가 이 영광의 길을 가도록 2천 년 전에 하나님의 아들 예수께서 이 땅에 오셨습니다.

우리가 인생의 결정적 도움을 받을 수 있는 순간에

어떤 도움을 구하느냐는 것은

문자 그대로 운명을 결정하는 일입니다.

"예수께서 여리고로 들어가 지나가시더라 삭개오라 이름하는 자가 있으니 세리장이요 또한 부자라 그가 예수께서 어떠한 사람인가 하여 보고자 하되 키가 작고 사람이 많아 할 수 없어 앞으로 달려가서 보기 위하여 돌무화과나무에 올라가니 이는 예수께서 그리로 지나가시게 됨이러라 예수께서 그곳에 이르사 쳐다보시고 이르시되 삭개오야 속히 내려오라 내가 오늘 네 집에 유하여야 하겠다 하시니 급히 내려와 즐거워하며 영접하거늘 뭇사람이 보고 수군거려 이르되 저가 죄인의 집에 유하러 들어갔도다 하더라 삭개오가 서서 주께 여짜오되 주여 보시옵소서 내 소유의 절반을 가난한 자들에게 주겠사오며 만일 누구의 것을 속여 빼앗은 일이 있으면 네 갑절이나 갚겠나이다 예수께서 이르시되 오늘 구원이 이 집에 이르렀으니 이 사람도 아브라함의 자손임이로다 인자가 온 것은 잃어버린 자를 찾아 구원하려 함이니라"(눅 19:1-10).

21. 그가 사람의 아들로 오신 이유

복음만이, 복음의 주인이신 그리스도만이
인간 변화의 유일한 소망입니다.

사랑에 빠진 왕이 있었습니다. 그런데 그가 사랑한 여인은 고귀한 가문의 딸도, 부유하고 학식 있는 집안의 딸도 아니었습니다. 누더기 같은 옷을 걸치고 오두막집에 사는 비천한 시골 처녀였습니다. 그러나 왕은 그녀에게 완전히 마음을 빼앗기고 말았습니다. 막강한 권력을 지닌 왕으로서 이 여인을 자기의 사람으로 취하는 것은 어려운 일이 아니었습니다. 신하들은 왕이 명령만 내리면 당장에 그녀를 궁으로 데려오겠다고 했지만, 왕은 그렇게 하고 싶지 않았습니다. 그녀에게 귀족의 지위를 하사하고 아름답게 치장시킨 후에 왕비로 삼으면 어떻겠느냐고 제안하기도 했지만 그 안도 거절했습니다. 왕이 원한 것은 자신을 향한 그녀의 자발적이고 진실한 사랑이었기 때문입니다. 마침내 왕은 결심했습니다. 왕의 지위와 특권을 모두 내려놓고 그녀가 살고 있는 시골 마을로 가 당분간 평범한 농부로 살기로 작정한 것입니다. 사는 곳, 입는 옷, 먹는 음식 모두 그녀와 같은 상황 속으로 들어가 그녀를 만나며 사랑을 구애하고자 한 것입니다. 그녀를 사랑했고, 그녀를 자기의 신부로 삼고자 한 목적 하나 때문이었습니다.

이 이야기는 덴마크의 기독교 철학자인 쇠얀 키르케고르(Søren Kierkegaard)가 그의 저서 《철학적 단편》에서 기독교의 중요한 교리인 그리스도의 성육신(Incarnation)을 설명하기 위해 사용한 내용입니다. 시골 처녀를 사랑한 왕이 그녀를 자기의 신부로 삼기 위해 택할 수 있는 두 가지 방법이 있었습니다. 하나는, 그녀의 신분을 상승시켜 왕궁으로 데려와 그녀의 지위를 '올려 주는' 방법이었고, 다른 하나는, 왕이 시골 처녀의 삶의 상황 속으로 '내려가는' 방법이었습니다. 진실한 사랑으로 그녀를 신부로 삼고자 한 왕이 선택한 길은 스스로 내려가는 것이었고, 그렇게 해서 참된 사랑의 연합에 도달할 수 있었던 것입니다. 바울 사도는 빌립보서 2장에서, 하나님과 동등하신 하나님의 아들 예수님이 스스로를 비우고 낮추사 사람의 아들이 되어 이 땅에 내려와 우리를 섬기고 구원하고 사랑하셨다고 말합니다.

예수님과 삭개오의 만남의 이야기를 기록하고 있는 본문의 결론에서 하나님의 아들이신 그분이 사람의 아들(인자)이 되어 오신 이유를 선언하고 있습니다.

"인자가 온 것은 잃어버린 자를 찾아 구원하려 함이니라"(눅 19:10).

과연 2천 년 전, 인자 되신 예수께서 이 땅에 오신 목적은 무엇입니까?

잃어버린 죄인을 구원하고자 오심

그 샘플 케이스로 소개된 사람이 삭개오였습니다. 본문 2절은 그를 어떻게 소개합니까?

"삭개오라 이름하는 자가 있으니 세리장이요 또한 부자라."

예수님 당시 팔레스타인 땅의 유대인들은 세리를 무척이나 혐오했습니다. 그들이 로마에 많은 세금을 걷어 보내기 위해 동족인 유대인들을 착취하고 있었기 때문입니다. 삭개오는 그런 세리들의 우두머리인 세리장이었습니다. 지금으로 말하면 국세청장쯤 되는 자리에 있는 사람이었습니다. 그는 혐오의 대상이었지만, 그에게는 막강한 권력이 있었습니다. 철학자 니체(Friedrich Wilhelm Nietzsche)는 '권력에의 의지'(will to power)가 인간 생존의 본능이라고 말합니다. 삭개오는 그런 권력을 가지고 있었지만, 부끄러운 권력의 뒤안길에서 양심의 가책을 느끼던 죄인이었습니다. 그는 권력의 행사를 통해 부를 소유한 부자이기도 했습니다. 오늘 이 시대의 신은 맘몬이고 황금입니다. 황금을 영어로 Gold라고 합니다. 그런데 이 단어에서 I 하나를 빼면 God입니다. 우리 시대의 사람들은 시내 산의 이스라엘이 금송아지를 신으로 섬기듯 황금과 돈, 주식과 증권을 신으로 섬기고 있지 않습니까?

그의 이름인 '삭개오'는 '청결하다'라는 뜻입니다. 그러나 예수님이 그의 집에 유하려 들어가시자 사람들은 수군거리며 말합니다.

> "뭇사람이 보고 수군거려 이르되 저가 죄인의 집에 유하러 들어갔도 다 하더라"(눅 19:7).

그는 이름의 뜻과 다르게 소문난 불결한 죄인이었습니다. 그런데 그를 보자마자 예수님은 그의 이름을 알고 부르십니다. 본문 5절에서 주님은 "삭개오야 속히 내려오라"라고 말씀하십니다. 삭개오는 자신의 사회적 지위나 그가 소유한 황금과 상관없이 내적으로 갈등하고 있는 죄인이었습니다. 그래서 메시아로 소문난 예수를 만나고자 한 것입니다. 본문 3절은 "그가 예수께서 어떠한 사람인가 하여 보고자 하되"라고 기록합니다. 4절은 "앞으로 달려가서 보기 위하여 돌무화과나무에 올라가니"라고 기록합니다. 그는 참으로 예수님을 알고자, 만나고자 한 것입니다. 그런데 예수님이 먼저 삭개오를 알아보고 그의 이름을 부르십니다. "삭개오야 속히 내려오라." 삭개오가 예수님을 만나고자 한 이상으로 예수님이 그를 만나고자 하십니다.

우리 대부분은 이 이야기가 삭개오가 예수님을 만나고 싶어 한 이야기라고 생각합니다. 그러나 결론은 정반대입니다. 이는 하나님의 아들인 예수님이 사람의 아들이 되어 삭개오를 찾아오신 이야기입니다.

"인자가 온 것은 잃어버린 자를 찾아 구원하려 함이니라"(눅 19:10).

그렇습니다. 삭개오는 잃어버린 죄인이었습니다. 본문 1절은 이렇게 시작되었습니다.

"예수께서 여리고로 들어가 지나가시더라."

왜입니까? 잃어버린 삭개오를 찾아오신 것입니다. 주님은 지금도 우리가 사는 동네를 지나가십니다. 잃어버린 죄인인 우리를 찾아오십니다. 우리에게 권력이 있어도, 우리에게 돈이 있어도 인생의 목적지를 모르고 있다면, 그 목적지에 갈 수 있을지 확신이 없다면 우리는 잃어버린 자들입니다.

가정 변화의 희망이 되고자 오심
||||||||||||||||||||||||||||||||||||||||||||||||||

기독교가 단순히 개인 구원의 종교라고 한다면 예수님이 삭개오를 만나 구원의 도리를 전하는 것으로 끝날 수 있었을 것입니다. 그런데 본

문 5절을 보십시오.

> "예수께서 그곳에 이르사 쳐다보시고 이르시되 삭개오야 속히 내려오
> 라 내가 오늘 네 집에 유하여야 하겠다 하시니."

삭개오의 집에 들어가 묵으시겠다는 것입니다. 이미 7절에서 본 것
처럼, 예수님의 이 선택에 대해 많은 사람이 불평으로 응대하고 있었
습니다. "저가 죄인의 집에 유하러 들어갔도다"라고 말입니다. 그러나
그 불평이 바로 그분이 그 집을 선택해서 방문하신 이유였습니다. 소
문난 죄인의 집도 변화될 수 있다는 샘플을 삼고자 하신 것입니다. 세
리 마태가 동료 세리들을 초대해 예수님의 제자 된 기념 잔치를 열었
을 때도 바리새인들이 불평하지 않았습니까? 그때 예수님이 하신 말
씀이 무엇이었습니까?

> "예수께서 대답하여 이르시되 건강한 자에게는 의사가 쓸 데 없고 병
> 든 자에게라야 쓸 데 있나니 내가 의인을 부르러 온 것이 아니요 죄인
> 을 불러 회개시키러 왔노라"(눅 5:31-32).

그렇게 마태의 집에 예수님이 방문하신 후 그 집은 죄인 세리 마태
의 집에서 성도의 집으로, 예수 제자의 집으로 변화되었습니다. 그리
고 이제 죄인 세리 삭개오의 집이 다시 성도의 집으로 변화될 순간을

맞이한 것입니다.

복음이 진짜 복음이라면 한 개인의 변화에서 그칠 수 없습니다. 최소한 그의 매일의 삶의 자리인 가정을 변화시킬 수 있어야 합니다. 노아가 받은 복음이 가져온 변화의 파장을 보십시오.

"믿음으로 노아는 아직 보이지 않는 일에 경고하심을 받아 경외함으로 방주를 준비하여 그 집을 구원하였으니 이로 말미암아 세상을 정죄하고 믿음을 따르는 의의 상속자가 되었느니라"(히 11:7).

노아 한 가정의 구원이 당시 세상을 향한 믿음의 증거가 되었다는 말입니다. 그리고 노아의 가족은 의의 상속자가 되었다는 말입니다. 오늘 우리의 가정은 어떻습니까? 사도행전 16장에 보면 바울 사도가 복음을 가지고 유럽의 첫 도시인 빌립보에 옵니다. 그 도시에서 전도하다가 감옥에 갇히게 됩니다. 그러나 감옥에서도 불평 대신 찬양하고 기도하자 감옥에 지진이 나서 바울과 일행을 매고 있던 쇠사슬이 풀어지게 됩니다. 이를 본 감옥의 간수들이 하나님이 바울과 함께하심을 보고 엎드려 외칩니다.

"선생들이여 내가 어떻게 하여야 구원을 받으리이까"(행 16:30).

그때 바울이 증거한 말씀이 무엇입니까?

"이르되 주 예수를 믿으라 그리하면 너와 네 집이 구원을 받으리라"

(행 16:31).

여기 바울이 증거한 복음은 가정 변화의 희망을 포함한 것입니다. 그 후 초대 교회 1세기의 세상이 보여 준 놀라운 변화의 흔적들을 보십시오. 복음을 받아들인 수많은 집에 교회가 생겨났습니다. 집이 하나님을 예배하고 예수를 이웃들에게 증거하는 전도처가 되고 있었습니다.

"네 집에 있는 교회에 편지하노니"(몬 1:2).

복음은 가정 변화, 가정 구원의 유일한 희망입니다.

인간 변화의 희망이 되고자 오심
||||||||||||||||||||||||||||||||||||||||||||||||||||||

세상에서 가장 힘든 일이 무엇일까요? 저는 그것이 인간 변화의 과제라고 생각합니다. 오죽하면 예레미야 선지자는 이렇게 말했습니다.

"구스인이 그의 피부를, 표범이 그의 반점을 변하게 할 수 있느냐 할 수 있을진대 악에 익숙한 너희도 선을 행할 수 있으리라"(렘 13:23).

인간 변화의 난제를 아주 유머러스하게 표현한 말씀입니다. 아프리카인의 검은 피부가 변할 수 없고 표범의 얼룩얼룩한 반점을 없애는 것이 불가능한 것처럼, 악에 익숙한 인간의 죄성이 변할 수 없다는 것을 증언한 말씀입니다. 그러나 정말 인간 변화는 불가능할까요? 사람으로서는 불가능하다고 말할 수 있습니다. 그러나 전능자이신 하나님이 개입하셔도 불가능할까요? 마태복음 19장 26절이 그 해답입니다.

"예수께서 그들을 보시며 이르시되 사람으로는 할 수 없으나 하나님으로서는 다 하실 수 있느니라."

아멘. 이것이 정답입니다. 본문의 사건은 이 정답을 입증하는 것입니다. 예수님을 자기 집에 영접한 삭개오가 주께 고백하는 장면을 보십시오.

"삭개오가 서서 주께 여짜오되 주여 보시옵소서 내 소유의 절반을 가난한 자들에게 주겠사오며 만일 누구의 것을 속여 빼앗은 일이 있으면 네 갑절이나 갚겠나이다"(눅 19:8).

이 정도의 선포는 당시의 도덕적 기대를 훨씬 뛰어넘은 결단이었습니다. 레위기 5장 16절에 기록된 보상법에 의하면, "성물에 대한 잘

못을 보상하되 그것에 오분의 일을 더하여 제사장에게 줄 것이요"라고 했습니다. 민수기 5장 7절에서도 "그 지은 죄를 자복하고 그 죗값을 온전히 갚되 오분의 일을 더하여 그가 죄를 지었던 그 사람에게 돌려줄 것이요"라고 했습니다. 그런데 지금 삭개오는 네 갑절이나 갚겠다고 고백합니다. 확실한 변화가 아닙니까? 복음에 의한 변화는 언제나 도덕적 변화를 능가하는 것입니다.

그렇습니다. 복음만이, 복음의 주인이신 그리스도만이 인간 변화의 유일한 소망입니다. 그래서 삭개오는 본문 6절에서 "급히 내려와 즐거워하며 영접하거늘", 이 결단을 내린 것입니다.

리처드 닉슨(Richard Nixon)의 대통령 시절 워터게이트 사건이 터졌을 때 미국과 세계 언론은 닉슨의 보좌관으로 그의 오른팔 역할을 하던 찰스 콜슨(Charles Colson)이라는 사람을 주목했습니다. 그의 별명은 면도날, 도끼날로, 닉슨을 위해서라면 자기 할머니의 등도 밟고 갈 것이라고 대답하던 사람이었고, 목적 달성을 위해서는 수단과 방법을 가리지 않는 사람이어서 사람들이 닉슨 정부에서 결코 변화를 기대할 수 없는 대표적 인간이었습니다. 그런데 그가 재판받고 감옥에 갈 때 그도 변화될 수 있다는 믿음을 가진 그리스도인 친구들이 감옥에 있는 그에게 성경과 C. S. 루이스(Lewis)의 《순전한 기독교》(홍성사 역간)를 들여보냈습니다. 그리고 성경과 이 책을 읽으며 그는 회심하게 됩니다. 그는 감옥 생활이 연장되는 결과를 감수하며 자기의 죄과를 인정하고 대가 지불을 합니다. 그리고 감옥에서 나오자마자 《거듭나기》

(홍성사 역간)라는 책으로 자신의 변화를 간증합니다. 그리고 '교도소 선교회'(Prison Fellowship)를 만들어 전도와 선교에 여생을 헌신합니다. 그는 우리 시대에 인간 변화를 증거한 사람이 되었습니다.

인간 변화는 어렵습니다. 그러나 그리스도 안에서는 가능합니다. 이것이 바로 예수가 사람의 아들로 이 땅에 오신 이유입니다.

"귀인이 왕위를 받아가지고 돌아와서 은화를 준 종들이 각각 어떻게 장사하였는지를 알고자 하여 그들을 부르니 그 첫째가 나아와 이르되 주인이여 당신의 한 므나로 열 므나를 남겼나이다 주인이 이르되 잘하였다 착한 종이여 네가 지극히 작은 것에 충성하였으니 열 고을 권세를 차지하라 하고 그 둘째가 와서 이르되 주인이여 당신의 한 므나로 다섯 므나를 만들었나이다 주인이 그에게도 이르되 너도 다섯 고을을 차지하라 하고 또 한 사람이 와서 이르되 주인이여 보소서 당신의 한 므나가 여기 있나이다 내가 수건으로 싸 두었었나이다 이는 당신이 엄한 사람인 것을 내가 무서워함이라 당신은 두지 않은 것을 취하고 심지 않은 것을 거두나이다 주인이 이르되 악한 종아 내가 네 말로 너를 심판하노니 너는 내가 두지 않은 것을 취하고 심지 않은 것을 거두는 엄한 사람인 줄로 알았느냐 그러면 어찌하여 내 돈을 은행에 맡기지 아니하였느냐 그리하였으면 내가 와서 그 이자와 함께 그 돈을 찾았으리라 하고 곁에 섰는 자들에게 이르되 그 한 므나를 빼앗아 열 므나 있는 자에게 주라 하니 그들이 이르되 주여 그에게 이미 열 므나가 있나이다 주인이 이르되 내가 너희에게 말하노니 무릇 있는 자는 받겠고 없는 자는 그 있는 것도 빼앗기리라 그리고 내가 왕 됨을 원하지 아니하던 저 원수들을 이리로 끌어다가 내 앞에서 죽이라 하였느니라"(눅 19:15-27).

═══ 22. 왕이 다시 돌아오시는 날

우리는 복음을 듣고 예수를 믿어 하나님의 자녀가 됩니다.
그런데 그 순간부터 우리는 복음을 전하기 위해
복음을 맡은 자가 됩니다.

지금 우리가 살고 있는 역사의 시간은 예수 그리스도의 초림과 재림
사이, 재림이 가까운 시간입니다. 그리스도의 초림의 절정은 십자가
사건입니다. 이 십자가 사건으로 하나님은 인류 구원의 문을 열고 구
원의 기초를 준비하셨습니다. 그리고 이때부터 하나님의 통치가 구체
적으로 역사 속에 드러났습니다. 그러나 하나님의 통치의 완성은 예수
님이 다시 오실 때, 재림의 때로 계획되었습니다. 그런데 로마의 압제
아래 살고 있던 이스라엘 백성과 예수님의 제자들은 하나님 나라가 당
장 그들의 시대에 이루어질 것을 기대하고 있었습니다. 예수께서 기적
을 행하고 예루살렘 도성에 군중들의 환영을 받으며 입성하시자, 그때
가 바로 하나님 나라가 실현될 때라고 믿게 되었습니다. 예수님은 이
런 기대가 오히려 실망을 초래할 것을 알고, 그 나라의 실현과 완성은
그분의 재림의 때에 이루어질 것을 예고하며 그때까지 예수의 제자들

이 어떻게 살아야 할 것을 교훈하고자 하십니다. 이것이 바로 본문의 배경입니다.

> "그들이 이 말씀을 듣고 있을 때에 비유를 더하여 말씀하시니 이는 자기가 예루살렘에 가까이 오셨고 그들은 하나님의 나라가 당장에 나타날 줄로 생각함이더라"(눅 19:11).

예수님은 이어서 한 귀인이 왕위를 받기 위해 먼 나라로 떠나는 이야기를 하십니다. 그러면서 그가 완벽한 왕의 통치를 실현하기 위해 다시 돌아올 것을 말씀하십니다. 마침 예수님이 본문의 비유를 말씀하실 당시 팔레스타인 땅에서는 왕의 신분을 인정받기 위한 귀인들의 로마 행렬이 이어지고 있었습니다. 소위 헤롯 대왕도 여러 해 전 자신의 왕위를 인정받기 위해 로마를 다녀왔고, 이제 헤롯 대왕의 사후 그의 자녀들도 동일한 절차를 요구받고 있었습니다. 당시 예수님이 말씀을 주시던 여리고에는 헤롯 아켈라오가 아름다운 궁전을 짓고 이제 로마로 수개월간 여행을 떠날 채비를 하고 있었습니다. 이런 역사적 배경을 잘 알고 있던 제자들에게 예수님은 이제 당신의 왕위를 확보하고 다시 돌아올 그 기간 동안의 제자의 삶의 준비를 위해 유명한 므나의 비유를 말씀하십니다.

어떤 귀인이 열 명의 종에게 한 므나씩 열 므나를 나누어 주면서 자신이 돌아오기까지 장사할 것을 명합니다.

"이르시되 어떤 귀인이 왕위를 받아가지고 오려고 먼 나라로 갈 때에 그 종 열을 불러 은화 열 므나를 주며 이르되 내가 돌아올 때까지 장사하라 하니라"(눅 19:12-13).

당시 한 므나의 가치는 200데나리온으로, 노동자의 6개월 치 품삯에 해당되었습니다. 그리고 어느새 시간이 흘러 왕이 돌아올 때가 되었습니다.

"귀인이 왕위를 받아가지고 돌아와서 은화를 준 종들이 각각 어떻게 장사하였는지를 알고자 하여 그들을 부르니"(눅 19:15).

드디어 왕이 돌아오고 결산의 시간이 되었습니다. 그런데 이 비유를 듣는 순간 우리에게 연상되는 또 하나의 비유가 있습니다. 마태복음 25장에 기록된 달란트의 비유입니다. 피상적으로 보면 같은 이야기처럼 들리기도 합니다. 하지만 이 두 개의 비유를 세밀하게 살펴보면 같은 강조점도 있고, 차이점도 있습니다. 그러나 두 개의 비유가 결산의 시간을 말하고 있는 것은 동일합니다. 주님의 므나의 비유를 통한 세 가지 교훈을 살펴봅시다.

작은 일에 성실해야 한다

|||||||||||||||||||||||||||||||||||||||||

달란트의 비유와 므나의 비유가 공통적으로 강조하는 것이 있습니다. 그것은 곧 작은 일에 대한 성실성입니다.

> "주인이 이르되 잘하였다 착한 종이여 네가 지극히 작은 것에 충성하였으니 열 고을 권세를 차지하라"(눅 19:17).

> "그 주인이 이르되 잘하였도다 착하고 충성된 종아 네가 적은 일에 충성하였으매 내가 많은 것을 네게 맡기리니 네 주인의 즐거움에 참여할지어다"(마 25:21).

강조점이 동일하지 않습니까? 여기 우리말 번역의 '충성되다'라는 말은 영어로 'faithful'입니다. 성실한 종이라는 뜻입니다. 원어인 '피스토스'(pistos)도 '믿음직하다', '진실하다'라는 의미입니다. 마지막 결산의 시간에 우리가 얼마나 큰일을 했느냐가 중요한 게 아니라, 작은 일이라 할지라도 얼마나 성실하게 최선을 다했느냐가 중요하다는 것입니다.

전 홈플러스 회장이었으며 현재는 창업을 희망하는 젊은 지도자들을 육성하는 넥스트앤파트너스의 이승한 회장이 최근에 펴낸《시선》(북쎄즈)이라는 책이 있습니다. 이 책의 '블루카피의 달인'이라는 장에 보면 1970년 1월, 그는 대학을 졸업하고 삼성 그룹에 공채 11기로 입사했다고 합니다. 처음 보직은 제일모직 원단을 판매하는 모직물과였는데, 좋은 직장에 들어갔다고 본인도 이웃들도 그렇게 생각했지만 처음 담당한 일은 단순 복사 업무였다고 합니다. 당시에는 복사지 한 장과 원본을 같이 넣으면 복사된 종이에 푸른색 물기가 축축하게 젖어 있어 한 번에 한 장밖에 복사가 되지 않았다고 합니다. 그 한 장을 복사하는 데 1분이 걸려, 스무 쪽 넘는 서류를 열 명 분량으로 복사하려면 200분, 세 시간 이상이 걸렸다고 합니다. 하지만 그는 불평하는 대신 축축하게 젖은 복사 용지가 기계에서 나올 때마다 테이블 위에 조심스럽게 뉘어 널어놓고 종이 표면이 고르게 마르면 스테이플러로 가지런히 정리하곤 했습니다.

얼마 되지 않아 그는 상사들로부터 카피의 달인이라는 별명을 받았다고 합니다. 복사한 서류들의 순서가 뒤바뀌는 법이 절대 없고, 종이 표면도 예술적으로 깨끗하게 말린다는 것입니다. 동료와 상사들이 무슨 비법이라도 있느냐고 물었지만, 사실 비법은 인내심을 가지고 최선을 다한 것뿐이라고 말합니다. 하루 종일 복사만 하고 서 있어도 시간이 아깝다든가 그것이 하찮은 일이라고 생각하지 않았다고 합니다. 〈생활의 달인〉이라는 프로그램이 그때도 있었더라면 아마 블루카피의 달인으로 출연했을지도 모를 일이라고 말합니다. 그 성실함의 연장선상에서 리움 미술관, 영종도 신공항 고속도로, 부산 가덕도 신항만 프로젝트 그리고 최근 '북쌔즈 복합 문화 공간'도 기획하고 추진할 수 있었다고 말합니다. 이것이 바로 작은 일에 대한 성실성의 보상이라고 할 수 있을 것입니다.

우리 스스로에게 물어야 할 질문이 있습니다. 우리는 맡겨진 일상의 작은 일들을 얼마나 성실하게 감당하고 있습니까? 가정일이든, 직장의 일이든, 교회의 일이든 말입니다.

우리는 모두 동일한 선물을 받았다

여기 달란트의 비유와 므나의 비유의 차이점이 있습니다. 달란트의 비유에서는 주인이 종들에게 각각 다른 수량의 달란트를 맡겼습니다. 한 종에게는 다섯 달란트를, 또 한 종에게는 두 달란트를, 또 한 종에게는 한 달란트를 맡겼습니다. 그러나 므나의 비유에서는 열 명의 종에게 동일한 한 므나를 맡겼습니다. 달란트의 경우 다르게 맡겨진 것은 하나님이 우리 모두에게 문자 그대로 다른 달란트를 주셨다는 것입니다. 달란트(Talent)를 영어로 번역할 때는 재능이라고도 합니다. 우리는 모두 다른 재능을 갖고 태어납니다. 이런 다른 재능들이 어우러져 창조적이고 다양성 있으며 아름답고 조화로운 세상이 만들어지는 것 아니겠습니까? 모두가 같은 재능을 갖고 같은 일을 하며 살아간다면 세상이 얼마나 무미건조하겠습니까? 동물과 식물이 각각 한 종류만 있고 사람이 한 직종에만 종사한다면 말입니다. 하나님이 보시기에 좋은 세상은 다양한 재능, 다양한 능력이 어우러져 무한한 가능성에 도전하는 세상입니다.

그런데 모든 주의 종에게, 모든 하나님의 백성에게 동일하게 주신 선물이 있습니다. 복음입니다. 이것이 이 므나 비유의 핵심입니다. 우리가 예수를 믿는 순간, 예수를 구주와 주님으로 영접하고 하나님의 자녀가 되는 순간 동일하게 맡겨진 것이 있습니다. 그것이 바로 복음입니다. 우리는 복음을 듣고 예수를 믿어 하나님의 자녀가 됩니다. 그런데 그 순간부터 우리는 복음을 전하기 위해 복음을 맡은 자가 됩니다. 바울 사도는 이에 대해 이렇게 말합니다.

"사람이 마땅히 우리를 그리스도의 일꾼이요 하나님의 비밀을 맡은 자로 여길지어다 그리고 맡은 자들에게 구할 것은 충성이니라"(고전 4:1-2).

인생의 마지막 날 우리 모두는 우리를 구원한 복음, 우리 이웃들을 구원할 복음을 전하는 일에 얼마나 성실했는가를 결산해야 합니다.

세 가지 다른 결산을 하게 될 것이다
||||||||||||||||||||||||||||||||||||||||||||||||||||||||||||||

세 가지 결산이란 무엇일까요? 첫째는, 복음을 거절한 사람들의 결산

입니다.

> "그리고 내가 왕 됨을 원하지 아니하던 저 원수들을 이리로 끌어다가
> 내 앞에서 죽이라"(눅 19:27).

예수 그리스도를 자신의 주와 왕으로 삼기를 거절한 사람들은 주
님의 영원한 지옥의 심판을 피할 수 없다는 것입니다.

둘째는, 한 므나를 수건에 싸 둔 종에 대한 처분입니다(눅 19:20-26).
그는 분명히 그 므나로 장사하라는 명령에 불순종한 것입니다. 복음은
전해지고 나누어지기 위해 우리에게 맡겨진 것입니다. 그러나 주님의
관심이 자신의 관심이 될 수 없었던 사람들도 주님의 책망을 피하지
못했습니다. 본문에 의하면 오직 첫째 종과 둘째 종만이 칭찬을 받습
니다. 한 므나로 열 므나를 남긴 첫째 종에게는 "열 고을 권세를 차지하
라"(눅 19:17)라고 말씀하시고, 한 므나로 다섯 므나를 남긴 둘째 종에게
는 "다섯 고을을 차지하라"(눅 19:19)라고 말씀하십니다. 왕이 돌아오시
는 날 영원한, 완성된 천국에서 누릴 상급으로서의 기업에 대한 약속
입니다.

C. S. 루이스는 천국과 지옥을 대조하며 "지옥이 인간성의 모든 가
능성이 박탈된 곳이라면, 천국은 인간성의 모든 가능성이 무한하게 자
라나고 꽃피우는 곳"이라고 말합니다. 성경은 그 영원한 천국이 왕 되
신 주님과 함께 성도들이 왕 노릇 하는 곳이라고 말합니다. 인간의 모

든 죄성과 부패성이 사라지고 거룩함과 영광스러움으로 가득한 곳에서 우리는 다섯 고을 혹은 열 고을을 다스리며 영원토록 즐거워할 것입니다. 천국의 스타는 복음을 전하는 일에 쓰임 받은 사람들입니다. 다니엘 12장 3절의 약속을 기억합시다.

"지혜 있는 자는 궁창의 빛과 같이 빛날 것이요 많은 사람을 옳은 데로 돌아오게 한 자는 별과 같이 영원토록 빛나리라."

왕이 다시 돌아올 날이 가까워지고 있습니다. 그때 우리는 왕을 만나 인생을 결산하고 그분이 다스리는 영원한 도성에 들어가 상급을 누릴 수 있어야 합니다. 그날, 과연 우리는 주께서 맡기신 작은 일에 성실했던 자로 그분 앞에 설 수 있을까요? 과연 우리를 구원하고 맡겨 주신 복음 사역을 위해 성실하게 인생을 경영하고 장사한 자로 왕 앞에 서서 보고할 수 있을까요? 지금 세상 도처에서 일어나는 일들은 왕이 오고 계심을 경고하고 있습니다. 그날을 준비하는 그리스도인이 됩시다.

"예수께서 이 말씀을 하시고 예루살렘을 향하여 앞서서 가시더라 감람원이라 불리는 산쪽에 있는 벳바게와 베다니에 가까이 가셨을 때에 제자 중 둘을 보내시며 이르시되 너희는 맞은편 마을로 가라 그리로 들어가면 아직 아무도 타보지 않은 나귀 새끼가 매여 있는 것을 보리니 풀어 끌고 오라 만일 누가 너희에게 어찌하여 푸느냐 묻거든 말하기를 주가 쓰시겠다 하라 하시매 보내심을 받은 자들이 가서 그 말씀하신 대로 만난지라 나귀 새끼를 풀 때에 그 임자들이 이르되 어찌하여 나귀 새끼를 푸느냐 대답하되 주께서 쓰시겠다 하고 그것을 예수께로 끌고 와서 자기들의 겉옷을 나귀 새끼 위에 걸쳐 놓고 예수를 태우니 가실 때에 그들이 자기의 겉옷을 길에 펴더라 이미 감람 산 내리막길에 가까이 오시매 제자의 온 무리가 자기들이 본 바 모든 능한 일로 인하여 기뻐하며 큰 소리로 하나님을 찬양하여 이르되 찬송하리로다 주의 이름으로 오시는 왕이여 하늘에는 평화요 가장 높은 곳에는 영광이로다 하니 무리 중 어떤 바리새인들이 말하되 선생이여 당신의 제자들을 책망하소서 하거늘 대답하여 이르시되 내가 너희에게 말하노니 만일 이 사람들이 침묵하면 돌들이 소리 지르리라 하시니라 가까이 오사 성을 보시고 우시며"(눅 19:28-41).

23. 예수의 역설적 리더십

그분은 겸손한 왕인 동시에 겸손한 종으로서
우리의 무거운 짐을 덜어 주는 분이십니다.
여기에 우리의 지도자, 예수님이 보여 주신 지도력의
역설이 있습니다.

리더십은 위기를 통해 그 정체를 드러냅니다. 대부분의 진정성이 없는 리더십은 위기를 맞이하며 그 추한 민낯을 드러냅니다. 그러나 역사를 변화시키는 리더십은 위기를 통해 감동을 만들고, 그 감동으로 인류에게 선한 영향을 끼칩니다. 십자가는 로마 시대의 가장 악한 죄인들을 처형하는 도구였습니다. 그런데 예수의 십자가는 인류 역사상 가장 큰 감동으로 인류를 변화시킨 매력적인 도구가 되었습니다. 북한과 남한을 동시에 방문하고 온 외국 기자가 북한과 남한의 현저한 차이는 '십자가의 차이'라고 한 적이 있습니다. 북한 땅에서는 볼 수 없었던 십자가가 남한의 도시를 가득 메운 모습이 인상적이었던 모양입니다. 실제로 저는 십자가가 오늘의 북한과 남한의 차이를 만든 중요한 요인 중 하나라고 믿고 있습니다.

저는 십자가가 민주 국가의 리더십과 전체 국가의 리더십의 차이를 만든다고 믿습니다. 문자 그대로 민주 국가는 '백성을 주인으로 섬기는 나라'입니다. 그 사상이 어디서 왔습니까? 저는 기독교가 역사적으로 민주 국가 형성에 절대적 영향을 끼쳐 왔다고 믿습니다. 거기에는 두 가지 원인이 있다고 봅니다. 첫째, 하나님이 인간을 창조할 때 '하나님의 형상'을 따라 만드셨다는 것을 우리는 믿습니다. 인간은 하나님을 닮은 고귀한 존재이기에 그리스도인들이 인권 존중 운동에 기여하고 헌신할 수 있었습니다. 둘째, 하나님이 얼마나 우리를 사랑하시는지, 우리 인간을 구원하기 위해 하나님의 아들 예수님이 우리를 대신해서 십자가에 죽으셨다는 속죄 사상입니다. 이 사상 때문에 사람을 귀히 여기고 사람을 건지기 위해 무슨 일이라도 할 수 있다는 희생적 사랑이 태어날 수 있었습니다.

본문의 배경은 예수님이 지상 생애 최후의 한 주간을 보내기 위해 나귀를 타고 예루살렘 성에 입성하신 것을 기념하는 종려 주일입니다. 우리는 이 종려 주일 사건이야말로 예수님의 리더십을 배울 수 있는 가장 중요한 모멘트라고 믿습니다.

그러면 종려 주일의 사건에서 보는 예수는 누구입니까? 두 가지만 강조하겠습니다. 그는 첫째로, 권위 있는 주님이십니다. 그러나 동시에 둘째로, 겸손한 종이십니다. 권위가 있는데 겸손하시고, 주인인데 종으로 사신 분, 이것을 우리는 역설의 리더십이라고 말할 수 있을 것입니다.

권위 있는 주님
||||||||||||||||||||

이스라엘 최대의 명절인 유월절을 앞두고 예수님은 베다니 마을에 도착하십니다. 베다니와 인근 감람 산 언덕에 있는 벳바게 마을에서 예루살렘까지는 불과 2-3킬로미터를 앞둔 지점입니다. 이때 예수님은 제자 둘을 맞은편 마을로 보내어 아직 아무도 타 보지 않은 나귀 새끼를 풀어 당신에게로 끌고 오라고 명하십니다. 그리고 이어서 이렇게 말씀하십니다.

> "만일 누가 너희에게 어찌하여 푸느냐 묻거든 말하기를 주가 쓰시겠다 하라"(눅 19:31).

상식적으로 말이 안 되는 말입니다. 그 나귀 새끼의 주인이 있을 터인데 예수께서 '진짜 주인은 나'라고 선언하시는 말씀이 아닙니까! 제자들은 33절에서 진짜 임자들, 곧 주인들과 조우하게 됩니다. 제자들은 예수님께 교육받은 대로 했을 것입니다.

> "나귀 새끼를 풀 때에 그 임자들이 이르되 어찌하여 나귀 새끼를 푸느냐 대답하되 주께서 쓰시겠다 하고"(눅 19:33-34).

그리고 다음 절에 보면 나귀를 예수께로 끌고 온 것을 알 수 있습니다. 우리는 이 사건 자체가 하나님의 계획 속에 있었던 기적이라는 것을 전제하지 않고는 사건을 이해하기가 어렵습니다. 그리고 모든 상황을 인지하지 못한 채로 나귀 새끼의 주인들은 하나님의 주권적 계획을 수용한 것입니다. 어쩌면 메시아로 불리기 시작한 그분이 베다니에서 죽은 나사로를 살리신 사건이 영향을 끼쳤을 수도 있습니다. 여하튼 이 간단한 에피소드에서 드러난 명확한 메시지는 예수가 나귀 새끼를 포함한 만물의 주인이시라는 사실입니다.

마침내 예수님을 나귀에 태우고 함께 감람 산 언덕을 넘어 예루살렘 시내로 향하는 제자들의 행렬에는 흥분과 감동이 춤추고 있었습니다. 그들의 찬양 소리를 들어 보십시오.

"이르되 찬송하리로다 주의 이름으로 오시는 왕이여 하늘에는 평화요 가장 높은 곳에는 영광이로다"(눅 19:38).

이와 비슷한 찬양 소리를 이미 어디에선가 듣지 않았습니까? 메시아의 탄생을 알리기 위한 베들레헴 지경 밖 천사들의 찬양 소리 말입니다.

"지극히 높은 곳에서는 하나님께 영광이요 땅에서는 하나님이 기뻐하신 사람들 중에 평화로다"(눅 2:14).

지금 유사한 찬양이 울려 퍼지고 있습니다. 무슨 말입니까? 이 나귀를 타신 분이 바로 그 메시아라는 메시지입니다. 그가 바로 왕이신 메시아라는 말입니다. 그래서 왕의 예우에 걸맞게 그분이 나귀를 타고 가시는 길에 자기들의 겉옷을 던져 그 위로 지나시게 한 것입니다. 그리고 이것은 시편 118편 25-26절의 메시아 예언의 성취를 찬양하는 것이었습니다.

> "여호와여 구하옵나니 이제 구원하소서 여호와여 우리가 구하옵나니 이제 형통하게 하소서 여호와의 이름으로 오는 자가 복이 있음이여 우리가 여호와의 집에서 너희를 축복하였도다."

이것이 바로 종려 주일의 호산나 찬양입니다. 마가복음 11장 9절에서는 "호산나 찬송하리로다 주의 이름으로 오시는 이여"라고 했습니다. 우리는 이 두 가지 에피소드로 이날 종려 주일에 나귀를 타신 그분의 정체를 만납니다. 그분은 우리의 찬양을 받기에 합당하신, 우리가 기다려 온 왕이신 메시아, 권세 있는 주님이셨습니다. 그러나 이날의 행렬에서 그분이 보이신 또 하나의 메시지가 있습니다.

겸손한 종
||||||||||||||

이 예루살렘 입성의 행진에서 예수님이 왜 하필이면 나귀 새끼를 타셨는가를 생각해 본 적이 있습니까? 다윗 왕 이후 성지에서도 전쟁에 승리한 정복자들은 언제나 군마를 탔습니다. 지금 이스라엘 백성은 로마 제국의 지배를 경험하면서 이제 기적을 행하시는 메시아가 로마를 제압하고 이스라엘을 해방시키는 정복자로 오실 것을 기대하고 있습니다. 그런데 그분이 지금 나귀를, 그것도 나귀 새끼를 타고 입성하십니다. 말도 안 되는 역설입니다. 그런데 그분은 바야흐로 그분의 역설의 리더십을 지금 보이고자 하십니다.

나귀는 일반적으로 짐을 지는 동물로 간주되고 있었습니다. 무슨 메시지입니까? 주님은 이 나귀와 일체가 되어 지금 짐을 지는 종으로 오시고 있다는 것이 아닙니까? 힘없는 민중의 짐을 지고 가는 종으로 오시는 분임을 상징적으로 보이고 있는 것입니다. 또 하나, 군마와 나귀의 차이를 기억할 필요가 있습니다. 군마는 전쟁을 위해 준비되지만, 나귀는 평화를 위한 동물입니다. 아무도 나귀를 타고 전장에 가는 이는 없습니다. 그분이 평화를 위해 오시는 분임을 증거하고 있지 않습니까?

아직 더 중요한 나귀의 메시지가 남아 있습니다. 사실 그분이 나귀를 타고 입성하신 것은 구약 예언의 성취입니다.

"시온의 딸아 크게 기뻐할지어다 예루살렘의 딸아 즐거이 부를지어다 보라 네 왕이 네게 임하시나니 그는 공의로우시며 구원을 베푸시며 겸손하여서 나귀를 타시나니 나귀의 작은 것 곧 나귀 새끼니라"(슥 9:9).

이는 주전 487년경의 예언입니다. 그러니까 약 513년 후에 메시아가 나귀 새끼를 타고 예루살렘에 입성하실 것을 예언한 것입니다. 놀라운 예언이 아닙니까? 그런데 이 예언에서 스가랴 선지자는 메시아가 나귀 새끼를 탄 것이 그분의 겸손을 증거한다고 말합니다. 그는 겸손한 왕이시라는 것입니다. 왜 그렇게 오실 필요가 있었을까요? 그분이 군마를 타고 오셨다면 사람들이 쉽게 접근할 수 있었을까요? 특히 어린아이들의 접근이 가능했을까요? 종려나무 가지를 흔들며 찬양하는 사람들 사이에서 제일 신나게 소리 지르고 찬양하는 이들은 아이들이 아니었겠습니까? 그래서 모든 사람의 구주가 될 수 있었던 분이 아니었겠습니까? 그분이 바로 "수고하고 무거운 짐 진 자들아 다 내게로 오라 내가 너희를 쉬게 하리라"(마 11:28)라고 말씀한 분이십니다. 이어지는 말씀이 무엇입니까?

"나는 마음이 온유하고 겸손하니 나의 멍에를 메고 내게 배우라 그리하면 너희 마음이 쉼을 얻으리니"(마 11:29).

그래서 그분은 겸손한 왕인 동시에 겸손한 종으로서 우리의 무거운 짐을 덜어 주는 분이십니다. 여기에 우리의 지도자, 예수님이 보여 주신 지도력의 역설이 있습니다. 이제 중요한 것은 우리가 할 일입니다. 인생의 여정에서 어느 날 그분을 주님으로 만난 우리는 어떻게 그를 따라야 할까요? 이제 우리는 바울 사도에게서 그 결론적인 해답을 찾고자 합니다.

"너희 안에 이 마음을 품으라 곧 그리스도 예수의 마음이니"(빌 2:5).

그런데 NIV 성경은 그리스도 예수의 '마음'을 그리스도 예수의 '태도'(attitude)라고 번역합니다. 그러면 그리스도인이 가져야 할 삶의 태도는 무엇이겠습니까? 그것이 바로 권위 있는 주인이면서 종 된 섬김의 태도인 것입니다. 이런 역설적 태도야말로 우리가 예수님에게서 배울 리더의 정신입니다. 리더에게 권위가 없다면 아무도 따르려 하지 않을 것입니다. 그러나 리더가 권위만을 행사하고자 하고 섬김의 태도를 보이지 않는다면, 우리는 그런 리더에게서 폭력만을 경험하게 될 것입니다. 바울 사도가 제시하는 예수의 리더십, 그 삶의 태도를 직접 들어 보십시오.

"그는 근본 하나님의 본체시나 하나님과 동등됨을 취할 것으로 여기지 아니하시고 오히려 자기를 비워 종의 형체를 가지사 사람들과 같이 되셨고"(빌 2:6-7).

다시 말하면, 하나님과 동등한 권위를 지닌 그분이 사람들 중에 종이 되어 우리에게 오셨다는 것입니다. 이것이 바로 예수의 역설적 리더십입니다. 이제 바울 사도는 예수님의 리더십의 정수를 어떻게 증언합니까?

"사람의 모양으로 나타나사 자기를 낮추시고 죽기까지 복종하셨으니 곧 십자가에 죽으심이라"(빌 2:8).

그분의 리더십의 절정이 십자가였다는 것입니다. 우리를 죄에서 건지고 구원하고자 하나님만큼 높으신 그분이 자신을 낮추어 죄인의 자리에 오시어 십자가에서 당신의 모든 것을 내어 주고 대신 죽으셨다는 것입니다. 이것이 바로 예수님의 십자가 리더십입니다.

다시 본문으로 돌아가 보겠습니다. 예수께서 나귀를 타고 감람 산 언덕을 넘어 예루살렘 성을 향해 오시자, 무리들은 메시아 되신 그분에 대한 기대를 갖고 흥분된 찬양으로 그를 맞이하게 됩니다.

"찬송하리로다 주의 이름으로 오시는 왕이여"(눅 19:38).

본문 37절은 "온 무리가 자기들이 본 바 모든 능한 일로 인하여 기뻐하며 큰 소리로 하나님을 찬양하여"라고 기록하고 있습니다. 그분은 지금 박수와 환호성으로 인정을 받고 계십니다. 바리새인들은 너무 시끄럽다며 이 사람들을 자제시키라고 요청합니다. 이때 예수님의 대답이 무엇입니까?

"만일 이 사람들이 침묵하면 돌들이 소리 지르리라"(눅 19:40).

그렇다고 주님은 마냥 이 박수 소리만을 즐기고 계셨을까요? 아닙니다. 본문 41절을 보십시오.

"가까이 오사 성을 보시고 우시며."

주님은 지금 울고 계십니다. 예루살렘 성이 직면할 심판을 예견하며 우십니다. 실제로 지금도 감람 산 내리막길 중턱에는 이날의 사건을 기념하는 '눈물 교회'(Dominus Flevit Church)가 자리 잡고 있습니다.

여기 진정한 리더를 보십시오. 박수갈채 대신 백성의 궁극적 운명을 바라보고 울며 기도하시는 분, 여기 우리가 본받을 참된 리더의 모습이 드러나지 않습니까? 권세 있는 하나님의 아들, 그러나 백성의 자리에 내려와 그들의 고통을 끌어안고 울고 계시는 겸손한 하나님의 종, 여기 우리가 따라갈 역설의 리더의 그림이 있습니다. 우리는 지금 어떤 리더십을 추구하고 있습니까?

그리스도인이 가져야 할 삶의 태도는
무엇이겠습니까?
바로 권위 있는 주인이면서
종 된 섬김의 태도입니다.

"하루는 예수께서 성전에서 백성을 가르치시며 복음을 전하실새 대제사장들과 서기관들이 장로들과 함께 가까이 와서 말하여 이르되 당신이 무슨 권위로 이런 일을 하는지 이 권위를 준 이가 누구인지 우리에게 말하라 대답하여 이르시되 나도 한 말을 너희에게 물으리니 내게 말하라 요한의 세례[침례]가 하늘로부터냐 사람으로부터냐 그들이 서로 의논하여 이르되 만일 하늘로부터라 하면 어찌하여 그를 믿지 아니하였느냐 할 것이요 만일 사람으로부터라 하면 백성이 요한을 선지자로 인정하니 그들이 다 우리를 돌로 칠 것이라 하고 대답하되 어디로부터인지 알지 못하노라 하니 예수께서 이르시되 나도 무슨 권위로 이런 일을 하는지 너희에게 이르지 아니하리라 하시니라 … 예수께서 그들에게 이르시되 사람들이 어찌하여 그리스도를 다윗의 자손이라 하느냐 시편에 다윗이 친히 말하였으되 주께서 내 주께 이르시되 내가 네 원수를 네 발등상으로 삼을 때까지 내 우편에 앉았으라 하셨도다 하였느니라 그런즉 다윗이 그리스도를 주라 칭하였으니 어찌 그의 자손이 되겠느냐 하시니라"(눅 20:1-8, 41-44).

24. 예수의 권위를 붙들고 살라

> 그리스도를 삶의 주인으로 고백하는 그리스도인들이
> 정말 붙들고 살아야 할 권위가 있다면,
> 그것은 예수 그리스도의 권위입니다.

오늘 우리는 포스트모던 시대를 거쳐 뉴 노멀 시대라는 특별한 시기를 살아 내고 있습니다. 지난 모던 시대와 비교했을 때 이 시대가 가진 두드러진 특성 중에 하나는, 그동안 우리가 붙들고 살아온 모든 권위를 해체하고 있다는 것입니다. 가정에서 부모는 더 이상 권위를 지니지 못합니다. 교육 현장의 스승들도 더 이상 학생들에게 권위의 대상이 되지 못합니다. 나라의 지도자들도 더 이상 국민의 믿음의 대상이 못 됩니다. 심지어 교회를 비롯한 종교 지도자들의 신뢰가 무너지고 있습니다. 이런 권위주의의 해체에는 긍정적인 요소가 없는 것도 아닙니다. 권위주의의 우상이나 허상이 더 이상 우리를 속박하지 못할 것이기 때문입니다. 권위주의는 성경적 가치가 아닙니다. 예수님은 당시 로마의 황제인 가이사의 우상, 혹은 종교적 바리새주의를 비판하고 도전하셨습니다.

그러나 우리가 권위주의를 비판한다고 권위의 필요까지 부정해서는 안 됩니다. 예수님이 "가이사의 것은 가이사에게, 하나님의 것은 하나님께 바치라"(눅 20:25)라고 말씀하실 때는 당시 국가가 요청하는 조세적 제도를 인정하셨던 것입니다. 또한 바울은 로마서 13장 1절에서 "모든 권세는 다 하나님께서 정하신 바라"라고 이야기합니다.

권위나 권세 그 자체는 우리를 보호하고 지키기 위해서 허락된 비 오는 날의 우산과 같은 것입니다. 이런 권위를 다 부인한다면 우리는 무정부주의적 혼란의 광야에 던져질 것입니다. 사실상 모든 권위의 궁극적 원천은 창조주 하나님과 그 아들, 예수 그리스도이십니다. 그러므로 그리스도를 삶의 주인으로 고백하는 그리스도인들이 정말 붙들고 살아야 할 권위가 있다면, 그것은 예수 그리스도의 권위입니다. 바울은 골로새서 1장 16-17절에서 "왕권들이나 주권들이나 통치자들이나 권세들이나 만물이 다 그로 말미암고 그를 위하여 창조되었고 또한 그가 만물보다 먼저 계시고 만물이 그 안에 함께 섰느니라"라고 이야기합니다. 그분은 바로 하나님의 아들인 예수 그리스도이십니다.

그런데 이 권위를 알지 못할 때 그 권위를 둘러싸고 논쟁이 발생합니다. 예수님 당시에도 마찬가지였습니다. 예수님이 당시의 부패한 성전, 소위 상업화된 성전을 정결하게 하고자 성전에서 장사하는 자들을 내어 쫓으셨을 때 당시의 종교 지도자들이 그분에게 질문을 던집니다.

"말하여 이르되 당신이 무슨 권위로 이런 일을 하는지 이 권위를 준 이가 누구인지 우리에게 말하라"(눅 20:2).

    이 질문에 대한 답변을 통해 예수님은 당신의 권위의 출처를 밝히며 스스로의 권위를 증명하고 계십니다. 이어지는 말씀에서 예수님이 당신의 권위를 스스로 어떻게 증명하시는지 살펴보겠습니다.

요한이 증언하는 예수의 권위

세례(침례) 요한은 예수님 당시 민중들의 종교적 슈퍼스타였습니다. 회개하라고 외치는 그의 메시지를 듣고자 사람들은 구름 떼처럼 그에게 몰려가 말씀을 받고 새로운 삶을 갈망하며 그에게 세례(침례)를 받았습니다. 그런데 그 요한이 자신에 대해 증언하는 것이 아니라, 자신보다 조금 후에 이 땅에 오실 분이 있다고 말합니다. 자신은 그의 신발 끈을 풀기도 감당할 수 없으며, 그는 흥하여야 하겠고 그를 위해서라면 자신은 망해야 한다고 말합니다. 그러면서 그는 세상 죄를 지고 가는 하나님의 어린양이라고, 그가 바로 우리가 지금까지 기다려 온 그리스도라고 말합니다. 자신이 그리스도가 아니라, 그가 그리스도이시라고 말합니다. 자신은 그저 그의 오실 길을 준비하려고 온 사람에 불과하다고 말합니다. 그는 자신에게 세례(침례)를 받고자 나아왔지만, 그때 하늘에서 비둘기 같은 성령이 임해서 그에게 기름을 부으셨고, 그때 하늘 문이 열리며 소리가 나기를 "이는 내 사랑하는 아들이요 내 기뻐하는 자"(마 3:17)라고 증언된 분이라고 말합니다. 이제 예수님이 유대의 지도자들에게 물으십니다.

"요한의 세례[침례]가 하늘로부터냐 사람으로부터냐"(눅 20:4).

만일 그가 하늘의 심부름꾼으로 지금 회개를 외치고 사람들에게 세례(침례)를 주고 있었다면 왜 그가 증언한 예수 그리스도를 거부하느냐는 것입니다.

사실 이 요한에 대해서는 예수님 당신이 '여자에게서 난 자 중에 그보다 더 큰 자가 없다'고 말씀하십니다. 그는 구약의 모든 선지자의 계보를 완성하는 마지막 선지자였습니다. 광야에서 외치는 마지막 소리였습니다. 그가 소리였다면, 그 소리의 내용인 말씀은 예수님 당신이었습니다. 소리는 말씀을 전달하기 위해 존재하고, 말씀을 전달한 다음에는 사라져야 합니다. 실제로 예수님이 등장하고 메시아로 사역을 시작하시자 요한은 순교의 제물로 사라집니다. 요한이 그의 생애를 걸고 증거한 유일한 존재, 유일한 인격은 바로 예수 그리스도이셨습니다. 중요한 것은, 우리가 이렇게 요한이 증거한 예수의 권위를 믿고 지금 예수를 따르고 있느냐는 것입니다.

다윗이 증언한 예수의 권위

||||||||||||||||||||||||||||||||||||||||||||

이제 당신의 권위에 대한 또 하나의 중요한 성경적 근거로 예수님은
유대인들의 최고의 리더인 다윗의 증언을 말씀하십니다. 먼저 본문
41절에서의 예수님의 질문을 들어 보십시오.

> "예수께서 그들에게 이르시되 사람들이 어찌하여 그리스도를 다윗의
> 자손이라 하느냐."

그리고 친히 이 질문에 대한 대답을 44절에서 말씀하십니다.

> "그런즉 다윗이 그리스도를 주라 칭하였으니 어찌 그의 자손이 되겠
> 느냐."

연대기적으로 다윗이 예수 그리스도보다 먼저 이 땅에 온 것은 사
실이고, 그런 의미에서 마태복음 1장 1절이 증언하는 대로 예수님은
아브라함과 다윗의 자손이십니다. 그러나 시편에서 다윗은 장차 오실
예수 그리스도를 '나의 주'(My Lord)라고 부르고 있다는 것을 상기시켜
주신 것입니다.

요한복음 8장 56절에 보면 예수님은 유대 지도자들과의 대화에서
이런 흥미로운 말씀을 하십니다.

"너희 조상 아브라함은 나의 때 볼 것을 즐거워하다가 보고 기뻐하였느니라."

그랬더니 유대 지도자들이 기막힌 반문을 던집니다.

"유대인들이 이르되 네가 아직 오십 세도 못 되었는데 아브라함을 보았느냐"(요 8:57).

당연히 할 수 있는 반문입니다. 아브라함은 거의 당시로 말하면 2천 년 전 사람인데 아브라함이 당신을 기다렸다고 하니 말입니다. 그때 예수께서 하신 말씀이 요한복음 8장 58절입니다.

"예수께서 이르시되 진실로 진실로 너희에게 이르노니 아브라함이 나기 전부터 내가 있느니라."

그런데 여기 '내가 있느니라'라는 말씀은 영어로 'I was'가 아니라 'I am'입니다. 과거 그때에도 거기 계셨고, 지금도 계시다는 말입니다. 그리스도의 영원한 현존성을 증언하시는 것입니다. 그분은 아브라함 이전부터 존재하셨고, 다윗 이전에도 존재하셨던 분이라는 말씀입니다. 그는 아브라함과 다윗의 동격인 분이 아니라, 아브라함의 주님, 다윗의 주님이시라는 선언입니다.

그렇다면 마태복음 1장 1절은 "아브라함과 다윗의 자손 예수 그리스도의 계보라"가 아니라, "아브라함과 다윗의 주님 예수 그리스도의 계보라"라고 기록되어야 교리적으로 바른 표현이 되겠습니다. 구약에 아브라함이 기다리고 사모한 민족들의 축복의 근원, 땅의 모든 족속에게 복이 되실 바로 그분, 다윗이 수많은 시편을 통해서 오실 메시아를 노래하고 갈망했던 그 위대하고 선하신 여호와의 목자가 이제 이 땅에 인간의 몸을 입고 오셨다는 것입니다.

구약성경의 모든 책들은 오실 그리스도에 대해 증언합니다. 창세기에서는 여인의 후손으로, 출애굽기에서는 유월절 어린양으로, 레위기에서는 속죄의 제물로, 민수기에서는 하늘의 만나로, 신명기에서는 모세와 같은 약속된 선지자로, 여호수아에서는 주님의 군대장관으로, 사사기에서는 자기 백성의 해방자로, 룻기에서는 친척 구원자로 그리고 사무엘/열왕기/역대기에서는 우리가 기다리는 왕 중의 왕으로, 욥기에서는 고난에서의 구속자로, 시편에서는 우리가 사모하고 기다리는 메시아로 증언합니다.

신약성경의 모든 책들은 우리 가운데 오신 그리스도에 대해 증언합니다. 마태복음에서는 약속된 왕으로, 마가복음에서는 여호와의 종으로, 누가복음에서는 사람의 아들(인자)로, 요한복음에서는 하나님의 아들로, 사도행전에서는 성령을 통해 일하시는 증거자로, 로마서에서는 우리의 의로, 히브리서에서는 모든 것보다 나으신 분으로, 야고보서에서는 우리의 행위의 근원으로, 베드로서에서는 우리의 왕 같은 제사장으로, 요한 서신에서는 우리의 사귐의 빛 되신 분으로, 유다서에서는 믿음의 기초 되신 분으로, 요한계시록에서는 다시 오실 왕 중의 왕으로 계시되고 있습니다.

그분의 권위를 세상의 어떤 권위와 비교할 수 있단 말입니까? 다윗이 증언한 그 주님이 오늘 우리의 주님이 되셨다는 사실이 감격스럽지 않습니까? 누구를 바라보고 살겠습니까? 누구를 붙들고 살겠습니까?

하나님이 증언한 예수의 권위
||||||||||||||||||||||||||||||||||||||||||||||||||

> "시편에 다윗이 친히 말하였으되 주께서 내 주께 이르시되 내가 네 원수를 네 발등상으로 삼을 때까지 내 우편에 앉았으라 하셨도다 하였느니라"(눅 20:42-43).

위의 본문은 시편 110편 1절의 다윗의 시를 인용한 말씀입니다. 여기 '주께서 내 주께 이르셨다'는 말은 성부 하나님 여호와께서 성자 하나님 예수 그리스도에게 말씀하셨다는 것입니다. 즉 성부 하나님이 성자 하나님을 당신의 우편에 앉게 하사 온 우주 만물을 통치하게 하셨다는 것입니다. 성경에서 우편은 힘과 권세의 상징입니다. 하나님이 예수 그리스도를 당신의 우편에 앉게 하사 그분을 대적하는 모든 원수를 정복하고 만물 가운데 당신의 뜻을 이루게 하신다는 것입니다. 성부 하나님이 성자 하나님에게 모든 만물의 통치 권한을 위임하신 것입니다. 성부 하나님은 만물을 창조할 때에도 아들과 함께 하셨고, 만물을 심판할 때에도 아들을 통해서 그렇게 하시며, 만물을 섭리할 때에도 그렇게 하신다는 것입니다. 그런즉 다윗이 그리스도를 주로 칭했다는 것입니다(눅 20:44).

그렇다면 하나님이 모든 권위를 위임하신 예수를 우리가 믿고 살아간다는 것은 얼마나 놀라운 특권입니까? 우리가 예수를 우리의 주로 영접하고 믿는 순간 우리는 또한 하나님의 자녀가 되는 권세를 얻게 됩니다. 요한복음 1장 12절의 약속을 기억하십시오.

"영접하는 자 곧 그 이름을 믿는 자들에게는 하나님의 자녀가 되는 권세를 주셨으니."

그러나 오해하지 말아야 할 것이 있습니다. 하나님의 자녀가 된다는 것은 우리가 기적의 사람이 되거나 불가능이 없는 마술적 능력을 소유하는 사람이 된다는 말은 아닙니다. 오히려 우리를 둘러싼 숱한 고난에도 불구하고 하나님의 뜻을 행하는 순종의 사람이 된다는 의미입니다. 예수님은 결코 당신의 능력을 마술적 기적을 행하는 일에 쓰지 않으셨습니다. 그분은 오직 아버지의 뜻을 행하는 일에만 당신의 권세를 사용하셨습니다. 그분은 십자가에서 아버지의 뜻을 이루고자 고난의 잔을 피하지 않고 감내하는 순종의 능력을 보이셨습니다.

"자녀이면 또한 상속자 곧 하나님의 상속자요 그리스도와 함께 한 상
속자니 우리가 그와 함께 영광을 받기 위하여 고난도 함께 받아야 할
것이니라"(롬 8:17).

그렇습니다. 그리스도의 진정한 최종적 권위는 물 위를 걸어가는
것이나 걷지 못하는 사람을 걷게 한 것으로 나타난 것이 아니라, 십
자가의 고난을 감수하고 아버지의 뜻을 이루고자 당신의 몸을 속죄
의 제물로 드리심으로 나타났습니다. 이 뉴 노멀의 시대야말로 수많
은 삶의 장애물과 역경 중에서도 주의 뜻을 이루고자 모든 고난을 견
디며 희생을 감내하는 주의 백성의 권세가 나타나는 시대가 되었으면
좋겠습니다. 앞으로도 만만치 않은 고생이 그리고 아직 끝나지 않은
고난이 우리를 기다리고 있을지 모릅니다. 그러나 예수의 권위를 붙
들고 사는 자들에게 고난을 넘어선 하늘의 영광이 나타날 것을 믿으
십시오. 그들에게 하나님 아버지의 참사랑과 참된 복, 참된 은혜가 함
께할 것입니다.

우리가 예수를 우리의 주로 영접하고 믿는 순간

우리는 또한 하나님의 자녀가 되는

권세를 얻게 됩니다.

"예수께서 눈을 들어 부자들이 헌금함에 헌금 넣는 것을 보시고 또 어떤 가난한 과부가 두 렙돈 넣는 것을 보시고 이르시되 내가 참으로 너희에게 말하노니 이 가난한 과부가 다른 모든 사람보다 많이 넣었도다 저들은 그 풍족한 중에서 헌금을 넣었거니와 이 과부는 그 가난한 중에서 자기가 가지고 있는 생활비 전부를 넣었느니라 하시니라"(눅 21:1-4).

25. 예수께서 주목하는 헌신

보이지 않는 하나님 나라를 향한 헌신은 바로
하나님 나라의 중심 가치를 붙들고 살아가는 것을
의미합니다. 왜냐하면 그것을 하나님이 그리고 예수님이
주목하고 계시기 때문입니다.

본문은 가난한 과부의 두 렙돈의 헌금 이야기입니다. 그러나 서두에 분명히 하고 싶은 것은, 이 장에서는 헌금만을 주제로 다루지 않을 것입니다. 그 이유는, 본문을 기록한 성경의 진정한 의도가 그런 것이 아니기 때문입니다. 성경 해석의 가장 중요한 정신은 문맥에 있습니다. 본문은 누가복음 21장 1-4절까지지만, 저는 본문을 강해하며 선행 구절인 20장 45-47절을 특히 주목하고자 합니다. 그리고 본문 이후에 따라오는 21장 5절 이하의 말씀을 함께 주목하고자 합니다.

본문에는 '보시고'라는 동사가 처음 두 구절에 반복되고 있습니다.

"예수께서 눈을 들어 부자들이 헌금함에 헌금 넣는 것을 보시고"
(눅 21:1).

"또 어떤 가난한 과부가 두 렙돈 넣는 것을 보시고"(눅 21:2).

본래 예루살렘 옛 성전 여인의 뜰에는 열세 개의 연보궤가 있었다고 합니다. 한 줄에 있는 일곱 개는 성전세를 내는 용도였고, 다른 편의 여섯 개는 낙헌제(freewill offering, 자유 감사 헌금) 용도였다고 합니다. 그런데 마침 성전에 계시던 예수님이 사람들이 이 연보궤에 헌금하는 것을 주목해 보고 계셨던 것입니다. 누가 많이 헌금하는지를 보신 것이 아닙니다. 그 당시 소위 하나님의 백성의 하나님을 향한 헌신을 주목하신 것입니다. 우리가 믿는 예수님이 그때의 예수님과 동일하신 분이라면, 그분은 오늘도 우리가 헌금하는 것을 주목하고 계십니다.

종교 개혁자 칼빈은 이런 말을 남겼습니다. 그는 교회가 돈 이야기를 많이 하는 것이 문제가 아니라, 바르게 하지 않는 것이 문제라고 했습니다. 찰스 스펄전은, 나는 주머니가 회심하지 않은 사람의 회심을 믿지 않는다고 했습니다. 한 사람이 정말 회심하고 참된 그리스도인이 되었다면 돈에 대한 태도가 변화되지 않을 수 없다고 했습니다. 존 웨슬리는 그의 유명한 돈 설교에서 '1) 돈을 할 수 있는 한 벌어라, 2) 돈을 잘 저축하라, 3) 돈을 모두 잘 드리라'라고 설교했습니다. 청교도들은 돈을 제대로 사용하지 않고 남기고 죽는 것은 부끄러운 것이라고 생각했습니다. 그렇다면 본문이 가르치는 헌금을 통한 헌신의 교훈은 무엇입니까? 주님은 우리가 헌금할 때 무엇을 주목하고 계십니까?

외식하는 자들의 위선

||||||||||||||||||||||||||||||||||

본문의 가난한 과부 이야기에 앞서 누가복음 20장 47절에는 과부의
가산을 삼키는 지도자들의 이야기가 등장합니다. 그들은 과부의 가산
을 삼키면서 가난한 과부의 동전 헌금을 비웃고 있었던 것입니다. 이
런 행위를 우리는 위선이라고 말합니다. 그리고 성경은 이런 사람들의
예배 행위나 헌금 행위를 외식이라고 말씀합니다.

> "긴 옷을 입고 다니는 것을 원하며 시장에서 문안 받는 것과 회당의 높
> 은 자리와 잔치의 윗자리를 좋아하는 서기관들을 삼가라 그들은 과부
> 의 가산을 삼키며 외식으로 길게 기도하니 그들이 더 엄중한 심판을
> 받으리라 하시니라"(눅 20:46-47).

여기 등장하는 '외식'이라는 단어는 원어로 '프로파시스'(prophasis)
라 하는데, 이는 '프로스'(pros, 향하여)와 '파이노'(phaino, 드러내다)의 합성
어로서 '겉으로만 누군가를 향해서 보이는 가식적 행동'을 뜻하는 말
입니다. 그들의 기도도, 예배도, 구제도, 심지어 헌금도 외식이었던 것
입니다. 이제 본문 1절을 보겠습니다.

> "예수께서 눈을 들어 부자들이 헌금함에 헌금 넣는 것을 보시고."

이 부자들은 앞서 언급된 서기관과 바리새인들이 다수였습니다. 예수님이 그들을 주목하며 보신 것은 그들의 헌금이 아니라 외식과 위선이었습니다. 헌금의 동기가 외식이고 위선이었던 것입니다. 존 버니언의《천로역정》에 보면 십자가 언덕을 지난 후 오래지 않아 크리스천은 좁은 길 왼쪽 담을 넘어오는 두 사람과 만나게 됩니다. 그들의 이름은 허례(Formalist)와 위선(Hypocrisy)입니다. 크리스천이 그들에게 어디로 가느냐고 묻자 그들은 "시온 산에 찬양을 드리러 간다"고 말합니다. 크리스천이 그들이 좁은 문을 통과하지 않았음을 지적하자 그들은 그렇게 복잡하게 생각할 필요가 있느냐고 말합니다. 시온 산으로 가기만 하면 되는 것이 아니냐고 말합니다. 그리고 당신과 우리가 다른 점이 무엇이 있느냐고 묻습니다. 그렇습니다. 예배에 참여하는 모습, 기도하는 모습, 헌금하는 모습은 다를 바가 없어 보입니다. 그러나 그들은 허례와 위선으로 그렇게 하고 있었습니다. 그들은 머지않아 순례 길에서 위험과 멸망이라는 곳으로 사라지게 됩니다. 그들은 좁은 문을 지나지도 않았고, 십자가 언덕의 체험도 없었습니다.

예수를 주로 믿는 참 믿음의 고백 없이, 거듭남의 체험 없이 종교적 군중의 무리에 끼어서 예배하고 헌금하는 것이 우리의 진정성을 보증하지는 못합니다. 그러므로 우리는 우리의 종교 행위에 외식과 위선이 없는지를 반성하고 살펴야 합니다.

가난한 과부의 진정성

||||||||||||||||||||||||||||||||

본문 1절에서 부자들의 헌금을 주목하신 예수님은 이제 2절에서 한 가
난한 과부의 헌금을 주목하십니다.

> "또 어떤 가난한 과부가 두 렙돈 넣는 것을 보시고."

당시 렙돈은 최하의 화폐 가치로, 구제할 때에도 한 렙돈은 안 된다
는 규정이 있을 정도였다고 합니다. 그래서 이 과부는 하나가 아닌 두
개의 렙돈을 드렸던 것입니다. 당시 연보궤는 투명했고, 바닥에 동전
이 떨어지면 그 울리는 금속성 소리로 사람들이 그 동전의 가치를 분
별할 수 있었다고 합니다. 두 렙돈은 한 끼의 최저가 식사를 해결할 정
도의 것이었습니다. 지금 우리 돈으로 하면 약 천 원 정도라고 할 만합
니다. 그런데 이 두 렙돈이 드려지는 순간 예수께서 말씀하시는 내용
을 경청해 보십시오.

> "이르시되 내가 참으로 너희에게 말하노니 이 가난한 과부가 다른 모
> 든 사람보다 많이 넣었도다 저들은 그 풍족한 중에서 헌금을 넣었거
> 니와 이 과부는 그 가난한 중에서 자기가 가지고 있는 생활비 전부를
> 넣었느니라 하시니라"(눅 21:3-4).

성경은 이 가난한 과부의 전 재산, 생활비 전부가 두 렙돈이었다고 기록합니다. 그녀는 두 렙돈 중 하나만 바치고 나머지 하나는 자신의 마지막 한 끼를 위해 남길 수도 있었을 것입니다. 그러나 그녀의 헌신의 대상은 자신의 모든 것을 드려도 아깝지 않은 하나님이었습니다. 예수님은 이런 여인의 진정성을 보셨습니다. 자신들이 착취하고 모은 돈 중에 일부를 드려 많이 헌금하는 것을 과시하던 당시의 부자들, 소위 기득권자들의 위선을 보시던 예수님은 이 가난한 과부에게서 그들에게서는 볼 수 없었던 진정성을 보신 것입니다. 그리고 이 가난한 여인이 실제로는 더 많은 헌금을 그리고 더 존귀한 헌신을 드린 것이라고 칭찬하십니다. 헌금은 헌신의 표현에 불과했고, 헌금의 진정성은 그 헌금에 무엇이 담겨 있느냐가 중요하기 때문입니다.

고린도후서 8장에서 바울 사도는 마게도냐교회의 성도들이 구제 연보를 하면서 드린 헌금의 진정성을 칭찬합니다.

"우리가 바라던 것뿐 아니라 그들이 먼저 자신을 주께 드리고 또 하나님의 뜻을 따라 우리에게 주었도다"(고후 8:5).

"내가 명령으로 하는 말이 아니요 오직 다른 이들의 간절함을 가지고 너희의 사랑의 진실함을 증명하고자 함이로라"(고후 8:8).

여기 헌금의 배후에 있는 헌신의 중요성을 가르치는 내용을 보십시오. 헌금은 먼저 자신을 주께 드리는 것이며, 헌금의 정신은 헌신이라는 것입니다. 그리고 헌금은 주를 향한 그리고 이웃들을 향한 우리의 사랑을 증명하는 것이라고 말합니다. 이 진정성을 예수님은 가난한 과부에게서 보신 것입니다. 그분은 우리에게서도 그런 진정성을 찾고 계십니다.

눈에 보이지 않는 헌신

본문에 강조된 단어는 '예수께서 보신다'는 것입니다. 그러나 그것은 눈에 보이는 돈이 아니라, 돈을 드리는 우리의 마음과 태도를 보신다는 것입니다. 주님은 서기관들의 위선적 태도를 보셨습니다. 본문에 선행하는 20장 45-47절에서 예수께서 보신 외식적 태도들은 무엇이었습니까? 긴 옷을 입고 그것으로 경건을 가장하는 것을 보셨습니다. 시장에서 사람들에게 절을 받고 회당의 높은 자리, 잔치의 높은 자리에 앉아 인사 받는 것을 즐기던 모습을 보셨습니다. 과부의 가산을 삼키는 도둑질을 하면서도 기도 시간만 되면 가장 거룩한 사람인 것처럼 길게 기도하는 외식을 보셨습니다. 그러면서 이 모든 외식과 위선은 심판의 날에 심판의 대상이라고 경고하십니다. 누가복음 21장 5-6절의 말씀을 보십시오.

"어떤 사람들이 성전을 가리켜 그 아름다운 돌과 헌물로 꾸민 것을 말하매 예수께서 이르시되 너희 보는 이것들이 날이 이르면 돌 하나도 돌 위에 남지 않고 다 무너뜨려지리라."

눈에 보이는 성전도 심판의 대상일 뿐이라고 말씀하십니다. 그러면 주께서 정말 보고 싶어 하셨던 것들은 무엇이었습니까? 가난한 과부의 진정성 같은 것이었습니다. 그녀의 마음속에 있었던 주님을 향한 순전한 사랑 같은 것 말입니다. 다시 말하면, 주님은 보이는 무엇보다도, 보이려는 동기보다도 보이지 않는 것에 더 큰 가치를 두고 계셨던 것입니다. 후일 바울 사도는 고린도후서 4장 18절에서 이 보이는 것들과 보이지 않는 것들의 차이를 증언합니다.

"우리가 주목하는 것은 보이는 것이 아니요 보이지 않는 것이니 보이는 것은 잠깐이요 보이지 않는 것은 영원함이라."

그렇습니다. 우리가 주목하고 살아야 할 것은 보이는 것이 아니라고 말합니다. 보이는 모든 것은 다 잠깐이기 때문입니다. 인류가 축적한 문명이 아무리 화려해도 보이는 모든 것은 결국 다 무너지고 소멸됩니다. 우리의 육체도 소멸됩니다. 보이는 것이기 때문입니다. 그래서 주님도 보이는 것을 주목하지 않고 보이지 않는 것을 주목하십니다. 왜냐하면 보이지 않는 것이 영원하기 때문입니다.

그리스도인은 하나님 나라를 바라보고 사는 사람들입니다. 그런데 그 하나님 나라는 이 땅에서는 볼 수 없는 나라입니다. 바울 사도가 로마서 14장 17절에서 증언하는 하나님 나라의 본질을 보십시오.

"하나님의 나라는 먹는 것과 마시는 것이 아니요 오직 성령 안에 있는 의와 평강과 희락이라."

의가 보입니까? 그렇다고 의는 필요 없는 것일까요? 우리가 이 땅을 살아가며 목마르게 사모하는 것이 의(정의, 공의)가 아닙니까? 그러면 우리가 사는 사회가 좀 더 의롭고 공정한 사회가 되도록 노력하는 사람들의 수고는 무익한 것일까요? 우리 사회가 좀 더 평강하고 화평한 곳이 되도록 노력하는 것은 무익한 것일까요? 우리 사회에 기쁨이 좀 더 넘쳐나고, 사랑이 좀 더 넘쳐나고, 자유가 좀 더 넘쳐나도록 노력하는 것은 무익한 것일까요? 주기도문의 "나라가 임하시오며"라는 기도가 바로 하나님 나라가 이 땅에도 임하게 해 달라는 기도가 아닌가요? 보이지 않는 하나님 나라를 향한 헌신은 바로 하나님 나라의 중심 가치를 붙들고 살아가는 것을 의미합니다. 왜냐하면 그것을 하나님이 그리고 예수님이 주목하고 계시기 때문입니다.

과거 백범 김구 선생은 '내가 원하는 우리나라'라는 글을 남겼습니다.

나는 우리나라가 세계에서 가장 아름다운 나라가 되기를 원한다. 가장 부강한 나라가 되기를 원하는 것이 아니다. 내가 남의 침략에 가슴이 아팠으니, 내 나라가 남을 침략하는 것을 원하지 아니한다 … 오직 한 없이 가지고 싶은 것은 높은 문화의 힘이다. 문화의 힘은 우리 자신을 행복하게 하고 나아가서 남에게 행복을 주겠기 때문이다 … 인류가 현재에 불행한 근본 이유는 인의가 부족하고 자비가 부족하고 사랑이 부족한 때문이다. 이 마음만 발달하면 인류가 다 평안히 살아갈 수 있을 것이다. 인류의 이 정신을 배양하는 것은 오직 문화이다.

그가 말하고 싶어 한 것은 하나님 나라의 문화였습니다. 그가 죽기 전에 손에서 놓치지 않았던 것은 성경이었습니다. 진정한 청지기는 바로 하나님 나라 가치에 헌신하는 사람입니다.

예수를 주로 믿는 참 믿음의 고백 없이,
거듭남의 체험 없이 종교적 군중의 무리에 끼어서
예배하고 헌금하는 것이 우리의 진정성을 보증하지는 못합니다.
그러므로 우리는 우리의 종교 행위에 외식과 위선이 없는지를
반성하고 살펴야 합니다.

▶
◀
▶

"유월절이라 하는 무교절이 다가오매 대제사장들과 서기관들이 예수를 무슨 방도로 죽일까 궁리하니 이는 그들이 백성을 두려워함이더라 열둘 중의 하나인 가룟인이라 부르는 유다에게 사탄이 들어가니 이에 유다가 대제사장들과 성전 경비대장들에게 가서 예수를 넘겨줄 방도를 의논하매 그들이 기뻐하여 돈을 주기로 언약하는지라 유다가 허락하고 예수를 무리가 없을 때에 넘겨줄 기회를 찾더라 … 시몬아, 시몬아, 보라 사탄이 너희를 밀 까부르듯 하려고 요구하였으나 그러나 내가 너를 위하여 네 믿음이 떨어지지 않기를 기도하였노니 너는 돌이킨 후에 네 형제를 굳게 하라 그가 말하되 주여 내가 주와 함께 옥에도, 죽는 데에도 가기를 각오하였나이다 이르시되 베드로야 내가 네게 말하노니 오늘 닭 울기 전에 네가 세 번 나를 모른다고 부인하리라 하시니라"(눅 22:1-6, 31-34).

26. 사탄의 공작을 경계하라

사탄은 결코 가상현실의 존재가 아닙니다.
우리는 사탄을 두려워하고,
사탄을 경계할 수 있어야 합니다.

오늘 같은 문명의 시대, 소위 메타버스(metaverse)의 시대에 사탄의 존재를 말하는 것이 이성적인가라는 질문이 제기될 수 있습니다. 메타버스 시대의 한 특성은 가상과 현실의 세계를 종합하는 것입니다. 가상의 세계를 바라보며 현실의 지평을 넓히고자 하는 것이 이 시대의 문화적 경향입니다.

사실 우리 시대에 이런 가상과 현실 세계의 대화를 연 기독교 작가가 바로 옥스퍼드와 케임브리지에서 문학을 강론한 C. S. 루이스 교수라고 할 수 있습니다. 우리는 그의 작품 《나니아 연대기》를 통해 현실과 가상의 세계를 넘나드는 모험을 경험할 수 있었습니다. 그런데 루이스 교수는 자신의 또 다른 작품인 《스크루테이프의 편지》(홍성사 역간)를 저술하며 사탄의 존재에 대한 두 가지 극단을 경계하라고 가르칩니다. 하나는, 사탄을 지나치게 믿고 두려움에 빠지는 것입니다. 또 다른 하나는, 사탄의 존재를 믿지 않고 사탄에 대해 방심하는 것입니다. 만일 사탄이 존재하지 않는다고 믿고, 또 실제로 사탄이 존재하지 않는다면 사탄을 걱정할 필요가 없을 것입니다. 그러나 가상의 세상에 대해 말하기를 즐겨했던 루이스 교수는 두 개의 존재만은 결코 가상현실의 존재가 아니라고 말합니다. 바로 하나님과 사탄 마귀입니다. 그렇습니다. 사탄은 결코 가상현실의 존재가 아닙니다. 그는 살아 있고 실재하는, 영적으로 권능 있는 존재로서 하나님과 하나님의 백성을 대적하고 있습니다. 그래서 우리는 사탄을 두려워하고, 사탄을 경계할 수 있어야 합니다.

본문의 정황을 살펴보면, 예수님의 지상 생애의 마지막 유월절이 다가오고 있었습니다. 예수님 당시 그분이 메시아라는 소문과 함께 백성의 관심이 온통 예수에게로 모아지자, 예수를 경계하던 당시 종교 지도자들은 이 명절이 가까운 시각에 예수 제거의 음모를 꾸미기 시작합니다. 이때를 적기로 판단한 악의 괴수 사탄은 예수를 제거하기 위한 시대의 풍조를 이용하고자 예수의 제자들을 주목합니다. 그리고 두 명의 제자, 가룟 유다와 시몬 베드로에 대한 공작을 시도합니다. 우리는 이 두 제자를 향한 사탄의 전략을 집중적으로 조명하고자 합니다. 그래서 오늘의 영적 싸움에서 하나님의 백성이 어떻게 자신을 무장하고 지켜야 할 것인가를 교훈 받고자 합니다. 이 두 제자를 통해 우리가 분별해야 할 사탄의 전략은 무엇일까요? 두 가지로 요약할 수 있습니다.

사탄이 들어와 지배하지 못하게 하라

"열둘 중의 하나인 가룟인이라 부르는 유다에게 사탄이 들어가니"
(눅 22:3).

요한복음 13장 2절에 보면 사탄이 유다에게 들어가기 전에 먼저
한 일이 있었습니다.

"마귀가 벌써 시몬의 아들 가룟 유다의 마음에 예수를 팔려는 생각을
넣었더라."

사탄 마귀가 직접 유다의 마음속에 들어가 그의 마음을 지배하기
에 앞서 한 일은 예수를 팔려는 생각을 파송한 것입니다. 그래서 생각
이 중요합니다. 여기 '생각'이라는 단어는 원어로 '카르디아'(kardia)라
하는데, 이는 '마음'으로 번역될 수도 있습니다. 생각은 흔히 머리로,
마음은 흔히 가슴으로 이해되지만 이 두 가지는 분리되지 않습니다.
생각이 마음을 지배하기 때문입니다. 그러므로 성경은 지속적으로 우
리에게 마음 관리에 유의할 것을 가르칩니다. 잠언 4장 23절의 말씀을
기억하십시오.

"모든 지킬 만한 것 중에 더욱 네 마음을 지키라 생명의 근원이 이에서

남이니라."

그래서 마음 관리가 곧 영성 관리입니다. 마음의 관리는 우리가 마음에 무엇을 넣고 살아가느냐로 결정됩니다. 영어권 사람들이 자주 하는 말 중에 "You are what you eat"라는 말이 있습니다. '네가 먹은 것이 네 모습을 결정한다'는 것입니다. 종종 자신은 아무것도 안 먹고 사는데 살이 찐다고 항변하는 사람들이 있습니다. 새빨간 거짓말입니다. 이런 사람일수록 간식은 식사가 아니라고 생각합니다. 평소 우리 마음의 상태는 우리 마음에 무엇을 유입하느냐는 광범한 일상의 습관과 연관되어 있습니다. 우리의 독서, TV시청, 유튜브 미디어 청취, 스마트폰에서 보고 듣는 모든 것이 우리의 마음을 살찌우는 것입니다. 사탄은 당시 지도자들이 예수를 죽이려고 궁리하는 것과 예수의 제자 유다가 이런 풍조에 야합할 생각을 가진 것을 보고 그의 마음속으로 진입할 전략을 세웠습니다. 만일 유다가 주의 말씀을 사모하고 그의 마음을 말씀으로 채우고 있었다면, 사탄은 그런 시도를 할 수 없었을 것입니다. 시편 119편 11절의 말씀을 기억하십시오.

"내가 주께 범죄하지 아니하려 하여 주의 말씀을 내 마음에 두었나이다."

시편 기자는 다시 이렇게 기도합니다.

"내 마음을 주의 증거들[율법, 말씀]에게 향하게 하시고 탐욕으로 향하지 말게 하소서"(시 119:36).

불행하게도 유다는 주의 말씀보다 예수를 제거하려는 당시 지도자들과 야합해서 돈을 받을 욕심의 포로가 되어 있었습니다. 문학자들 중에는 가룟 유다를 지성적으로 미화하는 이들도 있지만, 성경은 유다가 예수를 판 동기에 대해 돈 때문이라고 직설적으로 증거하고 있습니다.

"이에 유다가 대제사장들과 성전 경비대장들에게 가서 예수를 넘겨줄 방도를 의논하매 그들이 기뻐하여 돈을 주기로 언약하는지라 유다가 허락하고 예수를 무리가 없을 때에 넘겨줄 기회를 찾더라"(눅 22:4-6).

그는 어쩌다 예수의 제자 반열에 들었지만, 자신의 돈에 대한 욕망을 통제할 더 높은 영적 욕구가 없었습니다. 야고보서 1장 14-15절의 말씀을 기억하십시오.

"오직 각 사람이 시험을 받는 것은 자기 욕심에 끌려 미혹됨이니 욕심이 잉태한즉 죄를 낳고 죄가 장성한즉 사망을 낳느니라."

그런데 이 말씀 바로 다음에 야고보는 우리에게 "내 사랑하는 형제들아 속지 말라"(약 1:16)라고 말합니다. 그러면서 이렇게 말합니다.

"온갖 좋은 은사와 온전한 선물이 다 위로부터 빛들의 아버지께로부터 내려오나니 그는 변함도 없으시고 회전하는 그림자도 없으시니라"(약 1:17).

무슨 말입니까? 사탄으로 말미암은 욕심은 결국 우리에게 죄와 사망을 가져다줄 뿐 좋은 것을 선물하지는 못한다는 것입니다. 가장 좋은 선물, 좋은 은사는 오직 빛들의 아버지인 하나님만이 주신다는 것입니다. 그러므로 하나님을 열망하고, 하나님이 주시는 것들을 구하라는 것입니다. 그때 우리는 욕심에 미혹되지 않고, 사탄의 희생물이 되지 않을 것입니다. 그러나 만일 우리가 욕심의 틈새를 보이고 있으면 사탄은 그 틈을 타서 우리 마음 안에 들어와 우리를 지배하려 할 것입니다. 가룟 유다가 그런 사탄의 희생물이 된 것입니다. 우리가 예수를 구주와 주님으로 믿고 우리 안에 주님의 말씀이 거하고 있다면, 사탄은 결코 유다처럼 우리를 엿보지 못한다는 것을 기억하십시오.

사탄이 우리를 흔들지 못하게 하라
||||||||||||||||||||||||||||||||||||||||||||||||||||||||||

사탄은 유다 안에 들어가 그를 지배하기에 이르렀고, 마침내 그를 파멸시키고 말았습니다. 그러나 제자 베드로에게는 다른 전략을 구사합니다. 사실 유다는 제자의 반열에 들어가기는 했지만 참 믿음을 가졌

던 것으로 보이지는 않습니다. 예수님은 요한복음 13장에서 제자들이 목욕한 자, 다시 말하면 중생의 씻음을 경험했지만 다 그런 것은 아니라고 말씀하십니다.

"예수께서 이르시되 이미 목욕한 자는 발밖에 씻을 필요가 없느니라 온몸이 깨끗하니라 너희가 깨끗하나 다는 아니니라"(요 13:10).

이어지는 다음 구절을 주목해 보십시오.

"이는 자기를 팔 자가 누구인지 아심이라 그러므로 다는 깨끗하지 아니하다 하시니라"(요 13:11).

예수님은 분명하게 목욕하지 못한 자로 유다를 지목하셨던 것입니다. 이것을 지금 우리 식으로 말하면, 유다는 교회에 나오면서 제자의 자리에 동참하고 있었지만 거듭나지 못한 사람이었던 것입니다. 그래서 사탄은 그 안에 들어가 그를 지배할 수 있었습니다.

그러나 베드로의 경우는 달랐습니다. 그는 분명하게 예수님을 자신의 구주로 믿고 있었고, 그렇게 고백하던 참 제자였습니다. "주는 그리스도시요 살아 계신 하나님의 아들이시니이다"(마 16:16)라는 고백으로 예수님에게 칭찬까지 받았습니다. 그리고 그의 신앙 고백의 기초 위에 당신의 교회, 미래의 교회를 세울 것이라고 말씀하셨습니다.

사탄은 이런 베드로의 마음속에 들어가 그의 마음을 점령할 수는 없었습니다. 그래서 사탄은 다른 전략을 구사합니다. 그를 흔들기로 한 것입니다. 본문 31절에서 예수님은 그런 사탄의 전략을 드러내고 계십니다.

> "시몬아, 시몬아, 보라 사탄이 너희를 밀 까부르듯 하려고 요구하였으나."

마치 타작마당에서 밀이 더 이상 밀로 존재하지 못하도록 부숴 버린다든지, 혹은 나무에 붙은 열매를 흔들어 떨어뜨리려는 시도를 할 것이라는 말입니다. 그러나 그렇게 하기 위해서는 베드로가 예수님에게 붙어 있는 제자이기에 주님의 허락이 필요해서 그 허락을 구했다는 것입니다. 마치 옛날 사탄이 욥을 시험하기 위해 하나님의 허락을 구한 것처럼 말입니다. "이제 이런 제자는 필요 없으시지요? 제가 마음대로 흔들어 보겠습니다." 이런 의미에서 말입니다. 그때 예수님의 답변을 보십시오.

> "그러나 내가 너를 위하여 네 믿음이 떨어지지 않기를 기도하였노니 너는 돌이킨 후에 네 형제를 굳게 하라"(눅 22:32).

사탄이 욥을 시험하고자 할 때 그 한계를 정하고(그 목숨은 건드리지 말

라) 시험을 허용하신 것처럼, 이번에도 제자 베드로가 일시적으로 넘어지고 타락하는 것은 허용하겠지만 그는 결국 다시 일어나 회복하고 그 형제들을 굳게 하는 리더가 될 것이라고, 내가 그것을 위해 중보하겠다고 말씀하십니다. 베드로에게는 믿음이 있었고 예수님도 그가 믿음의 사람인 것을 아셨지만, 아직 그의 믿음은 고난의 시련을 통과하지 못한, 온전하지 못한 믿음이었던 것입니다. 베드로는 후일 이렇게 말합니다.

"사랑하는 자들아 너희를 연단하려고 오는 불 시험을 이상한 일 당하는 것같이 이상히 여기지 말고"(벧전 4:12).

"너희 믿음의 확실함은 불로 연단하여도 없어질 금보다 더 귀하여"(벧전 1:7).

이런 연단을 위해 주님은 사탄이 베드로를 시험하는 것을 허용하신 것입니다. 그러나 허용하고 안타까운 마음으로 그의 회복을 위해 기도하셨던 것입니다. 그렇다면 베드로에게 이러한 연단이 필요했던 결정적인 약점은 무엇이었을까요? 우리는 본문 33절에서 그의 약점을 계시하신 말씀을 만나게 됩니다.

"그가 말하되 주여 내가 주와 함께 옥에도, 죽는 데에도 가기를 각오하였나이다."

바로 이런 과신이 그의 아킬레스건이었습니다. 그는 아직도 자신을 충분히 모르고 있었습니다. 그래서 스스로의 약점을 알기 위해, 벌거벗은 자신을 대면하기 위해 그가 통과해야만 했던 가슴 시린 새벽이 있었던 것입니다.

"이르시되 베드로야 내가 네게 말하노니 오늘 닭 울기 전에 네가 세 번 나를 모른다고 부인하리라"(눅 22:34).

예수님은 본문 32절에서 그가 믿음이 없는 사람이라고 하지 않으셨습니다. "네 믿음이 떨어지지 않기를"이라는 것은 그의 믿음이 떨어질 수 있을 만큼 충분이 연단되지 못한 믿음이었다는 것입니다. 갈릴리 풍랑 속에서 당황하며 구해 달라고 소리칠 때도 주님은 그에게 믿음이 없는 자라고 하시지 않았습니다. "믿음이 작은 자여"(마 14:31)라고 하셨습니다. 아직 풍랑을 이길 만큼 충분하게 성숙하지 못한 믿음이었던 것입니다.

그렇다면 베드로를 통해 배울 수 있는 사탄의 전략에 대비하는 오늘 우리의 자세는 무엇입니까? 우선, 우리의 믿음은 사탄의 공격으로 언제든지 흔들릴 수 있는 연약한 믿음임을 인정해야 합니다. 그리고 기도로 깨어 있어야 합니다. 감람 산/겟세마네 동산에서 잠든 베드로와 제자들에게 주신 말씀을 붙잡아야 합니다.

"이르시되 어찌하여 자느냐 시험에 들지 않게 일어나 기도하라"
(눅 22:46).

이제 우리는 통곡하던 제자 베드로와 함께 눈물로 회개하며 일어
나 은혜를 구해야 할 것입니다. 다시는 사탄이 우리를 흔들지 못하도
록 말입니다.

"무리가 다 일어나 예수를 빌라도에게 끌고 가서 고발하여 이르되 우리가 이 사람을 보매 우리 백성을 미혹하고 가이 사에게 세금 바치는 것을 금하며 자칭 왕 그리스도라 하더 이다 하니 빌라도가 예수께 물어 이르되 네가 유대인의 왕 이냐 대답하여 이르시되 네 말이 옳도다 빌라도가 대제사 장들과 무리에게 이르되 내가 보니 이 사람에게 죄가 없도 다 하니 무리가 더욱 강하게 말하되 그가 온 유대에서 가르 치고 갈릴리에서부터 시작하여 여기까지 와서 백성을 소 동하게 하나이다 빌라도가 듣고 그가 갈릴리 사람이냐 물 어 헤롯의 관할에 속한 줄을 알고 헤롯에게 보내니 그때에 헤롯이 예루살렘에 있더라 ⋯ 빌라도는 예수를 놓고자 하 여 다시 그들에게 말하되 그들은 소리 질러 이르되 그를 십 자가에 못 박게 하소서 십자가에 못 박게 하소서 하는지라 빌라도가 세 번째 말하되 이 사람이 무슨 악한 일을 하였느 냐 나는 그에게서 죽일 죄를 찾지 못하였나니 때려서 놓으 리라 하니 그들이 큰 소리로 재촉하여 십자가에 못 박기를 구하니 그들의 소리가 이긴지라 이에 빌라도가 그들이 구 하는 대로 하기를 언도하고 그들이 요구하는 자 곧 민란과 살인으로 말미암아 옥에 갇힌 자를 놓아 주고 예수는 넘겨 주어 그들의 뜻대로 하게 하니라"(눅 23:1-7, 20-25).

27. 빌라도에게 고난을 받으사

> 그분은 역사적으로 본디오 빌라도에게 고난을 받으사
> 인류를 대표해서 십자가의 죽음을 죽으신 것입니다.

교회 출석과 사도신경을 외워 본 경험이 있는 사람이라면 누구나 예수 그리스도의 죽음에 책임을 져야 할 사람은 본디오 빌라도라고 생각할 것입니다. 왜냐하면 소위 사도신경을 고백할 때마다 우리는 "본디오 빌라도에게 고난을 받으사"라고 말해 왔기 때문입니다. 그러나 과연 이 말이 옳을까요? 최근에 와서 이런 말에 반론을 펴는 소리가 높아지고 있습니다. 우선 이 사도신경의 고백을 영어에서 한글로 제대로, 엄격하게 번역하지 못했기 때문이라고 주장하는 사람들이 생겨났습니다. 사도신경의 영어 원문에는 "He suffered under Pontius Pilate"라고 되어 있어서 "본디오 빌라도 치하(아래)에서 고난을 받았다"라고 번역함이 합당하다고 주장합니다. 일리가 있는 말입니다. 그리고 실제로 복음서를 엄밀하게 검토하며 읽어 보면 예수 그리스도의 죽음에 더 중요한 책임을 져야 할 다른 많은 얼굴이 등장합니다.

우선 예수님을 돈 받고 관리들에게 팔아넘긴 가룟 유다에게 더 책임이 있지 않을까요? 또한 유다에게 돈을 주고 그 일을 시행한 대제사장과 서기관들에게 더 책임이 있지 않을까요? 이제 누가복음 23장 11절을 보십시오.

> "헤롯이 그 군인들과 함께 예수를 업신여기며 희롱하고 빛난 옷을 입혀 빌라도에게 도로 보내니."

이렇게 예수를 조롱하고, 채찍으로 때리고, 빌라도에게 재판하도록 넘긴 분봉왕 헤롯 안디바스에게 더 많은 책임이 있지 않을까요? 본문 21절에서 "그를[바라바가 아닌 예수] 십자가에 못 박게 하소서 십자가에 못 박게 하소서"라고 외치던 유대인 무리에게 더 많은 직접적 책임이 있지 않았을까요? 사실 당시 로마에서 파견된 유대 총독 빌라도(A.D. 26-36)는 예수가 무죄하다는 심증을 갖고 있었습니다.

> "빌라도가 대제사장들과 무리에게 이르되 내가 보니 이 사람에게 죄가 없도다 하니"(눅 23:4).

> "빌라도가 세 번째 말하되 이 사람이 무슨 악한 일을 하였느냐 나는 그에게서 죽일 죄를 찾지 못하였나니 때려서 놓으리라 하니"(눅 23:22).

빌라도는 세 번씩이나 예수는 무죄하다고 말한 것입니다. 그럼에도 불구하고 대다수의 성경학자들이 검증한 번역에 근거해 우리가 "본디오 빌라도에게 고난을 받으사"라고 고백하는 것이 전혀 잘못됨이 없다고 하는 것은 무엇 때문일까요? 예수께서 빌라도에게 고난 받으셨다는 고백의 정당성은 무엇 때문일까요?

대표적 고난이었기 때문에

우선 예수님의 십자가 고난은 인류의 죄 문제를 해결하기 위한 고난이었음을 우리는 잘 알고 있습니다. 그리고 이런 죄 문제를 대표하는 존재는 아담이었습니다. 바울 사도는 로마서 5장에서 한 사람으로 말미암아 죄가 세상에 들어왔다고 지속적으로 말합니다. 이 한 사람은 물론 인류의 조상인 아담입니다. 그런데 인류를 향한 은혜와 의의 선물도 한 사람으로 말미암았다고 말합니다.

> "한 사람의 범죄로 말미암아 사망이 그 한 사람을 통하여 왕 노릇 하였은즉 더욱 은혜와 의의 선물을 넘치게 받는 자들은 한 분 예수 그리스도를 통하여 생명 안에서 왕 노릇 하리로다"(롬 5:17).

이 말씀을 로마서 5장 14절과 비교해 보십시오.

"그러나 아담으로부터 모세까지 아담의 범죄와 같은 죄를 짓지 아니
한 자들까지도 사망이 왕 노릇 하였나니 아담은 오실 자의 모형이라."

아담이 실패한 문제를 해결하기 위해 둘째 아담, 혹은 마지막 아담
으로 오신 분이 예수 그리스도라는 것입니다. 다시 로마서 5장 19절의
말씀을 보십시오.

"한 사람이 순종하지 아니함으로 많은 사람이 죄인 된 것같이 한 사람
이 순종하심으로 많은 사람이 의인이 되리라."

아담의 불순종이 인류를 대표한 불순종이었듯, 그래서 사망이 인
류에게 찾아왔듯, 인류를 죄와 사망에서 구원하기 위한 예수 그리스도
의 십자가 순종 또한 인류를 대표하는 순종이었습니다. 그렇다면 예수
그리스도의 죽음의 결정 또한 당시 예수가 살던 땅 팔레스타인에서 대
표적 권한을 지닌 사람에 의한 결정이어야 할 필요가 있었습니다. 그
가 바로 로마에서 팔레스타인 유대 땅에 총독으로 임명되어 다스리던
본디오 빌라도였습니다. 아무리 그가 예수의 무죄를 확신하고 그를 비
호할 생각이 있었다 하더라도, 마지막 예수의 십자가형은 그가 언도한
것이 역사적인 사실입니다.

"그들이 큰 소리로 재촉하여 십자가에 못 박기를 구하니 그들의 소

리가 이긴지라 이에 빌라도가 그들이 구하는 대로 하기를 언도하고"
(눅 23:23-24).

그들 무리가 구한 것이 무엇이었습니까? 십자가 처형이었습니다. 그래서 십자가형의 판결 언도를 내린 것입니다. 누가 그렇게 했습니까? '본디오 빌라도'였습니다.

역사적 첫 사람 아담의 범죄가 인류에게 죄의 대가로 죽음을 가져온 것처럼, 역사적 인물 본디오 빌라도의 역사적 판결에 의해 예수는 십자가형을 받은 것입니다. 오늘날 이스라엘 성지를 방문해 보면 예수님 당시 총독부가 있던 지중해 연안 도시 가이사랴에 빌라도 기념비가 발굴되어 전시되고 있는 것을 볼 수 있습니다. 예수 그리스도는 결코 어떤 자유주의 학자들의 주장처럼 신화적 인물이 아니라, 역사적 인물입니다. 그분은 역사적 유대 땅에 역사적 총독이었던 본디오 빌라도에 의해 십자가 처형을 역사적으로 받고 죽으심으로 인류 구원을 이룬, 하나님이 이 땅에 인류의 희생양으로 보내신 역사적 구세주이십니다. 그분은 역사적으로 본디오 빌라도에게 고난을 받으사 인류를 대표해서 십자가의 죽음을 죽으신 것입니다. 따라서 사도신경의 표현은 정당한 것입니다.

법에 따른 고난이었기 때문에

||||||||||||||||||||||||||||||||||||||||||||

우리가 잘 기억하는 로마서 6장 23절에는 "죄의 삯은 사망이요"라는 말씀이 있습니다. 이것은 태초부터 있었던 하나님의 법이라고 할 수 있습니다. 에덴동산에서 창조주 하나님이 처음 사람 아담에게 명하신 말씀이 무엇입니까?

> "선악을 알게 하는 나무의 열매는 먹지 말라 네가 먹는 날에는 반드시 죽으리라"(창 2:17).

어쩌면 이 말씀이 인류 최초의 법이라고 할 수 있습니다. 아담은 이 법을 어긴 결과로 죽음의 업보를 짊어지게 된 것입니다. 그리고 인간은 사망을 피할 수 없는 '죽음에 이르는 존재'가 된 것입니다. 이제 아담이 실패한 그 자리에 마지막 아담, 구원자로 오신 예수 그리스도의 죽음은 그래서 법적인 죽음이어야 했고, 그런 판결을 내릴 수 있는 존재는 본디오 빌라도 한 사람뿐이었습니다. 물론 분봉왕 헤롯 안디바스가 그 땅에 상당한 정치적 영향력을 행사하고 있었지만, 그에게는 범법자에게 사형을 언도할 권한이 없었습니다. 누군가가 죽어야 한다면 그것은 빌라도의 결정으로만 가능했습니다. 죽음이 아니라면 이 골치 아픈 존재인 갈릴리 사람을 벌주는 것은 헤롯도 할 수 있는 일이어서, 빌라도는 처음에 그의 처리를 헤롯에게 위임하고자 했습니다.

"빌라도가 듣고 그가 갈릴리 사람이냐 물어 헤롯의 관할에 속한 줄을 알고 헤롯에게 보내니 그때에 헤롯이 예루살렘에 있더라"(눅 23:6-7).

그러나 유대인 지도자들이 요구한 판결은 적당한 벌이 아니라 죽음이었습니다. 누가복음 23장 15절의 말씀이 그런 배경에서 기록된 것입니다.

"헤롯이 또한 그렇게 하여 그를 우리에게 도로 보내었도다 보라 그가 행한 일에는 죽일 일이 없느니라."

그럼에도 불구하고 그가 사형 판결을 내릴 수밖에 없었던 것은, 그는 식민지 팔레스타인의 평화 유지, 크게 말하면 로마의 평화(Pax Romana)를 그 땅에서 지켜 내야 했기에, 백성이 이 일로 폭동이라도 일으키지는 않을까가 그의 근심거리였던 것입니다. 만일 이 식민지 통치에 그의 책임 문제가 발생하면 궁극적으로 그의 지위를 상실할 수도 있었기 때문입니다. 이런 약점을 간파한 유대 지도자들은 그래서 예수를 십자가형에 처벌할 죄목을 처음부터 제시하고 있었습니다.

"무리가 다 일어나 예수를 빌라도에게 끌고 가서 고발하여 이르되 우리가 이 사람을 보매 우리 백성을 미혹하고 가이사에게 세금 바치는 것을 금하며 자칭 왕 그리스도라 하더이다"(눅 23:1-2).

물론 이 고발은 무고한 것이었습니다. 예수님은 오히려 가이사에게 바칠 세금은 가이사에게 내고 하나님에게 바칠 것은 하나님에게 바치라고 하셨습니다. 그러나 유대인 지도자들은 예수가 직접 로마 황제의 명을 거역한 것으로 죄목을 만들고, 거기에 자신을 왕이신 그리스도로 주장해서 신성을 모독한 죄로 덮어씌우고자 한 것입니다. 구약에서 이런 죄는 십자가 나무 형으로 규정되고 있었기 때문입니다.

> "사람이 만일 죽을죄를 범하므로 네가 그를 죽여 나무 위에 달거든 그 시체를 나무 위에 밤새도록 두지 말고 그날에 장사하여 네 하나님 여호와께서 네게 기업으로 주시는 땅을 더럽히지 말라 나무에 달린 자는 하나님께 저주를 받았음이니라"(신 21:22-23).

그러므로 예수의 십자가 죽음은 구약의 율법에 대한 성취였습니다. 이제 갈라디아서 3장 13절을 보십시오.

> "그리스도께서 우리를 위하여 저주를 받은바 되사 율법의 저주에서 우리를 속량하셨으니 기록된바 나무에 달린 자마다 저주 아래에 있는 자라 하였음이라."

그러므로 빌라도는 이 율법의 성취를 위한 법적 책임자요, 결정자였던 것입니다.

대속적 고난이었기 때문에

||||||||||||||||||||||||||||||||||||||

우리가 예수 그리스도의 고난의 의미를 말할 때 기독교 신학에서는 교리적으로 '대속의 고난'이라고 말합니다. 그분이 우리가 받을 고난, 우리가 짊어질 형벌, 우리가 죽을 죽음을 대신하셨다는 말입니다. 이런 대속의 사상은 성경을 통해 지속적으로 증거됩니다. 예컨대, 이삭의 죽음을 대신해서 예비된 수풀에 걸린 숫양, 구약에 사탄의 참소를 제거하기 위해 광야로 보냄을 받아 주의 백성 대신 희생의 제물이 된 아사셀 염소, 유월절 이스라엘의 장자들을 구원하기 위해 희생의 제물이 된 어린양의 고난과 죽음은 모두 대속적이었습니다. 세례(침례) 요한은 예수님을 가리켜 "세상 죄를 지고 가는 하나님의 어린양"(요 1:29)이라고 증거했습니다.

이런 대속의 사상은 빌라도가 판결한 법정에서도 발견됩니다. 지금 우리나라에도 특별한 국가적 명절에는 죄인들을 사면하는 법 제도가 있는데, 빌라도 통치 시대에도 마찬가지였습니다. 어찌해서든 예수를 놓아 주고 싶은 마음이 있었던 빌라도는 바라바라는 이름의 중죄수와 예수 중 누구를 놓아 줄 것인가를 묻습니다. 이때 무리의 대답이 무엇입니까?

> "무리가 일제히 소리 질러 이르되 이 사람을 없이하고 바라바를 우리에게 놓아 주소서 하니"(눅 23:18).

이제 그 결론을 25절에서 확인해 봅시다.

"그들이 요구하는 자 곧 민란과 살인으로 말미암아 옥에 갇힌 자를 놓아 주고 예수는 넘겨주어 그들의 뜻대로 하게 하니라."

이렇게 해서 바라바는 놓임을 당하고, 예수는 대신 십자가에서 죽습니다. 그런데 이런 사건이 가능하기 위해서는 빌라도의 결단이 필요했고, 그의 결정으로 예수님은 십자가 형벌을 받으신 것입니다. 그러므로 "본디오 빌라도에게 고난을 받으사"라는 사도신경의 표현은 전적으로 타당하다고 말할 수 있습니다.

이제부터 바라바라는 사람에게 예수라는 존재는 '나 대신 십자가에 죽은 자'입니다. 우리는 이 사건 이후 바라바가 어떻게 되었는지는 모릅니다. 성경이 기록하지 않았기 때문입니다. 그의 이후의 발자취는 상상할 수밖에 없습니다. 그런데 1950년, 스웨덴 작가인 페르 라게르크비스트(Par Lagerkvist)가 《바라바》(문예출판사 역간)라는 작품을 세상에 내놓습니다. 그리고 다음 해 그는 노벨문학상을 받습니다.

바라바는 해방과 자유를 얻은 후 예수가 왜 자신을 대신해서 죽어야 했는지가 궁금해졌습니다. 그리고 자신 안에 태어난 이 물음을 해결하기 위한 고통스러운 양심의 방황을 시작합니다. 예수님과 바꿔치기당한 자신의 운명을 사색하며 그의 삶은 그리스도인들과 엮이기 시작합니다. 광산 지하 갱도 노동을 하다가 자기와 쇠사슬로 발이 묶인

채 함께 일하던 중 예수를 하나님의 아들로 믿는 믿음을 포기하지 않음으로 죽어 가는 동료 사하크를 보고 그는 더 큰 질문을 던집니다. '도대체 이 예수는 누구인가?' 마지막 네로에 저항하는 로마의 방화에 참여해서 자신도 십자가 죽음 앞에 섰을 때, 그는 나사렛 예수에게 '내 영혼을 당신에게 드립니다'라고 말을 남깁니다.

신앙인인가 아닌가에 따라 이 책을 읽는 사람의 시각은 매우 달라질 수 있습니다. 그러나 그리스도인이라면 이 책을 내려놓으며 이렇게 고백하게 될 것입니다.

"바라바는 나입니다. 나 때문에 당신은 십자가에서 죽으셨습니다."

"그들이 예수를 끌고 갈 때에 시몬이라는 구레네 사람이 시골에서 오는 것을 붙들어 그에게 십자가를 지워 예수를 따르게 하더라 또 백성과 및 그를 위하여 가슴을 치며 슬피 우는 여자의 큰 무리가 따라오는지라 예수께서 돌이켜 그들을 향하여 이르시되 예루살렘의 딸들아 나를 위하여 울지 말고 너희와 너희 자녀를 위하여 울라 보라 날이 이르면 사람이 말하기를 잉태하지 못하는 이와 해산하지 못한 배와 먹이지 못한 젖이 복이 있다 하리라 그때에 사람이 산들을 대하여 우리 위에 무너지라 하며 작은 산들을 대하여 우리를 덮으라 하리라 푸른 나무에도 이같이 하거든 마른 나무에는 어떻게 되리요 하시니라 또 다른 두 행악자도 사형을 받게 되어 예수와 함께 끌려가니라 해골이라 하는 곳에 이르러 거기서 예수를 십자가에 못 박고 두 행악자도 그렇게 하니 하나는 우편에, 하나는 좌편에 있더라"(눅 23:26-33).

28. 십자가로 가는 길

억지로라도 십자가를 바라보십시오.
마침내 진짜 십자가를 붙드는 날이 올 것입니다.

기독교는 십자가의 종교입니다. 그래서 그리스도인을 자처하는 모든 사람은 십자가가 기독교의 상징이며, 기독교 메시지의 핵심이라고 믿습니다. 십자가를 어떻게 생각하고 그리스도를 따르느냐가 그리스도인들의 신앙의 질과 형태를 결정합니다.

모든 그리스도인의 한 공통된 고백은, 그리스도를 따라 인생의 길을 걷고자 한다는 것입니다. 이스라엘, 특히 예루살렘으로 성지 순례를 떠나는 사람들에게 순례의 절정이 있다면 소위 십자가의 길(Via Dolorosa, 슬픔, 고통의 길)을 걷는 것입니다. 물론 정확하게 예수께서 이 길을 걸으신 것은 아니라 할지라도, 교회 전승에 의해 만들어진 소위 안토니아 요새에서 성묘교회에 이르는 약 800미터의 길입니다. 매주 금요일 오후 3시가 되면 십자가를 진 사람을 앞세우고 이 길을 걷는 수도자들이나 순례자들의 행렬을 만날 수 있습니다. 이 길에는 모두 열네 개의 사건이 일어난 지점이 열네 개의 처소(14 Stations)로 표시되어 있습니다.

제1처는 빌라도의 법정이 있던 안토니아 요새입니다. 지금은 아랍 학교가 자리 잡고 있지만, 본래 여기서 예수께서 십자가 사형을 언도 받은 것을 기념합니다. 제2처는 소위 채찍질 예배당(Church of Flagellation)으로, 여기서 예수께서 채찍질당하고 십자가를 지신 것을 기념합니다. 이곳 입구에 '이 사람을 보라'(Ecce Homo)는 아치가 있습니다. 제3처는 출발 지점에서 150미터 지점에 있는 작은 기도실인데, 여기서 예수께서 처음 십자가를 지고 넘어지신 것을 기념합니다. 제4처는 아르메니아교회 기도실 입구 문지방 위에 예수와 어머니 마리아와의 만남을 조각해 놓았습니다. 제5처는 구레네 시몬이 예수님 대신 십자가를 진 곳을 기념합니다. 제6처는 교회 전승에 의해 베로니카라는 이름의 여인이 땀 흘리시는 예수님의 얼굴을 손수건으로 닦아 드린 것을 기념합니다. 제7처는 예수님이 두 번째 넘어지신 것을 기념합니다. 제8처는 예수님을 뒤따르며 울던 예루살렘 여인들을 예수께서 위로하신 것을 기념합니다. 제9처는 골고다 언덕을 50미터 남겨둔 곳으로, 예수께서 세 번째 넘어지신 곳입니다. 제10처부터 14처까지는 다 성묘교회 내부에 자리 잡고 있는 곳들로, 십자가 사건이 일어난 여러 사건을 기념합니다. 로마 병사들이 예수의 옷을 벗긴 곳(10), 십자가에 못 박은 곳(11), 십자가가 서 있던 곳(12), 십자가에서 그 시체를 내린 곳(13) 그리고 마지막으로 예수께서 묻히신 무덤(14)입니다.

그런데 누가복음에는 제5처인 구레네 시몬의 사건, 제8처인 예루살렘 여인들의 통곡 사건 그리고 제12처인 두 강도와 함께 예수께서 십자가에 못 박히신 사건들만 기록되어 있습니다. 이 세 가지 사건을 중심으로 십자가의 길을 따라가며 세 인물 군들이 남긴 교훈을 나누고자 합니다.

억지로 십자가를 진 사람, 구레네 시몬

그의 이름은 구레네 시몬이었습니다.

> "그들이 예수를 끌고 갈 때에 시몬이라는 구레네 사람이 시골에서 오는 것을 붙들어 그에게 십자가를 지워 예수를 따르게 하더라"(눅 23:26).

여기 '붙들다'라는 단어는 원어로 '에피람바노'(epilambano)라 하는데 이는 본인의 의지와 상관없이 붙들어 행하게 한다는 의미입니다. 강제로 혹은 억지로 십자가를 지게 되었다는 의미입니다. 그러나 그것은 그를 영적으로 유익하게 하는 결과를 초래했습니다. 우리는 그의 구체적인 신분을 알 수 없습니다. 성경이 본문 이상으로 그에 대해 말한 것이 없기 때문입니다. 우리가 알 수 있는 유일한 정보는 그가 아프리카, 지금의 리비아에 위치한 구레네 출신의 사람이라는 것뿐입니다.

기원전 문서에 의하면 그 지역에 십만 명 이상의 유대인이 살고 있었다고 합니다. 그가 유월절 순례를 위해 예루살렘에 왔었는지, 아니면 구레네 출신으로 예루살렘 주변에 와서 살았는지는 불분명합니다. 당시 예루살렘에 구레네 출신들의 유대인 회당이 있었던 것은 고증됩니다. 그러나 그가 후일 그리스도인이 된 것만은 분명해 보입니다. 마가복음 15장 21절에 보면 구레네 시몬의 두 아들의 이름이 기록되고 있습니다.

　"마침 알렉산더와 루포의 아버지인 구레네 사람 시몬이."

　이제는 로마서 16장 13절에서 바울 사도가 로마교회에 보낸 편지를 읽어 보십시오.

　"주 안에서 택하심을 입은 루포와 그의 어머니에게 문안하라 그의 어머니는 곧 내 어머니니라."

　바울이 구레네 시몬의 아들 루포에게 '네 어머니가 바로 내 어머니'라고 말하고 있습니다. 무슨 말입니까? 구레네 시몬의 아내를 가리켜 바울이 자기 어머니라고 부르고 있다는 것입니다. 구레네 시몬의 영향은 마침내 그의 온 가족과 아들들을 그리스도인이 되게 한 것입니다. 대신 진 십자가로 인해 골고다 언덕에 가서 십자가에 못 박히는 예수 그리스도를 가까이서 지켜보고 그분의 마지막 말, 마지막 기도를 들으면서 아마도 그는 그분을 자기의 구주와 주님으로 믿게 되었고, 마침내 그의 온 가족을 그분에게로 인도하게 된 것 같습니다.

그렇다면 때로는 억지로 십자가를 지는 것도 유익함을 동의하지 않을 수 없습니다. 그렇다면 억지로 교회에 나오는 것도, 억지로 구제하고 억지로 선행을 베푸는 것도 무익한 일은 아닙니다. 아내 따라, 자식 따라 억지로 교회에 나오다가 구원받게 된 적지 않은 사람을 알고 있습니다. 부모 따라 억지로 교회에 나오다가 구원받게 된 적지 않은 자녀들을 저는 보았습니다. 처음에는 억지로 믿는 척하다가 나중에 진정으로 믿게 된 적지 않은 이들을 보았습니다. 만일 억지로 교회에 나가고 있다면, 제발 구도의 발걸음을 중단하지 말고 구하고, 찾고, 두드리십시오. 억지로라도 십자가를 바라보십시오. 마침내 진짜 십자가를 붙드는 날이 올 것입니다.

십자가 길의 고통을 보고 우는 사람, 예루살렘 여인들

"또 백성과 및 그를 위하여 가슴을 치며 슬피 우는 여자의 큰 무리가 따라오는지라"(눅 23:27).

이들에게 예수께서 주신 말씀이 무엇입니까?

"예수께서 돌이켜 그들을 향하여 이르시되 예루살렘의 딸들아 나를 위하여 울지 말고 너희와 너희 자녀를 위하여 울라"(눅 23:28).

십자가를 지고 십자가에 못 박히고자 가시는 예수님 때문에 여인들은 울고 있었습니다. 그러나 예수님은 '나를 위하여 울지 말고 너희와 너희 자녀들이 당할 일을 인하여 울라'고 말씀하십니다. 곧 머지않아 예루살렘에 임할 심판을 바라보고 주신 말씀입니다. 예루살렘이 멸망하는 날 차라리 자녀 없는 자들이 복될 것이라고 말씀하십니다.

"보라 날이 이르면 사람이 말하기를 잉태하지 못하는 이와 해산하지 못한 배와 먹이지 못한 젖이 복이 있다 하리라"(눅 23:29).

신앙이 어느 정도 성장하면 우리는 인생길에서 우리를 위해 십자가를 지신 예수님을 생각하며 눈물을 흘리는 성도가 됩니다. 십자가를 지고 예수님을 따르겠다는 고백도 합니다. 그러나 그때 예수님은 우리에게 어떻게 말씀하실까요? 본문에 그려진 예수님이 오늘 우리가 믿는 동일한 예수님이시라면, 그분은 아마도 여전히 동일하게 말씀하실 것입니다. 그렇다면 우리는 우리 자녀들의 무엇을 위해서 울어야 할까요?

성경에 보면 보편적으로 40년이 한 세대로 등장합니다. 지난 40년간의 가치관의 변화를 생각해 보십시오. 40년 전 우리는 자녀들에게

학교에 가서 선생님에게 맞을 짓을 하지 말라고 가르쳤습니다. 40년이 지난 오늘 우리는 자녀들에게 선생님이 너를 때리거든 반드시 휴대폰으로 찍어 오라고 가르치고 있지 않습니까? 40년 전 우리는 모르는 어른이 무엇을 묻거든 공손하게 대답하라고 가르쳤습니다. 40년이 지난 오늘 우리는 모르는 어른이 말을 걸거든 절대로 대답하지 말라고 가르치고 있지 않습니까? 40년 전 우리는 자녀들에게 반 친구가 힘들어하거든 잘 도와주라고 가르쳤습니다. 40년이 지난 오늘 우리는 친구 도울 시간이 있으면 네 공부나 열심히 하라고 가르치고 있지 않습니까? 40년 전 우리는 사춘기 자녀들에게 이성과 예의 바른 교제를 해야 한다고 가르쳤습니다. 40년이 지난 오늘 우리는 혼전 임신하는 일이 없어야 한다고 가르치고 있지 않습니까? 40년 전 우리는 자녀들에게 너를 낳은 조국을 잊어서는 안 된다고 가르쳤습니다. 40년이 지난 오늘 우리는 조국이 밥 먹여 주냐고, 할 수 있으면 기회 있을 때 이민 가라고 가르치고 있지 않습니까?

그럼에도 불구하고 하나님의 말씀인 성경은 우리에게 "마땅히 행할 길을 아이에게 가르치라 그리하면 늙어도 그것을 떠나지 아니하리라"(잠 22:6)라고 말씀합니다. 시대와 함께 변할 수 없는 성경적 가치관을 우리의 자녀들에게 가르쳐야 한다는 말입니다. 그렇게 할 수 없었다면 우리 부모 된 자들이 이제 울어야 할 때가 아닙니까? 십자가 길에서 만나는 이 통곡하는 여인들에게서 통곡해야 할 부모 된 우리의 모습을 발견해야 합니다.

행악함으로 십자가에 예수와 함께 못 박히는 사람, 두 강도

본문은 십자가 길의 마지막에서 예수님과 함께 못 박힌 두 강도의 모습을 조명합니다.

> "또 다른 두 행악자도 사형을 받게 되어 예수와 함께 끌려가니라 해골이라 하는 곳에 이르러 거기서 예수를 십자가에 못 박고 두 행악자도 그렇게 하니 하나는 우편에, 하나는 좌편에 있더라"(눅 23:32-33).

우리가 십자가 길의 마지막에서 만나는 두 강도는 바로 십자가를 둘러싼 두 가지 유형의 인류를 대표하고 있습니다. 이 두 강도 못지않게 우리도 하나님의 법을 깨뜨리고 살아온 죄인입니다. 성경은 "모든 사람이 죄를 범하였으매 하나님의 영광에 이르지 못하더니"(롬 3:23)라고 말씀합니다. 계속되는 성경의 증언을 보십시오.

> "누구든지 온 율법을 지키다가 그 하나를 범하면 모두 범한 자가 되나니 간음하지 말라 하신 이가 또한 살인하지 말라 하셨은즉 네가 비록 간음하지 아니하여도 살인하면 율법을 범한 자가 되느니라"
> (약 2:10-11).

> "그 형제를 미워하는 자마다 살인하는 자니 살인하는 자마다 영생이

그 속에 거하지 아니하는 것을 너희가 아는 바라"(요일 3:15).

그렇다면 우리는 예수님과 함께 십자가에 달린 두 행악자, 두 강도보다 나을 것이 없는 자들입니다. 그런데 그중에 한 강도가 구원받은 것은, 자기 옆에 달린 그 예수가 구원자임을 알고 그에게 용서를 구하고 그에게 믿음으로 자신의 영혼을 위탁할 수 있었기 때문입니다.

"이르되 예수여 당신의 나라에 임하실 때에 나를 기억하소서 하니 예수께서 이르시되 내가 진실로 네게 이르노니 오늘 네가 나와 함께 낙원에 있으리라 하시니라"(눅 23:42-43).

회개와 믿음이 그를 구원한 것입니다. 그래서 누가는 누가복음의 결론을 맺으면서 복음의 본질을 이렇게 증언합니다.

"또 이르시되 이같이 그리스도가 고난을 받고 제 삼 일에 죽은 자 가운데서 살아날 것과 또 그의 이름으로 죄 사함을 받게 하는 회개가 예루살렘에서 시작하여 모든 족속에게 전파될 것이 기록되었으니"(눅 24:46-47).

중요한 것은 예수 믿고 죄 사함을 얻는 것입니다. 그 순간부터 이 구원받은 강도에게 십자가는 고통이 아닌 천국 가는 길이 됩니다. 그것이 바로 제자의 길이 된 것입니다.

> "누구든지 나를 따라오려거든 자기를 부인하고 자기 십자가를 지고 나를 따를 것이니라"(마 16:24).

　　북한을 돕는 사역을 하다가 북한에 억류된 후 31개월 만에 석방되어 자유의 몸으로 돌아온 임현수 목사님은 처음 체포되어 바퀴벌레가 기어 다니는 좁은 감방에 갇혀 취조를 받을 때 공포와 원망으로 가득했었다고 말합니다. 그런데 한순간, 히브리서의 "예수를 깊이 생각하라"(히 3:1)는 말씀이 떠오르고 십자가를 지신 주님을 바라본 순간부터 모든 고난이 감당할 만할 것이 되었다고 간증합니다. 주기철 목사님이 신사 참배를 거절하고 일제에 의한 그 혹독한 고문과 박해를 견딘 것도 주님의 십자가를 깊이 묵상하고 바라보았기 때문이라고 고백합니다. 새찬송가 158장, 〈서쪽 하늘 붉은 노을〉은 그가 옥중에서 즐겨 부른 고백의 찬송입니다.

> 서쪽 하늘 붉은 노을 언덕 위에 비치누나
> 연약하신 두 어깨에 십자가를 생각하니
> …
> 피 흘리며 걸어가신 영문 밖의 길이라네

십자가의 길은 이 길을 걷는 모든 이에게 십자가를 지고 예수를 따를 것을 도전하고 있습니다.

"안식 후 첫날 새벽에 이 여자들이 그 준비한 향품을 가지고 무덤에 가서 돌이 무덤에서 굴려 옮겨진 것을 보고 들어가니 주 예수의 시체가 보이지 아니하더라 이로 인하여 근심할 때에 문득 찬란한 옷을 입은 두 사람이 곁에 섰는지라 여자들이 두려워 얼굴을 땅에 대니 두 사람이 이르되 어찌하여 살아 있는 자를 죽은 자 가운데서 찾느냐 여기 계시지 않고 살아나셨느니라 갈릴리에 계실 때에 너희에게 어떻게 말씀하셨는지를 기억하라 이르시기를 인자가 죄인의 손에 넘겨져 십자가에 못 박히고 제 삼 일에 다시 살아나야 하리라 하셨느니라 한대 그들이 예수의 말씀을 기억하고 무덤에서 돌아가 이 모든 것을 열한 사도와 다른 모든 이에게 알리니 (이 여자들은 막달라 마리아와 요안나와 야고보의 모친 마리아라 또 그들과 함께한 다른 여자들도 이것을 사도들에게 알리니라)"(눅 24:1-10).

29. 예수 부활을 증거한 여인들

'왜 예수의 무덤은 비었는가?'
이 질문에 대한 유일한 정답은
그분이 부활하셨기 때문입니다.

기독교 복음의 역사에서 남자들보다 여자들의 더 큰 기여와 공헌이 있었음을 인정하는 것은 어려운 일이 아닙니다. 실제로 오늘날도 남자 성도들이 더 많은 시간을 직업과 더불어 씨름하고 있을 때 더 많은 여 성도들이 복음 전하는 일과 교회 섬기는 일에 헌신하고 있음을 보기 때문입니다. 이런 여 성도들의 해방과 헌신은 전적으로 여성들에 대한 예수님의 태도에서 비롯되었다고 할 수 있습니다.

우리는 요한복음 4장을 통해 사마리아에서 우물에 물 길러 온 한 여인을 상대로 긴 시간을 할애하며 이 목마른 여인에게 영생의 샘물 이야기를 하시는 예수님의 모습을 볼 수 있습니다. 이것은 사마리아 여인 자신에게도 충격이었던 것으로 보입니다. 요한복음 4장 9절의 말씀을 주의 깊게 읽어 보십시오.

"사마리아 여자가 이르되 당신은 유대인으로서 어찌하여 사마리아 여
자인 나에게 물을 달라 하나이까 하니 이는 유대인이 사마리아인과
상종하지 아니함이러라."

유대인이 상종하지 않던 사마리아인, 그중에서도 한 여인을 붙들
고 진지한 대화를 이어 가시던 예수님의 모습이 인상적이지 않습니
까? 그리고 이 여인은 마침내 동네에 들어가 "내가 행한 모든 일을 내
게 말한 사람을 와서 보라 이는 그리스도가 아니냐"(요 4:29) 하며 예수
를 증거하게 됩니다.

우리는 예수님의 세계 복음화 전략으로 그분이 열두 명의 남성 제
자를 먼저 선택하신 것을 기억합니다. 그런데 그분은 정말 남성들만을
당신의 제자로 삼고 선교 전략을 수행하셨을까요? 누가복음 8장 1절
을 보면 "그 후에 예수께서 각 성과 마을에 두루 다니시며 하나님의 나
라를 선포하시며 그 복음을 전하실새 열두 제자가 함께하였고"라고 기
록합니다. 이 열두 제자가 그분이 사용하신 일꾼의 전부였을까요? 이
어지는 말씀을 보십시오. 이 제자들의 반열에 누가 등장합니까?

"또한 악귀를 쫓아내심과 병 고침을 받은 어떤 여자들 곧 일곱 귀신이
나간 자 막달라인이라 하는 마리아와 헤롯의 청지기 구사의 아내 요
안나와 수산나와 다른 여러 여자가 함께하여 자기들의 소유로 그들을
섬기더라"(눅 8:2-3).

이렇게 여 성도들을 또한 여 제자로 부르고 하나님 나라를 위해 사용하고자 하시는 예수님의 전략은 부활의 아침에도 명확하게 드러나 있습니다. 본문 9-10절에 보면 예수 부활의 사실을 제일 먼저 사람들에게 알린 것이 바로 이러한 예수님의 여 제자들이었음을 알 수 있습니다. 본문 1절의 예수 부활의 드라마는 여인들의 등장과 함께 시작됩니다.

> "안식 후 첫날 새벽에 이 여자들이 그 준비한 향품을 가지고 무덤에 가서."

부활의 새벽, 예수님의 무덤을 찾은 이 여인들이 예수 부활을 증언한 첫 제자들이 되었습니다. 이 장에서는 이 여인들이 부활의 증인이 되기까지 겪은 심리적 변화의 단계를 주목하고자 합니다. 이는 우리도 그들을 따라 부활의 증인이 되고자 함입니다.

근심(당황함, 당혹)의 단계

본문은 안식 후 첫날(지금의 주일) 아침에 예수님의 무덤을 찾은 여인들의 반응을 기술하고 있습니다.

"들어가니 주 예수의 시체가 보이지 아니하더라 이로 인하여 근심할 때에"(눅 24:3-4).

그들의 첫째 반응은 '근심함'(aporia)이었다고 기록합니다. NIV 성경은 'wondering'(궁금함, 의심함)으로 옮겼고, KJV 성경은 'perplexed'(당황함)로 옮겼습니다. 《메시지》는 이 대목을 "그들은 어찌된 영문인지 몰라 당황했다"라고 옮깁니다. '당황함'이 제일 좋은 번역일 듯합니다 (표준새번역도 '당황함'으로 옮김). 아마도 처음에 이 여인들은 누군가가 예수님의 시체를 도둑질한 것은 아닌가 생각했을지 모릅니다. 그래서 당황했을 것입니다. 물론 그럴 수 없었습니다. 마태복음 27장 63-64절에 보면 예수께서 평소에 부활을 언급했기 때문에 그분의 시체를 도둑질하는 일이 있을지 모르겠다며 빌라도에게 그 무덤을 굳게 지키도록 명해 달라고 요청하는 장면이 나옵니다. 로마의 관례에 의하면 중요한 무덤은 4인 1조가 되어 교대로 지키는 것으로 되어 있습니다. 그런데 시체가 없어졌습니다. 당황할 일이 아닐 수 없습니다. 도대체 무슨 일이 생긴 것일까 하는 의심이 생길 만한 대목입니다.

오늘의 우리도 예수 부활의 설교를 들으면 첫째 반응이 이런 당황함과 의혹일 것입니다. '예수의 시체를 옮겨 놓고 퍼뜨린 가짜 뉴스는 아닐까?' 그렇다면 예수의 제자들이 예수 부활을 증거할 때 예수의 시체를 제시하는 것으로 간단하게 기독교의 허구를 반증할 수 있었을 것입니다. 여기 빈 무덤이야말로 역사적으로 예수 부활의 가장 강력한 증거가 된 것입니다.

왜 그의 무덤은 비었습니까? 도둑설은 가능하지 않은 것을 이미 성찰했습니다. 기절설도 있습니다. 십자가에서 주님이 완전하게 사망하지 않은 채로 돌무덤에 들어가 기절하신 상태에서 시간이 경과되어 냉기와 함께 깨어나셨다는 설입니다. 그러나 그분이 십자가에서 물과 피를 흘린 것은 완전한 사망의 증거이고, 설혹 깨어나셨다 할지라도 여럿이 굴릴 수 있는 무덤 돌을 굴리고 경비병을 따돌린다는 것은 불가능한 설정입니다. 다른 무덤을 찾아 착각했다는 설도 있고 예수님을 사모한 제자들의 환상설도 있지만, 이 모든 가설은 철저하게 역사적으로 반박되었습니다. '왜 예수의 무덤은 비었는가?' 이 질문에 대한 유일한 정답은 그분이 부활하셨기 때문입니다.

두려움의 단계

> "여자들이 두려워 얼굴을 땅에 대니 두 사람이 이르되 어찌하여 살아
> 있는 자를 죽은 자 가운데서 찾느냐"(눅 24:5).

이 두 사람은 아마도 천사의 현현이었을 것입니다. 본문 4절은 "문득 찬란한 옷을 입은 두 사람이 곁에 섰는지라"라고 말씀합니다. 여기 '찬란하다'는 원어로 '아스트랍토'(astrapto)라 하는데, 이는 영어

의 'lightning'(번개처럼 빛남)이라는 단어로서 '신적 현현'을 뜻하는 말입니다. 물론 이 여인들은 이들의 존재가 정확하게 천사라고 인식하지 못했을지도 모릅니다. 그러나 어렴풋이 '하나님이 무슨 일을 하고 계시는구나!' 하는 느낌을 받았을 것입니다. 그리고 5절의 증언처럼 두려워하게 된 것입니다. 원어로는 '두려움(emphobos)에 들어갔다'(in+phobia)고 되어 있습니다. 이 두려움은 신적 개입이나 신적 현존을 느낀 사람들의 공통적 반응입니다.

우리가 진리를 찾아 구도할 때의 첫째 반응은 보통 당황하고 의심하는 것입니다. 누구나 구도의 여정을 그렇게 출발합니다. 그러나 이런 처음 단계를 넘어서서 하나님의 현존을 느끼기 시작할 때, 우리는 거룩한 두려움을 느끼게 됩니다. 무엇이라고 꼭 집어서 설명하기는 어렵지만, 하나님이 직간접적으로 내 삶에 개입하고 계시다는 자각과 마주하게 됩니다. 독일의 신학자 루돌프 오토(Rudolf Otto)는 그런 경험을 '누미노제'(numinose)라고 불렀습니다. "나의 이성과 자아 밖으로부터 엄습해 오는 거룩한 감정, 설명하기 어려운 두렵고도 떨리는 신비한 신적 현존의 경험"이라고 했습니다. 이런 경험은 사람에 따라 다양할 수 있습니다. 그러나 대체로 우리가 참된 그리스도인이 되기 전에 주님을 받아들이는 준비로서 일어나는 비이성적이지만 거부할 수 없는 신적 현존의 어떤 경험이라고 할 수 있습니다. 이런 거룩한 두려움이 어느 날 당신의 마음을 노크하거든 준비하십시오. 당신이 하나님을 만날 때가 된 것입니다.

기억의 단계
||||||||||||||||||

본문 6절에서 천사들의 증언을 들어 보십시오.

"여기 계시지 않고 살아나셨느니라 갈릴리에 계실 때에 너희에게 어 떻게 말씀하셨는지를 기억하라."

무엇을 기억하라는 말입니까?

"이르시기를 인자가 죄인의 손에 넘겨져 십자가에 못 박히고 제 삼 일 에 다시 살아나야 하리라 하셨느니라"(눅 24:7).

이제 이 여인들의 반응을 보십시오.

"그들이 예수의 말씀을 기억하고"(눅 24:8).

드디어 그들은 기억의 단계로 들어갔습니다. 주님의 말씀을 기억 하는 단계 말입니다. 짧은 시간 이 부활의 아침에 이 여인들은 당혹의 단계에서 두려움의 단계로 그리고 다시 주의 말씀을 기억하는 단계로 접어든 것입니다. 아무도 주의 말씀이 없이 진정한 믿음 속으로 들어 갈 수는 없습니다. 복음적 그리스도인의 믿음의 유일한 흔들림이 없는 근거는 그분의 말씀이기 때문입니다. 로마서 10장 17절의 말씀을 기억하십시오.

"그러므로 믿음은 들음에서 나며 들음은 그리스도의 말씀으로 말미암 았느니라."

복음서에 보면 예수께서 당신의 죽음과 부활을 적어도 세 차례 이상 미리 언급하신 것으로 기록되어 있습니다. 누가복음에서 마지막 세 번째로 주신 말씀을 보십시오.

"그들은 채찍질하고 그를 죽일 것이나 그는 삼 일 만에 살아나리라 하시되 제자들이 이것을 하나도 깨닫지 못하였으니 그 말씀이 감취었으므로 그들이 그 이르신 바를 알지 못하였더라"(눅 18:33-34).

그래서 본문에 이어지는 11절에 보면 남성 사도들은 바로 이 부활의 사실을 믿지 못했던 것입니다. 여기 부활의 아침의 여인들처럼 순전하게 말씀을 기억하는 축복을 확인합시다. 부활의 증인이 되고자 한다면 먼저 주의 말씀을 날마다 가까이하고, 매 순간 그 말씀을 기억하고 사는 성도가 되어야 할 것입니다.

증거의 단계
||||||||||||||||||

"무덤에서 돌아가 이 모든 것을 열한 사도와 다른 모든 이에게 알리 니"(눅 24:9).

사도들과 모든 사람에게 예수 부활의 기쁜 소식을 처음으로 알린 사람이 이 여인들이었습니다. 여기 '알리다'라는 단어는 원어로 '아팡 겔로'(apangello)라 하는데, 이는 '적극적으로 기쁜 소식을 선포하다'라 는 의미입니다. 이 단어는 본문 10절에서도 반복됩니다.

"이 여자들은 막달라 마리아와 요안나와 야고보의 모친 마리아라 또 그들과 함께한 다른 여자들도 이것을 사도들에게 알리니라."

왜 이 부활의 기쁜 소식을 여인들로 하여금 전하게 하셨을까요? 이 소식이 빨리, 신속하게 전파되기 위해 주님은 남성 제자보다 여성 제 자들이 효율적임을 아셨기 때문일 것입니다. 우리가 남자 아기와 여자 아기를 길러 보면 여자 아기의 언어 발달이 남자 아기보다 비교할 수 없이 빠른 것을 봅니다. 학자들에 의하면, 두뇌 활동에 있어 여아들은 언어 능력을 관장하는 측두엽이 잘 발달함에 반해 남아들은 운동 감각 을 담당하는 두정엽에 강세를 보인다고 합니다. 그래서 일반적으로 여 아들은 언어 발달에 탁월성을 보이고, 남아들은 운동에 강세를 보이는 것이라고 합니다. 그러니 남자들은 여자들을 말로 이길 생각을 말아야 합니다. 주님은 이런 창조의 특성을 알고 첫 번째 부활 소식의 전파를 여성들에게 위임하신 것이 아닌가 생각합니다.

거기다가 남자들은 여인들의 말을 더디 믿는 경향이 있습니다. 남성들의 성장 과정에서 빚어진 열등감의 반작용일 수 있습니다. 항상 여인들에게 말로 지다 보니 여인들의 말을 더디 믿으려 하는 것입니다. 이런 특성이 본문의 다음 구절인 24장 11절에도 드러납니다.

"사도들은 그들[여인들]의 말이 허탄한 듯이 들려 믿지 아니하나."

그러나 다음 절에서 베드로는 자기 눈으로 빈 무덤을 확인한 후 부활의 증거에 참여하게 됩니다. 중요한 것은 늦더라도 증인의 자리에 서는 일입니다. 그것이 우리를 주께서 당신의 제자로 삼아 주신 이유이기 때문입니다. 그러나 우리는 늘 자기 보호에 민감하고 증언의 자리에 서기를 주저합니다. 그래서 주께서 성령을 우리에게 보내신 것입니다. 지상 명령의 성취를 위해서 말입니다. 사도행전 1장 8절의 말씀을 다시 기억하십시오. 이 말씀을 기록한 이도 누가입니다.

"오직 성령이 너희에게 임하시면 너희가 권능을 받고 예루살렘과 온 유대와 사마리아와 땅끝까지 이르러 내 증인이 되리라 하시니라."

여기서 '증인'이라는 말은 순교적 증인이라는 뜻입니다. 목숨까지라도 내어놓고 그분의 증인이 되어 땅끝까지 가야 한다고 말씀하십니다. 성령이 그 일을 우리가 하도록 도우실 것입니다. 우리는 순종만 하면 됩니다. 성령이 가라고 하실 때 가십시오. 성령이 증거하라고 하실 때 증거하십시오. 초대 교회 여성들이 그 일을 했다면, 당신도 할 수 있습니다. 우리도 할 수 있습니다. 그분은 죽지 않고 다시 사셨습니다. 그분이 해답이십니다. 그분이 우리의 유일한 소망이십니다.

"이 말을 할 때에 예수께서 친히 그들 가운데 서서 이르시되 너희에게 평강이 있을지어다 하시니 그들이 놀라고 무서워 하여 그 보는 것을 영으로 생각하는지라 예수께서 이르시 되 어찌하여 두려워하며 어찌하여 마음에 의심이 일어나느 냐 내 손과 발을 보고 나인 줄 알라 또 나를 만져 보라 영은 살과 뼈가 없으되 너희 보는 바와 같이 나는 있느니라 이 말 씀을 하시고 손과 발을 보이시나 그들이 너무 기쁘므로 아 직도 믿지 못하고 놀랍게 여길 때에 이르시되 여기 무슨 먹 을 것이 있느냐 하시니 이에 구운 생선 한 토막을 드리니 받 으사 그 앞에서 잡수시더라 또 이르시되 내가 너희와 함께 있을 때에 너희에게 말한바 곧 모세의 율법과 선지자의 글 과 시편에 나를 가리켜 기록된 모든 것이 이루어져야 하리 라 한 말이 이것이라 하시고 이에 그들의 마음을 열어 성경 을 깨닫게 하시고 또 이르시되 이같이 그리스도가 고난을 받고 제 삼 일에 죽은 자 가운데서 살아날 것과 또 그의 이 름으로 죄 사함을 받게 하는 회개가 예루살렘에서 시작하 여 모든 족속에게 전파될 것이 기록되었으니 너희는 이 모 든 일의 증인이라 볼지어다 내가 내 아버지께서 약속하신 것을 너희에게 보내리니 너희는 위로부터 능력으로 입혀질 때까지 이 성에 머물라 하시니라"(눅 24:36-49).

30. 두려움을 평화로 바꾼 사람들

모든 예수 사건의 불신앙은
그분의 부활을 믿지 못하는 데서 시작됩니다.
부활하신 예수 실체의 확인은
신앙의 모든 불안을 넘어서는 새로운 삶의 시작입니다.

기독교 실존주의 철학자 키르케고르의 저서 중에 《공포와 전율》이라는 책이 있습니다. 이 책에서 그는 구약성경의 아브라함이 그의 아들 이삭을 제단에 드리는 이야기를 해석합니다. 부모로서 자식을 죽여야한다는 것은 윤리적 법칙에 어긋나는 일입니다. 그럼에도 불구하고 하나님의 명령이기 때문에 그 일을 해야 하는 아브라함에게는 두려움과 떨림이 있을 수밖에 없습니다. 윤리적 실존과 종교적 실존 사이에서 갈등하던 그는 도덕적 당위를 넘어서서 신 앞에 서는 단독자로서 고독한 결단을 내릴 수밖에 없었습니다.

때로 신을 믿는 자들은 신 앞에서 불안을 안고 양심의 소리와 모순되는 결단을 해야 하는 순간이 있습니다. 그는 아버지로서의 자신에 대해 죽는 절망을 경험하며 절대자 하나님을 믿는 절대 고독의 자리에서 '믿음의 도약'(leap of faith)을 해야 하는 딜레마에 직면한 것입니다.

그것은 헤겔(Georg Wilhelm Friedrich Hegel)이나 칸트(Immanuel Kant) 같은 이들의 수준에서 도덕적 이성에 근거해 보편적 삶을 살고자 하는 이들에게는 이해하기 어려운 결단이었습니다. 그래서 키르케고르는 많은 경우 믿음은 믿지 못할 것을 믿어야 하고 이해할 수 없는 것을 수용해야 하는 역설적인 절대 고독의 결단이라고 말합니다. 그러므로 그리스도인은 윤리적 실존의 차원에서 사는 존재가 아니라, 그 차원을 넘어서는 종교적 실존의 존재라고 말합니다.

저는 본문에서 예수의 제자들이 그런 자리에 있었던 것으로 보입니다. 부활하신 예수께서 제자들 앞에 등장했을 때, 제자들은 아직 예수님의 부활을 믿을 준비가 되어 있지 못했습니다. 그들의 당연한 반응은 무엇이었겠습니까?

"이 말을 할 때에 예수께서 친히 그들 가운데 서서 이르시되 너희에게 평강이 있을지어다 하시니 그들이 놀라고 무서워하여 그 보는 것을 영으로 생각하는지라"(눅 24:36-37).

부활하신 예수님의 실체가 아닌 예수님의 환영을 본 것으로 생각하고 두려움에 사로잡힌 것입니다. 그런 제자들의 당혹함을 안 예수께서 무엇이라 말씀하십니까?

"예수께서 이르시되 어찌하여 두려워하며 어찌하여 마음에 의심이 일어나느냐"(눅 24:38).

그런데 결론부터 말하자면, 이 사건을 통해서 제자들은 마침내 진정한 평화를 경험하고 그 평화의 복음의 증인이 될 수 있었다는 말입니다. 그렇다면 질문은 이것입니다. 그때 예수의 제자들은 어떻게 보편적 두려움을 넘어서서 평화의 자리에 도달할 수 있었을까요?

오늘을 살아가는 예수의 제자들인 우리도 설명하기 어려운 두려움들을 직면하며 살고 있습니다. 국가적인 미래에 대한 두려움도 있고, 경제적인 두려움도 있고, 코로나로 인한 건강 상실의 두려움도 있습니다. 말로 표현하기 어려운 여러 마음의 불안을 껴안고 하루하루를 살아야 하는 실존적 두려움도 있습니다. 그러면 우리도 예수의 제자들처럼 두려움을 평화로 바꾸는 것이 가능한 일입니까? 그렇다면 우리는 다시 그때 예수의 제자들이 어떻게 그 두려움을 극복하는 것이 가능할 수 있었는지를 물어야 합니다.

부활하신 예수의 실체를 확인한 까닭
||||||||||||||||||||||||||||||||||||||||||||||||||||||||||||||||||

예수의 존재를 유령의 환영으로 생각하고 두려워한 제자들에게 예수께서 말씀하십니다.

"내 손과 발을 보고 나인 줄 알라 또 나를 만져 보라 영은 살과 뼈가 없으되 너희 보는 바와 같이 나는 있느니라"(눅 24:39).

이어서 제자들에게 손과 발을 보이셨다고 했습니다. 그러나 그들은 아직도 믿지 못하고 있었다고 성경은 증언합니다. 그래서 이번에는 구운 생선 한 토막을 잡수시는 것으로 당신의 실체를 증언하십니다. 부활하신 예수의 실체를 확신만 할 수 있다면 무엇이 두렵겠습니까? 죽음을 이긴 분의 함께하심, 무엇이 두렵겠습니까? 그러므로 모든 예수 사건의 불신앙은 그분의 부활을 믿지 못하는 데서 시작됩니다. 부활하신 예수 실체의 확인은 신앙의 모든 불안을 넘어서는 새로운 삶의 시작입니다.

예일대학교 법대 출신으로 〈시카고 트리뷴〉(*Chicago Tribune*)의 명 저널리스트였던 리 스트로벨(Lee Strobel)은 무신론자요, 회의주의자였습니다. 어느 날 아내와 딸 앨리슨과 식당에 간 그는 딸이 사탕을 잘못 먹고 기도가 막히는 사고를 겪게 됩니다. 이때 그는 간호사였던 앨피라는 한 여인의 도움을 받아 응급 처치로 딸의 목숨을 구합니다. 그 여인은, 자신은 그날 주님의 이끄심으로 식당에 온 것이며, 앨리슨이 구명된 것은 주님의 뜻이었다고 말합니다. 리 스트로벨의 아내 레슬리는 감동을 받고 이 간호사와 함께 그녀가 출석하는 교회에 나가기 시작합니다. 반면 그는 딸이 살아난 것은 감사할 일이지만, 그것은 주의 뜻이 아닌 우연일 뿐이라고 생각하고 아내가 교회에 빠져드는 것을 불안하게 지켜봅니다. 리 스트로벨은 기자의 근성으로 예수의 허구성을 파헤쳐 아내가 예수나 교회에 빠지는 것을 막겠다고 예수 연구에 몰입합니다. 우선 예수가 과연 역사적 실존 인물이었을까를 추적하기 시작합니다. 역사적 예수 연구의 최고의 권위자들을 찾아다니던 그는 마침내 역사적 예수의 부활까지 믿고 회심하게 됩니다. 그러고 쓴 책이 《예수는 역사다》(두란노 역간)이며, 이 책은 세계적 베스트셀러가 되어 20개국 이상의 언어로 번역되고 영화로도 만들어집니다. 그리고 그는 목사와 교수(휴스턴 침례대학교)가 되어 우리 시대에 하나님이 쓰시는 강력한 예수의 증인이 되었습니다. 부활하신 예수의 실체를 만난 까닭입니다. 1세기 예수의 제자들처럼 말입니다.

성경의 진리를 마음으로 경험한 까닭
|||||||||||||||||||||||||||||||||||||||||||||||||||

모든 그리스도인이 주일마다 성경 말씀을 설교로 듣고 접하지만 그것이 우리가 말씀을 경험한다는 의미는 아닙니다. 여전히 성경은 죽어 있는 문자에 불과할 수 있습니다. 바울 사도는 고린도후서 3장 6절에서 "율법 조문은 죽이는 것이요 영은 살리는 것이니라"라고 말합니다. 그런데 어느 날 성령께서 성경에 기록된 문자를 갑자기 살아 있는 말씀으로 다가오게 하십니다. 그 순간 우리는 말씀을 죽어 있는 문자가 아닌, 살아 있는 말씀으로 경험하게 되는 것입니다.

"또 이르시되 내가 너희와 함께 있을 때에 너희에게 말한바 곧 모세의 율법과 선지자의 글과 시편에 나를 가리켜 기록된 모든 것이 이루어져야 하리라 한 말이 이것이라 하시고"(눅 24:44).

주님은 성경이 단순한 문자가 아니라 예수 그리스도에 대한 증언임을 일깨워 주십니다. 그때 어떤 일이 일어납니까?

"이에 그들의 마음을 열어 성경을 깨닫게 하시고"(눅 24:45).

제자들은 성경이 증언한 예수 그리스도의 부활 사건을 믿게 됩니다. 말씀이 살아나며 말씀이 증언한 그리스도가 살아서 그들에게 다가오신 것입니다. 그리고 그들은 더 이상 아무것도 두렵지 않은 사람이 된 것입니다.

교회에 나온 지 오랜 시간이 지났음에도 아직 살아 있는 말씀을 경험하지 못하고 있다면, 말씀을 열 때마다 시편 119편을 기록한 기자의 기도를 드리십시오.

"내 눈을 열어서 주의 율법에서 놀라운 것을 보게 하소서"(시 119:18).

"나로 하여금 깨닫게 하여 주소서 내가 주의 법을 준행하며 전심으로 지키리이다"(시 119:34).

"주의 말씀을 열면 빛이 비치어 우둔한 사람들을 깨닫게 하나이다" (시 119:130).

이런 사역을 '성령의 조명'이라고 합니다. 이런 성령의 조명, 성령의 비추심을 경험한 사람들은 누구나 히브리서 4장 12절의 말씀을 마음으로 공감할 것입니다.

"하나님의 말씀은 살아 있고 활력이 있어 좌우에 날 선 어떤 검보다도 예리하여 혼과 영과 및 관절과 골수를 찔러 쪼개기까지 하며 또 마음의 생각과 뜻을 판단하나니."

그리고 살아 있는 말씀을 경험한 사람들은 개혁자 마틴 루터처럼 고백할 수 있습니다. 그가 파문의 위협을 받으며 모든 가르침을 포기할 것을 종용받았을 때 한 말이 무엇입니까?

주여, 내가 여기 있나이다. 달리 어쩔 수가 없습니다. 하나님이여, 나를 도우소서.

그러고는 목숨을 위협하던 모든 두려움에서 해방되어 개혁자의 길을 담대하게 걷게 됩니다. 오직 말씀의 영이 그를 사로잡은 것입니다. 'Sola Scriptura!' 오직 성경의 역사함이었습니다. 살아 있는 말씀의 역사함이었습니다. 이 말씀이 지금 우리에게 필요하지 않습니까? 두려움을 넘어선 믿음의 사람으로 살아가기 위해서 말입니다.

부활하신 예수의 능력을 체험한 까닭

> "너희는 이 모든 일의 증인이라 볼지어다 내가 내 아버지께서 약속하신 것을 너희에게 보내리니 너희는 위로부터 능력으로 입혀질 때까지 이 성에 머물라 하시니라"(눅 24:48-49).

그들은 이 말씀대로 예루살렘 다락방에 머물러 기도했고, 사도행전의 증언처럼 부활하신 주님이 부어 주시는 성령의 충만함을 받아 담대한 예수의 증인이 될 수 있었습니다.

> "빌기를 다하매 모인 곳이 진동하더니 무리가 다 성령이 충만하여 담대히 하나님의 말씀을 전하나라"(행 4:31).

저는 3.1절 만세 사건에서 그리스도인들의 참여가 독특한 빛을 발할 수 있었던 것은 그들이 애국심을 넘어 민족을 위한 중보 기도자들이 될 수 있었기 때문이라고 생각합니다. 1919년 3월 31일 밤, 서울에서 '대한 독립 만세' 함성이 들린 지 꼭 한 달 만에 충남 병천면 매봉산

정상에 봉화가 오르고, 천안, 진천, 안성, 연기, 청주 등을 위시한 스물 네 곳에서 불로 응답했고, 다음 날 아우내 장터에는 3천여 명이 모여 대한 독립 만세의 함성을 쏟아 냈습니다. 그런데 그 사흘 전, 우리가 잘 아는 소녀 유관순 열사가 자기 생가 뒷산인 매봉산에 올라가 마음을 쏟아 기도한 것을 아는 사람은 많지 않습니다. 그때 올려 드린 그녀의 기도문이 남아 전해 내려옵니다.

> 오오 하나님이시여 이제 시간이 임박하였습니다. 원수 왜를 물리쳐 주시고 이 땅에 자유와 독립을 주소서. 내일 거사할 각 대표들에게 더욱 용기와 힘을 주시고 이로 말미암아 이 민족의 행복한 땅이 되게 하소서. 주여 같이하시고 이 소녀에게 용기와 힘을 주옵소서.

어떤 증언에 의하면 이 산정에서 유관순은 방언으로 기도했다고 전해지기도 합니다. 우리말이 아닌 말로 기도하고 있어 그것이 방언이 아니었을까 하는 목격자의 증언도 남아 있습니다. 다음 날, 아우내 장터 만세 운동의 한복판에서 유관순의 아버지 유중권, 어머니 이소제 등 열아홉 명이 순국하고, 서른 명이 부상당하고, 소녀 유관순은 체포되어 혹독한 고문을 견디면서도 오히려 일제를 꾸짖고 민족 독립의 당위성을 담대하게 증언했습니다. 이것이 그냥 인간적 용기의 발로였을까요? 아닙니다. 기도로 얻은 성령의 권능이었습니다. 그리고 한 건의 일본인 위해도, 방화도 없었던 질서 정연한 평화 시위는 두려움을 넘어선 하나님의 사람들의 기도의 열매였습니다. 부활하신 예수의 권능이 함께했기 때문이었습니다.

오늘 우리를 둘러싼 두려움의 상황을 보십시오. 우크라이나 사태는 남의 이야기가 아닌, 언제라도 우리에게 닥칠 수 있는 위기의 현실입니다. 코로나는 끝이 보이지 않고, 우리의 사업과 가정은 흔들리고 있습니다. 이런 두려움의 현실에서 우리는 어떻게 진정한 평화의 길을 찾을 수 있을까요? 그 대답은 정치가 아닙니다. 살아 계신 하나님께 달려 나와 유관순처럼 부르짖어 기도해야 합니다. 십자가에서 우리의 고통을 짊어지신 예수, 부활하신 예수가 해답이십니다. 그분이 해답이고, 그분에게 드리는 기도가 해답입니다. 그분의 섭리, 그분의 인도가 해답입니다. 우리의 기도의 자리에 와서 말씀하시는 그분의 음성을 우리 모두 들어야 합니다.

"너희에게 평강이 있을지어다!"

제자들은 성경이 증언한
예수 그리스도의 부활 사건을 믿게 됩니다.
말씀이 살아나며 말씀이 증언한 그리스도가 살아서
그들에게 다가오신 것입니다.
그리고 그들은 더 이상 아무것도 두렵지 않은 사람이 된 것입니다.

"예수께서 그들을 데리고 베다니 앞까지 나가사 손을 들어 그들에게 축복하시더니 축복하실 때에 그들을 떠나 [하늘로 올려지시니] 그들이 [그에게 경배하고] 큰 기쁨으로 예루살렘에 돌아가 늘 성전에서 하나님을 찬송하니라"(눅 24:50-53).

31. 축복이 있으라

주께로부터 축복과 사명을 받은 사람들의
한 가지 책임이 있다면, 처음 제자들처럼
우리도 신실한 예배자가 되어야 한다는 것입니다.

사랑했던 사람들과 가장 의미 있는 작별의 이벤트를 해야 한다면 무엇을 하겠습니까? 구약 시대의 우리 신앙의 선배들에게는 그것이 사랑하는 사람들을 축복하는 일이었습니다. 축복을 남기고 떠난다는 것은 참으로 멋진 일입니다.

"믿음으로 야곱은 죽을 때에 요셉의 각 아들에게 축복하고 그 지팡이 머리에 의지하여 경배하였으며"(히 11:21).

파란만장한 인생을 산 야곱은 마지막으로 자손들을 축복하고 하나님을 경배하며 떠났습니다. 이제는 모세의 최후를 보십시오.

"하나님의 사람 모세가 죽기 전에 이스라엘 자손을 위하여 축복함이 이러하니라"(신 33:1).

모세도 그의 마지막을 이스라엘 자손들에 대한 축복으로 마무리했습니다. 본문은 예수님의 지상 생애의 마지막 승천 장면을 보여 주고 있습니다.

"예수께서 그들을 데리고 베다니 앞까지 나가사 손을 들어 그들에게 축복하시더니 축복하실 때에 그들을 떠나 [하늘로 올려지시니]"(눅 24:50-51).

예수님은 이 땅에 왕으로, 선지자로, 제사장으로 오셨습니다. 제사장으로서의 마지막 사명은 당신의 몸을 속죄의 제물로 드려 인류를 죄에서 구원하시는 일이었습니다. 십자가는 그 자신을 거룩한 제물로 드리는 제단이었습니다. 그러나 십자가 죽음을 이루고 부활하신 주님은 이제 승천하십니다. 하늘로 올려지십니다. 왜입니까? 하나님 우편에 앉아 하실 일이 있었기 때문입니다. 히브리서 기자의 증언처럼, 우리의 대제사장이신 예수께서 승천하여 하실 일은 무엇일까요? 본문 50절에서 승천하며 손을 들어 제자들을 축복하시는 모습은 당시 제사장들이 예루살렘 성전 돌계단에서 아침마다 두 손을 들고 이스라엘 백성을 축복하는 모습과 동일한 것이었습니다. 개신교 목사들의 축도도 여기에서 유래한 것입니다.

그러면 그분은 무엇을 축복하셨을까요? 저는 예수님도 스스로를 제사장으로 여기셨기에 구약의 제사장의 축도와 같은 축복을 하셨을 가능성이 많다고 생각합니다. 이제 민수기 6장 22-27절의 제사장의 축복을 함께 살펴보고자 합니다. 여기 세 가지 축복이 있습니다.

세 가지 축복

지키심의 축복

"여호와는 네게 복을 주시고 너를 지키시기를 원하며"(민 6:24).

오늘 우리는 보호받지 못하는 세상을 살아가고 있습니다. 옛날 이스라엘 백성도 광야를 여행할 때 숱한 위기와 위험에 직면해야 했습니다. 전쟁의 위험, 질병의 위험, 빈곤의 위험, 관계의 위기, 지도력의 위기, 자신감의 위기, 절망의 위기를 직면해야 했습니다. 그것은 오늘의 우리도 마찬가지 아닙니까? 이런 세상에서 우리가 하나님의 지키심을 믿을 수 있다면 얼마나 당당하게 인생의 여정을 걸어갈 수 있겠습니까?

은혜의 축복

"여호와는 그의 얼굴을 네게 비추사 은혜 베푸시기를 원하며"(민 6:25).

은혜라는 단어는 히브리어에서 동사형으로 '하난'(hanan)인데, 이는 명사형 '헨'(hen)에서 나온 말입니다. 모든 아름답고 가치 있고 선한 것들을 베푸시는 자비함을 나타내는 말입니다. 이런 것들을 베푸시는 하나님의 얼굴이 연상됩니까? 우리에게 그런 하나님의 자비하신 얼굴빛이 닿으면 어떻게 될까요? 우리 얼굴도 밝고 환하게 비추어지지 않겠습니까? 자녀들의 밝고 환한 얼굴을 보는 것은 부모의 기쁨입니다. "그의 얼굴을 네게 비추사." 이제 빛나는 우리의 얼굴을 보고 미소 지으시는 하나님의 얼굴을 연상하십시오. 그런 축복이 함께하기를 기도합니다.

평강의 축복

"여호와는 그 얼굴을 네게로 향하여 드사 평강 주시기를 원하노라" (민 6:26).

여기 '평강'이 히브리어로 그 유명한 '샬롬'입니다. '샬롬'은 성경에서 가장 번역하기 어려운 단어입니다. 우리의 모든 삶의 영역이 하나님의 건강과 생명으로 충만한 상태를 뜻하는 말입니다. 우리의 육체와 마음, 가정과 사회, 우리를 둘러싼 모든 관계의 영역이 활력과 기쁨의 에너지로 넘쳐나는 상태를 의미합니다. 샬롬은 우리의 삶의 에너지요, 보람이요, 의미인 것입니다. 이 샬롬이 없이 우리는 단 하루도 살아갈 수 없습니다. 그래서 샬롬은 우리의 매일의 삶의 승리를 기원하는 가장 아름다운 축복의 언어입니다. 샬롬! 샤바트 샬롬! 이제 하나님은 당신의 얼굴을 들고 우리를 향하사 이 축복을 전달하고자 하십니다.

한 가지 부탁

그런데 예수님은 승천하면서 우리에게 축복만 전달하신 것이 아니라, 우리의 사명도 전달하셨습니다. 그것은 예수님의 마지막 부탁이기도 합니다. 그것을 우리는 예수님의 지상 명령이라고 부르기도 합니다. 본문은 누가복음을 마치는 마지막 말씀입니다. 그런데 누가복음을 기록한 누가는 누가복음의 속편으로 사도행전을 기록합니다. 사도행전이 시작되는 1장 1-2절을 보십시오.

> "데오빌로여 내가 먼저 쓴 글에는 무릇 예수께서 행하시며 가르치시기를 시작하심부터 그가 택하신 사도들에게 성령으로 명하시고 승천하신 날까지의 일을 기록하였노라."

이제 예수님의 승천 이후 그분이 기대하시는 일을 기록하겠다는 것입니다. 사실 누가복음의 마지막 장면을 읽다 보면 예수님이 부활하고 얼마 되지 않아 바로 승천하신 것으로 오해할 수도 있습니다. 그러나 사도행전 1장 3절을 보면, 그분이 부활하고 이 땅에 40일을 계시며 하신 일이 증언됩니다.

"그가 고난 받으신 후에 또한 그들에게 확실한 많은 증거로 친히 살아 계심을 나타내사 사십 일 동안 그들에게 보이시며 하나님 나라의 일을 말씀하시니라."

그렇습니다. 부활하신 예수님은 40일 동안 이 땅에 계시며 사랑하는 제자들에게 마지막으로 하나님 나라에 대해 가르치셨습니다. 하나님의 통치를 통해 그분을 따르는 자들이 드러내야 할 이 땅의 변화의 소망을 제자들의 마음에 심고자 하신 것입니다. 그리고 이제 마지막 부탁의 말씀을 주십니다. 그것이 바로 우리가 잘 아는 사도행전 1장 8절의 말씀입니다.

"오직 성령이 너희에게 임하시면 너희가 권능을 받고 예루살렘과 온 유대와 사마리아와 땅끝까지 이르러 내 증인이 되리라 하시니라."

이 한 가지 부탁을 한마디로 하면, 그리스도의 복음의 증인이 되라는 것입니다.

제자들은 예수님께 하나님 나라의 교훈을 받으면서, 이스라엘이 로마의 지배를 벗어나 하나님의 통치를 받는 새 나라에로의 실현을 기대하게 되었는지도 모릅니다. 그래서 묻습니다.

"그들이 모였을 때에 예수께 여쭈어 이르되 주께서 이스라엘 나라를 회복하심이 이때니이까"(행 1:6).

제자들에게는 하나님 나라에 대한 세 가지 오해가 있었습니다. 첫째는, 그 나라를 정치적으로 이해한 것, 둘째는, 인위적인 인간의 노력으로 그 나라가 임할 것으로 생각한 것, 셋째는, 이스라엘 영토를 중심으로 그 나라가 실현될 것으로 생각한 것입니다. 그러나 예수님은, 그 나라는 예루살렘에서 시작되어 땅끝까지 실현될 나라이며, 그 나라는 복음의 증언을 통해서 그리고 성령의 권능을 통해서만 이루어진다는 것입니다. 그렇다면 이 한 가지 부탁을 실현하기 위해서 우리가 할 일은 무엇입니까? 사도행전 1장 8절의 '내 증인이 되라'는 말은 본래 순교적 증인이 되라는 말입니다. 우리가 복음 증거에 목숨을 걸어야 한다는 것입니다. 그리고 성령의 도우심을 받고 성령으로 충만해야 한다는 것입니다.

사도행전은 바로 이 말씀을 받은 제자들이 성령의 충만함을 입어 예루살렘에서 땅끝까지 나아간 역사를 증언한 것입니다. 이렇게 '내 증인이 되라'는 말씀을 주신 다음에 어떤 사건이 일어납니까?

> "이르되 갈릴리 사람들아 어찌하여 서서 하늘을 쳐다보느냐 너희 가
> 운데서 하늘로 올려지신 이 예수는 하늘로 가심을 본 그대로 오시리
> 라 하였느니라"(행 1:11).

바로 예수 그리스도의 승천 사건이 일어납니다. 이후 제자들은 다락방에 모여 이 증인이 되기 위한 사명을 감당하고자 성령 충만 기도회를 엽니다. 그렇다면 예수께서 하늘로 가면서 주신 축복은 궁극적으로 이 전도의 사명을 감당하도록 주신 것이라 할 수 있습니다.

한 가지 책임
||||||||||||||||||

본문의 마지막 구절은 오늘을 사는 우리에게 한 가지 책임을 일깨우며 이 누가복음의 대미를 장식합니다. 자, 하늘로 가시는 예수님에게 축복과 사명을 받은 처음 제자들이 한 일은 무엇이었습니까?

> "그들이 [그에게 경배하고] 큰 기쁨으로 예루살렘에 돌아가 늘 성전에서
> 하나님을 찬송하니라"(눅 24:52-53).

한마디로 하면 경배와 찬양입니다. 그렇습니다. 우리가 전도의 사명을 감당하기 이전에 선행되어야 할 것은 우리가 예배자의 삶을 살아야 한다는 것입니다. 왜입니까? 이 경배와 찬양을 통해서만 성령의 충만을 경험하고, 전도자로서의 마음을 무장할 수 있기 때문입니다. 그러므로 주께로부터 축복과 사명을 받은 사람들의 한 가지 책임이 있다면, 처음 제자들처럼 우리도 신실한 예배자가 되어야 한다는 것입니다.

예배가 없으면 축복도, 사명의 걸음도 기대할 수 없습니다. 그래서 예배는 성도의 기본자세라고 할 수 있습니다. 마치 차렷 자세가 군인들의 기본 동작인 것처럼 말입니다. 거기에서 다음 동작으로 나아가는 것처럼, 예배에서 은혜 받고, 사명도 감당하고, 축복도 나누는 것입니다. 코로나 시대에 우리의 공예배가 많이 흔들렸습니다. 온라인 예배도 가능한 예배의 한 형태이긴 하지만, 공동체 예배의 중요성을 결코 간과해서는 안 됩니다. 이스라엘의 광야 행진의 중심은 광야 교회였습니다. 이스라엘 열두 지파는 회막을 중심으로 세 지파씩 동서남북으로 진을 치고, 지성소에 계신 주님을 예배하고, 공동체로 함께 기도하고, 거기서 받은 은혜를 찬양하며 행진을 계속한 것입니다. 코로나는 아직 끝나지 않았지만, 우리는 공동체 예배 정신을 상실하지 말아야 합니다. 주의 백성이 주의 이름으로 모인 곳에는 특별한 주의 임재가 약속되어 있습니다. 주의 승천과 함께 제자들이 보여 준 모범, 곧 그들이 성전에서의 경배와 찬송으로 지상에서의 주님의 임재를 경험하고 하나님 나라의 미래를 준비했던 것을 잊지 마십시오.

제2차 세계대전이 발발했을 때, 영국 황실과 윈스턴 처칠(Winston Churchill) 수상은 성공회 주교 윌리엄 템플(Wiliam Temple)에게 대국민 방송 설교를 의뢰했습니다. 템플은 처칠과 의논해서 주일에 일제히 전국에서 교회 종을 울리게 했습니다. 그리고 템플은 이런 내용으로 설교를 시작했다고 합니다.

> 지금은 우리 모두가 전능자이고 역사의 주인 되신 하나님을 바라보고 그분을 예배할 때입니다. 주일에 종이 울리거든 우리 모두 교회로 가서 하나님을 예배하고 하나님께 기도합시다. 그가 이 전쟁의 주인 되어 이 나라와 인류를 이끌어 주시도록 말입니다.

지금이 바로 그런 때가 아닙니까? 아무리 코로나가 창궐하고 전염병이 유행한다 할지라도 예배를 망각해서는 안 됩니다. 예배는 성도의 거룩한 한 가지 책임입니다.

유다 여호사밧 왕의 통치하에 모압과 암몬, 아람의 침략이 있었을 때 가장 신기한 하나님의 개입과 승리가 증언됩니다. 객관적으로 전세가 열세였던 왕은 엎드려 예배하며 이렇게 고백합니다.

> "우리 하나님이여 그들을 징벌하지 아니하시나이까 우리를 치러 오는 이 큰 무리를 우리가 대적할 능력이 없고 어떻게 할 줄도 알지 못하옵

고 오직 주만 바라보나이다"(대하 20:12).

이후 그는 백성과 의논해서 찬양대를 군대 앞에서 행진하게 하며 "여호와께 감사하세 그의 인자하심이 영원하도다"(대하 20:21) 하고 찬양하게 했습니다. 그때 적들은 자중지란을 일으키고, 전쟁은 유다의 큰 승리로 끝납니다. 이 전쟁은 한마디로 경배와 찬송의 승리였습니다. 이런 승리가 지금 필요하지 않습니까? 예배를 회복하고, 사명을 회복하고, 축복을 나누는 승리가 우리 가운데 있기를 기도합시다. 하늘의 축복이 우리 모두에게 있기를 축복합니다.